授業UDを目指す
国語
全時間授業パッケージ
3年

編著
桂 聖
小貫 悟・石塚謙二
一般社団法人 日本授業UD学会

東洋館出版社

明日の国語授業にワクワクを。全員参加の「Better」授業。
—国語授業が得意な先生は、使わないでください—

日本の教室では、一人一人の教師が、最善の工夫をして国語授業を行っている。決してマニュアルに基づいて進めているわけではない。日本には、それぞれの教師が目の前の子どもの実態に応じて国語授業を創造するという優れた文化がある。

だが一方で、そうは言ってられない状況もある。

●明日の国語授業をどうやって進めればいいのか、よく分からない。

●この文学教材で何を教えればいいのだろう。

●とりあえずは、教師用指導書のとおりに国語授業を流そう。

悩んでいる現場教師は多いのである。

少なくとも、若い頃の私はそうだった。国語授業の進め方がよく分からなかった。今思えば、当時担当した子どもたちには申し訳ない気持ちでいっぱいになる。

それで苦手な国語授業を何とかしたいと、一念発起をして学んできた。様々な教育書を読み、先達に学んだ。研修会にも数え切れないくらい参加した。授業のユニバーサルデザイン研究会（日本授業 UD 学会の前身）では、特別支援教育の専門家の方々にも学んだ。

こうやって学んでいくうち、やっと「**明日の国語授業にワクワクする**」ようになってきた。こんな気持ちになったのは、意外かもしれないが、最近のことである。

さて、本書は、**授業 UD を目指す**「**国語の全時間授業パッケージ**」である。

授業 UD（授業のユニバーサルデザイン）とは、発達障害の可能性のある子を含めた「全員参加」の授業づくりである。私たちが学んできた知見をこの「全時間の国語授業パッケージ」にして、ぎゅっと詰め込んだ。**教材研究のポイント、単元のアイデア、1時間ごとの授業展開、板書、課題・発問、子どもの反応への返し方、センテンスカード**など、授業に必要なほとんどを含めている。特別支援教育専門の先生方には、全時間の「**学びの過程の困難さに対する指導の工夫**」に関してご指導をいただいた。

ぜひ、明日の国語授業に悩んでいる先生には、本書を活用して、楽しく学び合い「わかる・できる」授業を実現してほしい。「わかった！」「なるほど！」という子どもの声が聞こえてくるはずだ。**教師自身が「ワクワクした気持ち」で国語授業に取り組むからこそ、子どもたちも「ワクワクした気持ち」で主体的に取り組めるのである。**

もちろん、**本書は「Must」ではない。最低限やっておきたい「Better」の国語授業である。**

国語が得意な先生は、この本に頼らないで、もっともっと質の高い授業をつくってほしい。

最後になったが、本書に関わっていただいた日本トップクラスの優れた先生方、東洋館出版社の皆様には大変お世話になった。記して感謝したい。

本書によって日本の子どもたちの笑顔が国語授業で少しでも増えるように願っている。

編著者代表　一般社団法人 日本授業UD学会 理事長　　桂　　聖

（筑波大学附属小学校 教諭）

『授業UDを目指す「全時間授業パッケージ」国語』

掲載教材一覧

1年

文学　「おおきな　かぶ」
「やくそく」
「ずうっと、ずっと、大すきだよ」

説明文「うみの　かくれんぼ」
「じどう車くらべ」
「どうぶつの　赤ちゃん」

2年

文学　「ふきのとう」
「お手紙」
「スーホの白い馬」

説明文「たんぽぽのちえ」
「馬のおもちゃの作り方」
「おにごっこ」

3年

文学　「まいごのかぎ」
「三年とうげ」
「モチモチの木」

説明文「言葉で遊ぼう」「こまを楽しむ」
「すがたをかえる大豆」
「ありの行列」

4年

文学　「白いぼうし」
「ごんぎつね」
「プラタナスの木」

説明文「思いやりのデザイン」「アップとルーズで伝える」
「世界にほこる和紙」
「ウナギのなぞを追って」

5年

文学　「なまえつけてよ」
「たずねびと」
「大造じいさんとガン」

説明文「見立てる」「言葉の意味が分かること」
「固有種が教えてくれること」
「想像力のスイッチを入れよう」

6年

文学　「帰り道」
「やまなし」
「海の命」

説明文「笑うから楽しい」「時計の時間と心の時間」
「『鳥獣戯画』を読む」
「メディアと人間社会」「大切な人と深くつながるために」

もくじ

授業UDを目指す「全時間授業パッケージ」国語　3年

はじめに……1

本書活用のポイント……4

第1章
国語授業のユニバーサルデザインに関する理論と方法……9

第2章
授業のユニバーサルデザインを目指す国語授業と個への配慮
――「学びの過程において考えられる困難さに対する指導の工夫」の視点から――……33

第3章
授業のユニバーサルデザインを目指す国語授業の実際……49

文学

「まいごのかぎ」の授業デザイン……50

「三年とうげ」の授業デザイン……68

「モチモチの木」の授業デザイン……84

説明文

「言葉で遊ぼう」「こまを楽しむ」の授業デザイン……106

「すがたをかえる大豆」の授業デザイン……122

「ありの行列」の授業デザイン……140

総括

授業における「目標」の焦点化と指向性の明確化、そして合理的配慮の提供を…158

本書は、令和２年発行の光村図書出版『国語 三上 わかば』『国語 三下 あおぞら』を参考にしています。

本書活用のポイント

本書は、取り上げる単元ごとに、単元構想、教材分析、全時間の本時案を板書イメージと合わせて紹介しています。

単元構想ページでは、単元目標・評価規準や単元計画など、単元全体の構想にかかわる内容を網羅しています。単元構想ページの活用ポイントは以下の通りです。

（単元構想ページ）

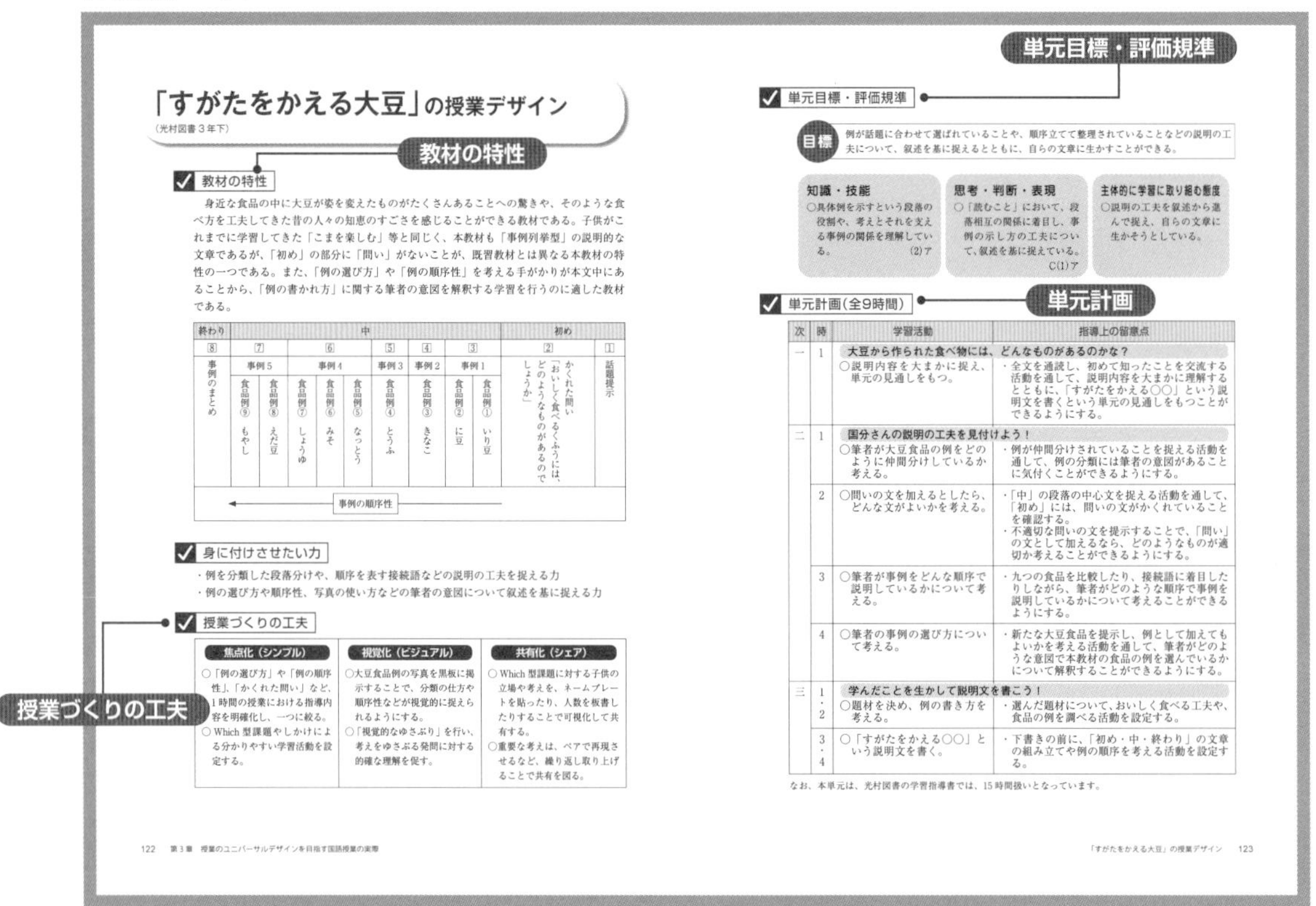

「すがたをかえる大豆」の授業デザイン

（光村図書３年下）

教材の特性

教材の特性

身近な食品の中に大豆が姿を変えたものがたくさんあることへの驚きや、そのような食べ方を工夫してきた昔の人々の知恵のすごさを感じることができる教材である。子供がこれまでに学習してきた「こまを楽しむ」等と同じく、本教材も「事例列挙型」の説明的な文章であるが、「初め」の部分に「問い」がないことが、既習教材とは異なる本教材の特性の一つである。また、「例の選び方」や「例の順序性」を考える手がかりが本文中にあることから、「例の書かれ方」に関する筆者の意図を解釈する学習を行うのに適した教材である。

終わり	中									初め	
⑧	⑦		⑥			⑤	④	③		②	①
事例のまとめ	事例5		事例4			事例3	事例2	事例1		かくれた問い「おいしく食べるくふうには、どのようなものがあるのでしょうか」	話題提示
	食品例⑨ もやし	食品例⑧ えだ豆	食品例⑦ しょうゆ	食品例⑥ みそ	食品例⑤ なっとう	食品例④ とうふ	食品例③ きなこ	食品例② に豆	食品例① いり豆		
← 事例の順序性											

身に付けさせたい力

・例を分類した段落分けや、順序を表す接続語などの説明の工夫を捉える力
・例の選び方や順序性、写真の使い方などの筆者の意図について叙述を基に捉える力

授業づくりの工夫

授業づくりの工夫

焦点化（シンプル）	視覚化（ビジュアル）	共有化（シェア）
○「例の選び方」や「例の順序性」、「かくれた問い」など、1時間の授業における指導内容を明確化し、一つに絞る。 ○ Which 型課題やしかけによる分かりやすい学習活動を設定する。	○大豆食品例の写真を黒板に掲示することで、分類の仕方や順序性などが視覚的に捉えられるようにする。 ○「視覚的なゆさぶり」を行い、考えをゆさぶる発問に対する的確な理解を促す。	○ Which 型課題に対する子供の立場や考えを、ネームプレートを貼ったり、人数を板書したりすることで可視化して共有する。 ○重要な考えは、ペアで再現させるなど、繰り返し取り上げることで共有を図る。

122　第3章　授業のユニバーサルデザインを目指す国語授業の実際

単元目標・評価規準

単元目標・評価規準

目標 例が話題に合わせて選ばれていることや、順序立てて整理されていることなどの説明の工夫について、叙述を基に捉えるとともに、自らの文章に生かすことができる。

知識・技能	思考・判断・表現	主体的に学習に取り組む態度
○具体例を示すという段落の役割や、考えとそれを支える事例の関係を理解している。 (2)ア	○「読むこと」において、段落相互の関係に着目し、事例の示し方の工夫について、叙述を基に捉えている。 C(1)ア	○説明の工夫を叙述から進んで捉え、自らの文章に生かそうとしている。

単元計画

単元計画（全9時間）

次	時	学習活動	指導上の留意点
一	1	**大豆から作られた食べ物には、どんなものがあるのかな？** ○説明内容を大まかに捉え、単元の見通しをもつ。	・全文を通読し、初めて知ったことを交流する活動を通して、説明内容を大まかに理解するとともに、「すがたをかえる○○」という説明文を書くという単元の見通しをもつことができるようにする。
二	1	**国分さんの説明の工夫を見付けよう！** ○筆者が大豆食品の例をどのように仲間分けしているか考える。	・例が仲間分けされていることを捉える活動を通して、例の分類には筆者の意図があることに気付くことができるようにする。
	2	○問いの文を加えるとしたら、どんな文がよいかを考える。	・「中」の段落の中心文を捉える活動を通して、「初め」には、問いの文がかくれていることを確認する。 ・不適切な問いの文を提示することで、「問い」の文として加えるなら、どのようなものが適切か考えることができるようにする。
	3	○筆者が事例をどんな順序で説明しているかについて考える。	・九つの食品を比較したり、接続語に着目したりしながら、筆者がどのような順序で事例を説明しているかについて考えることができるようにする。
	4	○筆者の事例の選び方について考える。	・新たな大豆食品を提示し、例として加えてもよいかを考える活動を通して、筆者がどのような意図で本教材の食品の例を選んでいるかについて解釈することができるようにする。
三	1・2	**学んだことを生かして説明文を書こう！** ○題材を決め、例の書き方を考える。	・選んだ題材について、おいしく食べる工夫や、食品の例を調べる活動を設定する。
	3・4	○「すがたをかえる○○」という説明文を書く。	・下書きの前に、「初め・中・終わり」の文章の組み立てや例の順序を考える活動を設定する。

なお、本単元は、光村図書の学習指導書では、15時間扱いとなっています。

「すがたをかえる大豆」の授業デザイン　123

教材の特性

学習材としての教材の特性について説明しています。どのような内容を学ぶのに適した教材かが分かり、単元計画の際の手がかりになります。また、文章構造図により、ひと目で教材のポイントが分かります。

授業づくりの工夫

全員参加の授業のユニバーサルデザインを目指すため、授業づくりのポイントを「焦点化」「視覚化」「共有化」の３つに絞って記載しています。それぞれの視点が実際の本時において具体化されます。

単元目標・評価規準

本単元における目標と評価規準です。「知識・技能」「思考・判断・表現」には、該当する学習指導要領の指導事項が記載されています。

単元計画

単元全体の大まかな計画を記載しています。光村図書の学習指導書とは、時数設定が異なる場合があります。「指導上の留意点」には、それぞれの時間において、特に留意して指導したい事柄や指導方法について記述しています。

教材分析ページでは、教材分析の際に手がかりとするポイントや本文の記述について具体的に示しています。教材ページの活用ポイントは以下の通りです。

（教材分析ページ）

教材分析のポイント

教材分析の際に、どのような事柄に着目すればよいのかについて説明しています。「事例の順序性」や「例の選び方」など、教材の特性や指導事項を踏まえたポイントを示しています。

指導内容

本教材で指導したい内容を記載しています。教材分析の際の手がかりとなります。

注目したい記述

本文内の特に注目したい記述を色付き文字で示しています。右肩に**ア**や**イ**の記号が付されている場合は、「指導内容」と対応しています。

指導のポイント

教材文における具体的な指導内容や記述を確認した上で、それらを指導する際の指導法の概要について示しています。末尾に記されている記号**ア**や**イ**は「指導内容」と対応しています。

また、「Which 型課題」や「教材のしかけ」なども位置付けています。

本時の展開は、各時の学習活動の進め方や板書のイメージなどがひと目で分かるように構成しています。本時の展開の活用ポイントは以下の通りです。

目標

「全員の子供に達成させる目標」です。本時の学習活動や、「個への配慮」により、全員の子供が「分かる・できる」ようにする目標を記載しています。

本時展開のポイント

本時における一番の勘所です。しっかり頭に入れて、授業に臨んでください。

個への配慮

全体指導を工夫しても、授業への参加が難しい子がいるかもしれません。こうした困難さを感じている子供を支援する手立てを記載しています。

下段の学習活動にある「配慮」とそれぞれ対応しています。

（本時の展開）

本時の展開　第二次　第3時

目標　最初の場面を詳しく読む中で、物語の設定や人物像について考えることができる。

［本時展開のポイント］

Which 型課題を用いてカードを比較しながら考える活動を行うことで、全員が自分の考えをもち、意見交流の場に参加することができる。

［個への配慮］

㋐自由に交流する時間を設定する

どのカードが一番なのかを選ぶのが困難な場合、何をヒントにして、どのように考えればよいかが分かるように、自分の席を離れて自由に友達と交流する時間を設定する。その際、考えのヒントになることを全体の場で共有するのもよい。

㋑手がかりとなる叙述と理由を確認する

「りいこ」の人物像をまとめることが困難な場合、定型句を使って人物像を表現することができるように、考えのヒントとなる叙述や、理由（どのカードが一番かを選んで交流した際の意見）を再度確認する。

⑤りいこは、勇気を出して顔を上げました。落とした人が、きっとこまっているにちがいない。

○人

一番は、見方によってちがう。

★◇登場人物のせいかくや人がらなどのことを「人物像（じんぶつぞう）」と言う。

3　「りいこ」の人物像を短文で表現する

もしも「りいこ」を、〇〇（な）女の子と紹介するとしたら、どのように紹介しますか？

しかけ（仮定する）

もしも「りいこ」のことを知らない人に、「りいこ」を紹介するとしたら、どのように紹介するか、「〇〇（な）女の子」という定型句を使って考える。

配慮㋑

「思いやりのある女の子」です

どうやって書けばいいのか分からない……

4　人物像という用語を確認し、学習をまとめる

物語に出てくる登場人物の性別や性格、人柄などのことを、「人物像」と言います

「りいこ」が、どのような女の子か意見を交流した後で、人物像という用語を確認する。最初の場面で「りいこ」の気持ちがマイナスになっていることを確認できると、次時の学習につなげやすい。

他の物語でも人物像を考えてみよう

「りいこ」は、最初悲しそうな感じだな

62　第3章　授業のユニバーサルデザインを目指す国語授業の実際

本時の「まとめ」

本時の「まとめ」を板書している箇所には★を付け、ハイライトしています。

準備物

黒板に掲示するものやセンテンスカードなど、本時の授業のために事前に準備が必要なものを記載しています。本書掲載のQRコードからダウンロードが可能な資料については、⏬のマークが付いています。

・センテンスカード（裏面に正しい表記を用意しておく） ⏬ 1-11～20

まいごのかぎ　斉藤　倫

「りいこ」がどんな女の子かが一番よく分かるのは？

①「またよけいなことをしちゃったな。」りいこは、どうどうと歩きながら、つぶやきました。

○人

②りいこは、おとうふみたいなこうしゃが、なんだかさびしかったので、その手前にかわいいうさぎをつけ足しました。

○人

③りいこは、はずかしくなって、ゆっくり白い絵の具をぬって、うさぎをけしました。

○人

④うさぎに悪いことをしたなあ。思い出しているうちに、りいこは、どんどんうれしくなっていって、さいごは赤いランドセルだけが、歩いているように見えました。

○人

カードの下段には、なぜそのカードを選んだのかの理由を書くようにする。

板書例

活動の流れ、学習範囲、指導内容がひと目で分かるように板書設計をしています。

色付き文字で記載しているものは、実際には板書しないもの（掲示物）です。

センテンスカードは、白い枠内に黒い文字で書かれたものです。

板書時の留意点

白い枠内に色付き文字で書かれた吹き出しには、実際の授業で板書をするときに気を付けたいポイントや声がけの工夫などを記載しています。

1 ダウト読みを通して叙述に着目する

それぞれのカードで間違っているところはどこでしょう？

「どうどうと」じゃなくて「しょんぼりと」だよ

「さびしかった」はおかしいよ

しかけ（置き換える）

それぞれのカードの叙述を一箇所ずつ間違った表記にしておき、それを指摘する場を用意することで、「りいこ」の様子や人物像に焦点化して考えられるようにする。

2 学習課題について話し合う

並べたカードの中で、「りいこ」がどんな女の子なのかが一番よく分かるのは、どれでしょう？

④かな。「うさぎに……」というところから優しさを感じます

どれが一番だろう……。決められない

Which型課題

「一番○○なのは？」

叙述や自分の感覚を根拠にして理由を述べ合う。着眼点の置き方で、それぞれ解釈が異なることを確認する。　配慮ア

「まいごのかぎ」の授業デザイン　63

本時の流れ

1時間の授業の流れを学習活動ごとに示しています。それぞれ、教師の発問、学習活動の具体的な進め方、子どもの反応という構成になっています。

子供の反応

指示や発問に対する子供の反応を記述しています。色付きの吹き出しは、困難さを感じている子供の反応です。困難さを感じている子供への支援については、「個への配慮」を行います。

第1章 国語授業のユニバーサルデザインに関する理論と方法

1. 授業のユニバーサルデザインの考え方 …… 10
2. 授業のUDモデル …… 11
3. 国語の授業UDとは …… 12
4. 系統的な指導 …… 13
5. 国語の授業UDに関する実践理論 …… 14

国語授業のユニバーサルデザインに関する理論と方法

筑波大学附属小学校　桂　聖

1．授業のユニバーサルデザインの考え方

ユニバーサルデザイン（以下 UD）とは、文化・言語・国籍や年齢・性別などの違い、能力などにかかわらず、出来るだけ多くの人が利用できることを目指した建築・製品・情報などの設計のことである。

例えば、シャンプー・ボトルのギザギザ、階段横のスロープなどが有名である。UD という概念は、米ノースカロライナ州立大学のロナルド・メイスにより、1985 年ごろに提唱されたものである。「年齢や能力、状況などにかかわらず、デザインの最初から、できるだけ多くの人が利用可能にすること」が基本コンセプトである。

こうした建築や製品などに関する UD の考え方を授業づくりに応用して考えたのが「授業のユニバーサルデザイン」（以下授業 UD）である。その定義は次のとおりになる。

> 発達障害の可能性のある子を含めて、全ての子が楽しく学び合い「わかる・できる」ことを目指す通常学級の授業デザイン

平たく言えば、**通常学級における「全員参加の授業づくり」**である。

この定義は、言わば**「教育の哲学（指導の理念）」**である。日本全国のどの通常学級でも目指すべき目的だからである。通常学級という制度がある限り、昔も今も、そして未来も必要になる。もしかしたら、諸外国で行われている通常学級の授業にも通じる定義かもしれない。つまり、通常学級に関わる全ての教師は、この授業 UD という「教育の哲学（指導の理念）」の実現に向けて努力していく必要がある。

授業 UD には、決まった指導方法はない。例えば、後述する「焦点化・視覚化・共有化」[*1] の視点で授業をつくることで、全体指導の効果が上がることもある。しかし、全ての子に対応できるわけではない。絶対的なものでもない。当然だが、子ども一人一人の学び方に応じた個別指導も重要になる。

また、**子ども一人一人が、自分に合った学び方を選べる学習環境を教師が整える**ことも大切である。米国では、先進的に**「学びのユニバーサルデザイン」（Universal Design for Leaning = UDL）**[*2] が実践されている。UDL のように、一人一人の多様な学び方を生かす授業改善も重要な視点である。

授業UDに関する理論や方法は、子どもの数だけある。通常学級における子どもの学びに有効に働く理論や方法は、言わば、全て授業UDである。**「目の前の子どもやクラスの実態に応じて、教師が適切な指導方法を工夫し続けること」こそが、授業UDの本質なのである。**

2．授業のUDモデル

「授業のUDモデル」*3とは、図1のように、「教科教育」「特別支援教育」「学級経営」の知見を生かして、授業での学びを4つの階層でとらえたモデルである（詳しくは第2章で述べる。重要な考え方なので、本章でも取り上げて概要を説明しておく）。

授業UDにおける子どもの学びには、図1の下の部分から「参加」「理解」「習得」「活用」という4つの階層が想定できる。

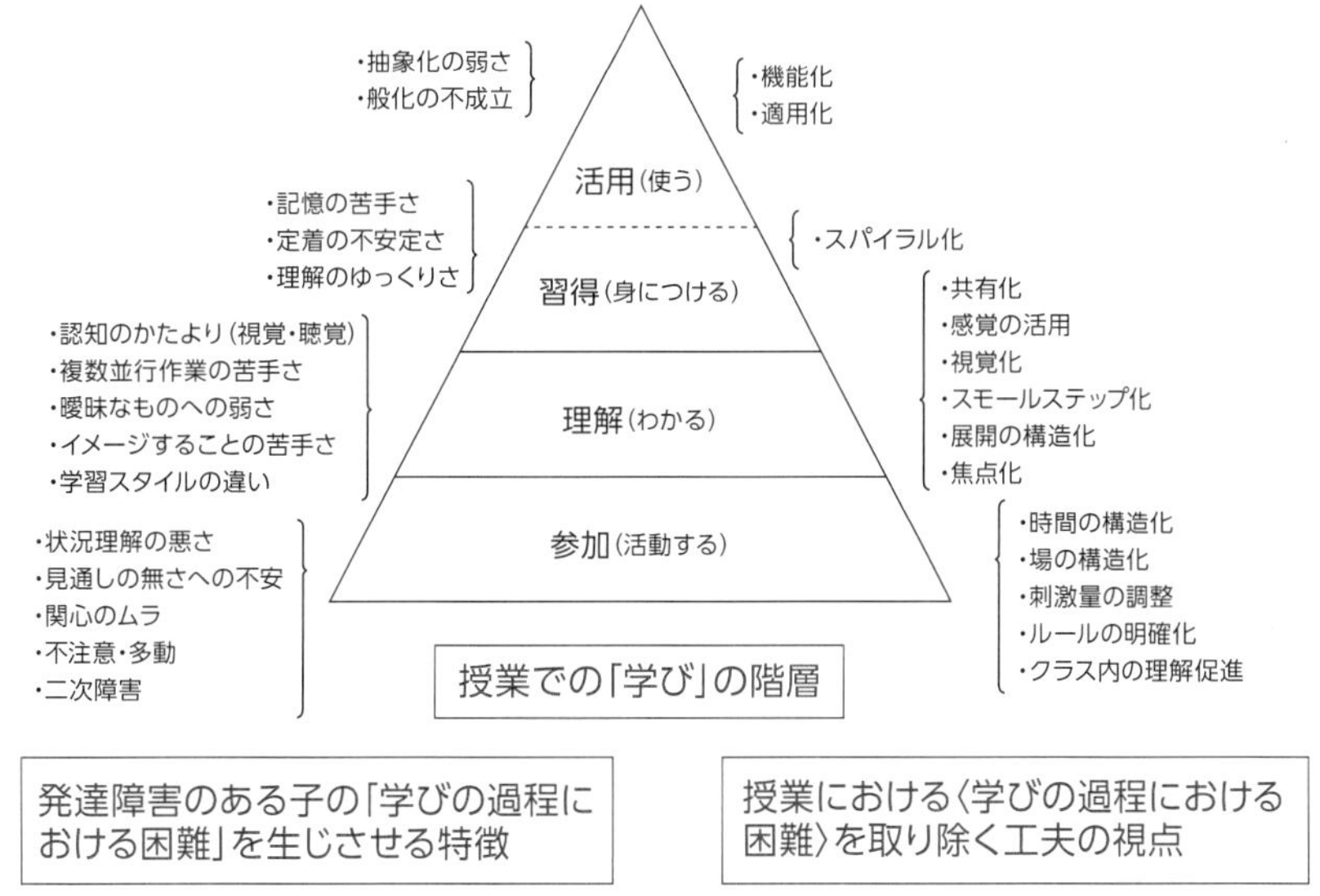

図1　授業UDモデル

1つ目の「参加」階層における学びとは、通常学級において「活動する」というレベルである。発達障害の可能性のある子は、そもそも、教科教育の授業以前の問題として、人間関係や学習環境でつまずくことがある。この階層の学びでは、特に「クラス内の理解の促進」「ルールの明確化」のような学級経営の工夫、「刺激量の調整」「場の構造化」「時間の構造化」のような学習環境の整備が必要になる。「参加」階層における学びとは、言わば「学級経営のUD」である。これは「理解」「習得」「活用」階層の「学びの土台」になる

2つ目の「理解」階層における学びとは、通常学級の授業において「わかる・できる」というレベルである。発達障害の可能性のある子は、興味・関心が沸かなかったり、人の話を一方的に聞いたりすることが苦手である。教科の授業そのものを、楽しく学び合い「わかる・できる」にように工夫しなければならない。この「理解」階層における学びこ

そが、教科の授業において一番重要な学びである、子どもにとって、1時間の授業そのものが楽しく学び合い「わかる・できる」授業にならなければ意味がない。

3つ目の「習得」階層における学びとは、通常学級の授業において「わかったこと・できたこと」が身につくというレベルである。発達障害の可能性のある子は、ある日の授業で「わかった・できた」としても、次の日の授業では習ったことを忘れることがある。各授業や各単元、そして教科間のつながりを意識しながら、系統的・発展的に「スパイラル化」して指導する。子どもの学びが「習得」レベルになるように、単元構成やカリキュラムを工夫する必要がある。

4つ目の「活用」階層における学びとは、通常学級の授業で学んだことを実生活に「使う」というレベルである。発達障害の可能性がある子は、学んだことを抽象化したり生活に般化したりすることが弱いことがある。例えば、国語で文学作品の読み方を学んだとしても、それを日常の読書活動に生かせないことがある。授業で学んだことを実生活に生かせるように指導を工夫していくことも大切である。

「参加」「理解」階層の学びに対しては、授業や学級経営で「指導方法」を工夫する必要がある。また、「習得」「活用」階層の学びに対しては、中・長期的なスパンで「教育方略」を工夫していくことが大切である。

以下では、主として**「理解」レベルにおける国語の授業UD**について述べる。

3．国語の授業UDとは

国語科の授業UDとは、次のとおりある。

> **発達障害の可能性のある子を含めて、全ての子が楽しく学び合い「わかる・できる」ことを目指す通常学級の国語授業づくり**

国語における重要な目標は、「論理」である。ここで言う「論理」とは、「論理的な話し方・聞き方」「論理的な書き方」「論理的な読み方」のことである。

例えば4年生物語文「ごんぎつね」の授業では、中心人物〈ごん〉の心情を読み取る活動を、日本全国のどの教室でも行っている。こうした人物の心情を読み取る活動も、文学的文章の授業では重要な活動である。

しかし、問題はこの活動だけで終わっていることである。より重要なことは、「〈ごん〉の心情を読み取る」と同時に、「心情の読み取り方」を指導することである。この「心情の読み取り方」こそ、「論理的な読み方」の一つである。

発達障害の可能性がある子は、「曖昧」が苦手な子が多い。様々な解釈を出し合うだけではなくて、それを生み出す「論理的な読み方」を明示的に指導していくことも大切になる。

さらに、こうして4年生「ごんぎつね」で学んだ「論理的な読み方」を、5年生「大造じいさんとガン」や6年生「海の命」でも活用できるようにする。

「論理的な読み方」同様、「論理的な書き方」「論理的な話し方」も重要な目標になる。こうした**「論理」こそ、資質・能力としての「思考力・判断力・表現力」育成の中核になる**。国語では、他の文章や言語活動に活用できる「論理」を指導していくことが不可欠である。

4．系統的な指導

他教科の学習でも、様々な言語活動を行っている。例えば、社会科では新聞を作ったり、理科では実験について議論をしたり、家庭科ではレポートを書いたりする。こうした**各教科と国語との明確な違いは、国語では「論理的読み方」「論理的な書き方」「論理的な話し方」を系統的に指導すること**である。

2017 年告示の学習指導要領の解説おいても、次のように「学習の系統性の重視」を示している*4。とはいえ、指導内容はまだ曖昧である。

例えば、「読むこと」における文学的文章の指導内容は、以下のとおりである*5。

◆構造と内容の把握

●場面の様子や登場人物の行動など、内容の大体を捉えること。
（第 1 学年及び第 2 学年）

●登場人物の行動や気持ちなどについて、叙述を基に捉えること。
（第 3 学年及び第 4 学年）

●登場人物の相互関係や心情などについて、描写を基に捉えること。
（第 5 学年及び第 6 学年）

◆精査・解釈

●場面の様子に着目して、登場人物の行動を具体的に想像すること。
（第 1 学年及び第 2 学年）

●登場人物の気持ちの変化や性格、情景について、場面の移り変わりと結び付けて具体的に想像すること。（第 3 学年及び第 4 学年）

●人物像や物語などの全体像を具体的に想像したり、表現の効果を考えたりすること。（第 5 学年及び第 6 学年）

つまり、文学の授業においては、6 年間でこの 6 つの内容を指導すればよいことになる。

だが、これだけでは、国語授業が曖昧な指導にならざるを得ない。「論理的な話し方」「論理的な書き方」「論理的な読み方」に関して、系統的・段階的に指導していくより詳細な目安が必要である。

例えば、筑波大学附属小学校国語科教育研究部では、こうした**「論理的な読み方」の目安として、7 系列の読む力から整理した「文学の系統指導表」「説明文の系統指導表」**（本章末尾に付録として所収）を提案している*6。各学級や各学校で活用したり更新したりすることが望まれる。

ただし、**系統指導表は、あくまでも指導の目安である**。系統的に順序よく指導することは本質ではない。**子どもの学びの状態に応じて、指導の系統を念頭に置いた上で、教師が柔軟に対応していくことこそ**、本質的に重要である。

5．国語の授業 UD に関する実践理論

(1) 授業の「焦点化」「視覚化」「共有化」を図る

国語の授業 UD では、「論理」を授業の目標にした上で、授業の「焦点化・視覚化・共有化」[*7] **を図る**ことが大切になる。

授業の「焦点化」とは、ねらいを絞ったり活動をシンプルにしたりすることである。複数の作業を同時に行うことが難しい子がいる。情報が多くなると理解できない子もいる。授業の「焦点化」をすることで、その子はもちろん、他の子にとっても学びやすい授業になる。

授業の「視覚化」とは、視覚的な手立てを効果的に活用することである。人の話を聞いたり文章を読んだりするだけでは、理解が難しい子がいる。聴覚的な言語情報や文字情報だけでは、内容をイメージすることが苦手なのである。そこで例えば「写真」「挿絵」「動画」「センテンスカード」「寸劇」など視覚的な手立てを活用する。

しかし、ただ単に、こうした視覚的な手立てを活用すればよいというわけではない。冒頭で述べたように「効果的に活用する」ことが大切になる。「効果的」とは、「授業のねらいに通じる」ことである。「一部分だけ見せる」「一瞬だけ見せる」「一定時間見せて、あとは見せない」「ずっと見せ続ける」など、「何を」「どのように」提示するかを綿密に考えておかねばならない。

授業の「共有化」とは、話し合い活動を組織化することである。多くの授業は「挙手－指名」方式で話し合い活動を進める。教師が手を挙げている子を指名していく方式である。しかし、手を挙げて発表することが難しい子がいる。簡単な問いには応えられても、ちょっと難しい問いになると、発表できなくなる子も少なくない。「挙手－指名」方式だけの授業では、クラスの一部の子だけで授業を進めることになりがちになる。

そこでまずは、課題設定の場面においては、全員が参加できるように、例えば「A か？B か？」「1、2、3 のうち、どれが一番○○か？」などの「Which 型課題」[*8] を設定する。次に、全体の話し合い活動に入る前に、一人学びの時間を設定したり、ペア、グループ、フリーの活動を設定したりして、全員の考えを出しやすくする。さらに、全体の話し合い活動では、全員の子が集中して話を聞けるように、ある**モデル発言**（例えば A さん）**に対して次のように関連づけて話すように促す**。

- ● A さんは、何と言ったかな？　もう一度、言ってくれる？　（再現）
- ● A さんが言ったことって、どういうこと？どういう意味か教えてくれる？　（解釈）
- ● A さんは～を選んだけど、なぜこれを選んだのかな？　理由が想像できる？　（想像）

●Aさんの言ったことについて、「例えば」を使って、例を出せるかな？　(具体)
●Aさんが言ったことは、「つまり」どういうこと？　(抽象)
●Aさんの考えのいいところは何かな？　(批評)

友達の発言に関連づけて**「小刻みな表現活動」**を促すことで、全員の**「理解の共有化」「課題の共有化」**を図ることが大切になる。

なお、「焦点化」とは、厳密に言えば、指導内容に関係する視点である。「視覚化」「共有化」は指導方法である。**「視覚化」や「共有化」は、「焦点化」に有効に働いてこそ意味がある**のである。

(2)「教材のしかけ」をつくる

◆「教材のしかけ」とは

「教材のしかけ」[*9]とは、教材を意図的に「不安定」にすることで、子どもの意欲と思考を活性化する指導方法である。

例えば、1年生の説明文の授業。段落の順序をかえて提示する。すると、子どもは「先生、変だよ！」と口々に言い始める。「だって、問いの後に答えがあるはずなのに、答えの後に問いがあるからダメだよ」と言う。これは「段落の順序をかえる」という「教材のしかけ」である。子ども自らが「問いと答えの関係」という「論理」に気付く。

教師が「問いの段落はどれですか？」「答えの段落はどれですか？」と尋ねることもできる。だが、こうしたやり取りに終始すると、子どもは受け身になる。教材を意図的に「不安定」にすることで、子ども自らが「話したくなる」「考えたくなる」動きを引き出す。

「教材のしかけ」は、「焦点化・視覚化・共有化」の手立てになる。「教材のしかけ」をつくることは、単に楽しいクイズをやることではない。授業のねらいが「焦点化」されなければならない。また、「教材のしかけ」をつくることは、「視覚的」に教材を提示したり、課題や理解の「共有化」を図ったりすることに通じる。

発達障害の可能性のある子は、「先生、違うよ！」と言って、違いに目を向けることが得意な子が多い。特別支援教育の観点からも、理にかなった指導方法だと言える。

◆「教材のしかけ」10の方法

国語科授業における「教材のしかけ」には、次の「10の方法」がある。

①順序をかえる	②選択肢をつくる	③置き換える	④隠す	⑤加える
⑥限定する	⑦分類する	⑧図解する	⑨配置する	⑩仮定する

こうした10の方法には、それぞれに表現の対象がある。例えば「文の選択肢をつくる」だけではなくて、「語句の選択肢をつくる」こともできるし、「主題の選択肢をつくる」こともできる。授業のねらいに応じて、方法や対象を変えることが大切になる。

ただし、単に「教材のしかけ」をつくって提示すればよいのではない。**子どもが自然に**

「考えたくなる」「話したくなる」ように、提示の仕方を「工夫」することが大切である。

例えば、物語文の授業においては、「挿絵の順序を変える」というしかけで、それを並び替えることで、話の内容の大体をとらえることができる。だが、単に挿絵の順序を変えておいて、「どんな順番なのかな？」と問いかけるだけでは、子どもの意欲はそう高まらない。一方、黒板の右から左に矢印（→）を引いておいて、「挿絵はこんな順番だったね」と話しながら、バラバラになった挿絵を置いていく。すると、子どもは挿絵の順序性に違和感をもち、「先生、順番が違うよ！」と話し始める。

また、物語文の授業においては、「主題の選択肢をつくる」ことがある。単に、間違った主題や正しい主題を提示するだけではなくて、「主題くじを引く」という活動にアレンジしてみる。正しい主題が「当たり」である。子どもは喜々として活動に取り組み始める。

このように、「教材のしかけ」はただ単に提示するのではなくて、

- ●場づくりをした上で、しかける
- ●教師が言葉がけをしながら、しかける
- ●活動をアレンジして、しかける

などをして、提示の仕方を工夫することが大切である。

(3) 「考える音読」による思考の活性化

◆「考える音読」とは

国語の学習活動として必ず行われるものに「音読」がある。教師は、物語文の授業では「登場人物の心情を考えながら音読をしましょう」と、よく指示する。また、説明文の授業では「文章の内容を思い浮かべながら音読をしましょう」と助言する。つまり、大抵は、考えながら「音読」をすることを子どもに促している。

しかし、本当に、子どもが「人物の心情」「文章の内容」を考えながら音読しているだろうか。それは怪しい。子どもの頭の中は、教師にはわからない。

「考える音読」[＊10＊11] **とは、言わば「考えざるを得ない状況をつくる音読」**である。「考えざるを得ない状況」をつくることによって、一部の子どもだけではなくて、**「全員の思考」を活性化**することができる。

◆3つの型

「考える音読」には、次の3つの型がある。

①すらすら型　　②イメージ型　　③論理型

1つ目の**「すらすら型」とは、語、文、文章を正しく読む音読**である。文章の内容理解の基礎になる。「はりのある声」「はっきり」「正しく」「、や。に気をつけて」など、正確に音読で表現することがねらいになる。例えば、次のような活動がある。

●マル読み……………「。」のところで、読む人を交代して読む。
●マル・テン読み……「。」「、」のところで、読む人を交代して読む。
●リレー読み…………好きな「。」「、」で、読む人を交代して読む。

こうした音読では、文章の内容をイメージするよりも、とにかく、正しく読むことに集中しがちになる。

2つ目の**「イメージ型」とは、人物の心情や文章の内容を思い浮かべながら読む音読**である。例えば、「ここ・ここ読み」。「先生が、今から文章を音読していきます。中心人物の心情がわかる言葉になったら、『ここ、ここ』と言いましょう」と指示すれば、子どもが中心人物の気持ちを想像せざるを得なくなる。

また、「つぶやき読み」。「ペアで音読をします。一人は筆者の役、もう一人は読者の役です。筆者の役は、読者に伝えるつもりで一文ずつ読みます。読者の役は、『おお、～なんだよね』のように、一文ずつ、文章の内容に合わせてつぶやきましょう」と指示すれば、文章の内容を思い浮かべざるを得なくなる。

他にも、次のような音読がある。

●動作読み………人物の言動や説明内容を動作化しながら読む。
●ダウト読み……教師の読み間違いで、「ダウト！」と言い、正しい内容を確認する。
●指差し読み……友達や教師の音読を聞いて、挿絵や写真の該当箇所を指差す。

3つ目の**「論理型」とは、文章の「論理」を考えながら読む音読**である。「論理」とは、平たく言えば、「関係」である。文章の「論理」に着眼して読むことで、より深く、人物の心情を読み味わったり、文章の内容や筆者の意図をとらえたりすることができる。

「論理型」の音読には、例えば、次のような活動がある。

●ぼく・わたし読み………三人称の登場人物の名前に、一人称の「ぼく」「わたし」を代入して読むことで、視点人物を明らかにする。
●クライマックス読み……中心人物の心情の高まりに合わせて音読することで、クライマックスをとらえる。
●問い・答え読み…………問いの部分と答えの部分を役割分担して読む。
●事例・まとめ読み………事例の部分は一人で読んで、まとめの部分は全員で読む。

このように、「考える音読」では、「すらすら型」の音読によって「文章を正確に読める」ようにすることはもちろん、「イメージ型」の音読によって「文章の内容を理解」した上で、「論理型」の音読によって文章中の「論理的な関係をとらえて読める」ようにする。

「考える音読」のバリエーションは、すでに100種類以上ある[*1*2]。ただし、これらは絶対的なものではない。**それぞれの教師が、目の前の子どもたちの「全員参加」「全員思考」を想定して、新しい「考える音読」をつくることに意義がある。**

◆「考える音読」を活用した授業づくり

授業では、「すらすら型」「イメージ型」「論理型」のねらいにそって取り入れることが大切である。例えば、単元構成。大まかに言えば、次のような構成が想定される。

●第一次……中心教材を読み、音読練習をしたり単元の見通しをもったりする。
●第二次……中心教材の内容や論理を確認する。
●第三次……学んだ論理を使って、選択教材を読んだり表現活動をしたりする。

こうした単元構成では、**第一次で「すらすら型」、第二次で「イメージ型」「論理型」**の音読を取り入れることが目安になる。

また、授業構成についても、概して言えば、次のような構成になる。

●導入………………問題意識を醸成したり、学習課題を設定したりする。
●展開（前半）……文章の内容を理解する。
●展開（後半）……文章の論理に気付く。
●まとめ……………学習課題や文章の内容・論理などについて振り返る。

こうして考えると、**授業の展開（前半）では「イメージ型」の音読、展開（後半）では「論理型」の音読**を設定することが望ましいことになる。

ただし、**導入において、あえて「イメージ型」「論理型」の音読を取り入れる**ことで、子どもの読みのズレを引き出し、それを展開（前半・後半）で解決していくという構成も考えられる。

(4) 「Which 型課題」の国語授業

◆「Which 型課題」とは

「Which 型課題」[*12] **とは、「選択・判断の場面がある学習課題」**である。例えば、「Aか？　Bか？」「1、2、3のうち、どれか？」「1、2、3のうち、どれが一番〜か？」のようにして、子どもが選択・判断する場面をつくる。

「Which 型課題」のメリットは、何よりも、全ての子どもが参加できることである。明確に理由をイメージできなくても、どれかを選択・判断することは誰でもできる。**「What型（何？）」、「How 型（どのように？）」、「Why 型（なぜ？）」**という課題では答えられない子がいる。しかし、**「Which 型（どれ？）」で選択・判断するだけなら、誰もが学びの第一歩を踏み出せる。**

◆「Which 型課題」の国語授業モデル

この「Which 型課題」の国語授業では、次の4つの授業場面を想定している（[　] は子どもの学びのプロセス）。

①問題意識の醸成	[面白いね。ん？]
②「Which 型課題」の設定	[えっ、どれ？]
③考えのゆさぶり	[違うよ！　だって…]
④まとめ・振り返り	[～が大事だね。他にもあるかな]

「①問題意識の醸成」では、課題設定に向けて、全員の理解をそろえ、問題意識の醸成を図る。**「②『Which 型課題』の設定」**では、問題意識を引き出した上で課題を設定して、子どもの考えのズレを際立たせる。学びの第一歩としての「主体性」を引き出したり、考えのズレを際立たせて「対話的な学び」を引き起こしたりする。**「③考えのゆさぶり」**では、子どもの考えを整理した上で、「ゆさぶり発問」を投げかけて「深い学び」を促す。**「④まとめ・振り返り」**では、課題に対する答えを確認したり、その思考のプロセスで有効だった読み方を整理したり、その読み方の活用場面を提示したりする。また、自分の学び方の振り返りを促す。「Which 型課題」の国語科授業モデルは、学習指導要領が目指す**「主体的・対話的で深い学び」**の実現を図るための有効な方法の一つである。

ただし、こうして授業場面を想定することは、かえって子どもの「主体性」を奪う可能性がある。**子どもの「学びの文脈」に寄り添いつつ、学び合いが促進・深化するように、教師が適切にファシリテーションをしていく**ことが大切になる。

◆「Which 型課題」のバリエーション

「Which 型課題」は図２で示す「三つの読みの力」[*13] **に基づいて構想できる。**

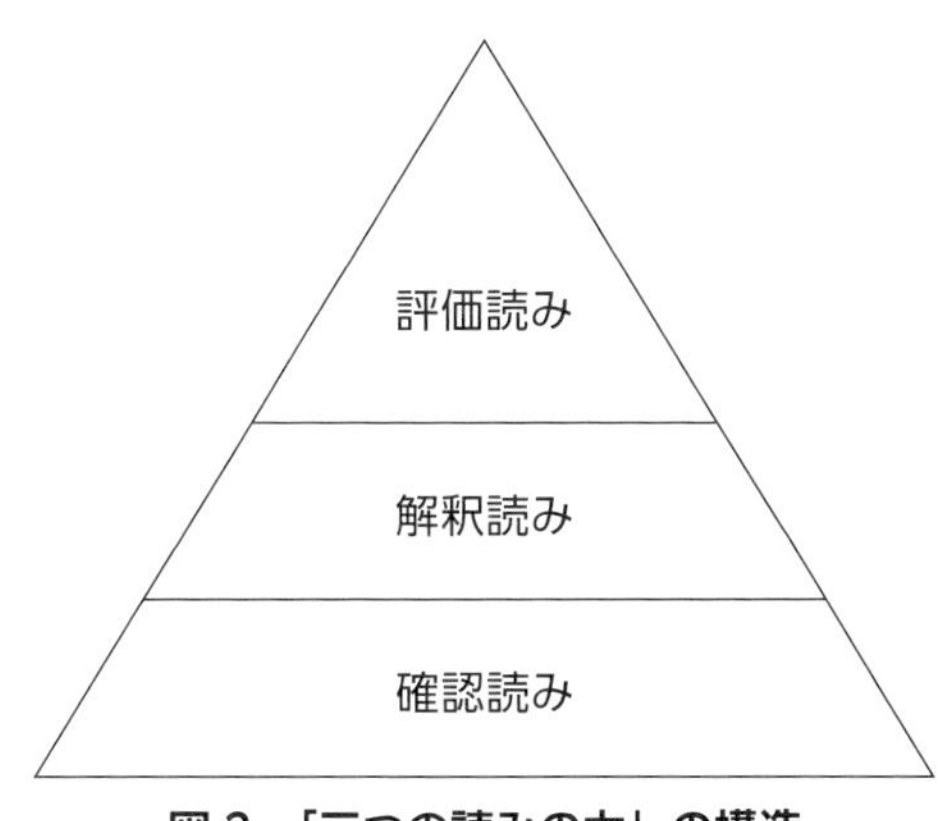

図２　「三つの読みの力」の構造

１つ目は**「確認読み」**。クラス全員が共通して確認できる読みである。二つ目は**「解釈読み」**。解釈読みには、様々な読みがある。私たち読者は、確認読みをベースにしながら、独自の解釈読みをしている。三つ目は**「評価読み」**。評価読みは、「面白い／面白くない」「わかりやすい／わかりにくい」など、誰もができる読みである。質の高い「評価読み」は、「確認読み」や「解釈読み」がベースになっている。

以下は、「三つの読みの力」をベースにして、これまでの授業実践や長崎伸仁氏らの先行研究*[14]をふまえて「**Which 型課題**」を**10のバリエーション**に**整理**したものである。

◆「Which 型課題」確認読みレベル（答えが一つに決まる）
①○○は、Aか？　Bか？
②○○は、A～C（三つ以上）のうち、どれか？
◆「Which 型課題」解釈読みレベル（答えは、一つに決まらない）
③○○として適切なのは、Aか？　Bか？
④○○は、Aか？　それとも、not　Aか？
⑤一番○○（○○として一番適切）なのは、A～C（三つ以上）のうち、どれか？
⑥もしも○○だったら、A～C（三つの以上）のうち、どれか？
⑦もしも○○の順位をつけるなら、その順番は？
⑧もしも○○を目盛りで表すなら、いくつになるか？
◆「Which 型課題」評価読みレベル（誰もが評価できる）
⑨○○は、いる？　いらない？
⑩いい文章？　よくない文章？

◆拡散と収束

「Which 型課題」の設定では、では、子どもの多様の読みが出る。言わば「**拡散**」である。だが、「拡散」したままでは、子どもには、何が大事な読み方なのかががわからない。「拡散」した後は、その「**収束**」を図る必要がある。そこで、授業の後半では「考えのゆさぶり」として、**子どもの学びの文脈に寄り添いつつ、「ゆさぶり発問」を投げかける。読みの「収束」として「新たな着眼としての読み方」に気付く**ことができるようにする。

「ゆさぶり発問」には、例えば、次のようなものがある。

（T）がまくんにお手紙を速く届けたいなら、かたつむりくんじゃなくて、チーターの方がいいよね？　（2年物語文「お手紙」）
（T）ごんは、村人に嫌われたいから、いたずらばかりするんだよね？　（4年物語文「ごんぎつね」）
（T）大造じいさんは、2年半、ガン一羽だけしか捕らなかったんだよね？　（5年物語文「大造じいさんとガン」）
（T）しごとの文は、つくりの文の方があとでもいいよね？　（1年説明文「じどう車くらべ」）
（T）「初め」はなくても、「中」と「終わり」の説明だけでもいいよね？　（4年「ウナギのなぞを追って」）
（T）要旨を2回繰り返さなくても、別に1回だけでいいよね？　（5年説明文「見立てる」）

このようにして、**意図的に「不適切な解釈」を投げかけることで、「適切な解釈」を引き出し、「新たな着眼としての読み方」に気付くことができるようにする**。子どもの学びの文脈に寄り添って投げかけることが大切である。

◆「Which 型課題」の国語授業モデルと「教材のしかけ」との関係

「Which 型課題」の国語授業モデルは、「教材のしかけ」*[15]を授業展開に位置づけたものだとも言える

①問題意識の醸成	【順序を変える？　語句を置き換える？　隠す？……】
②「Which 型課題」の設定	【選択肢をつくる】
③考えのゆさぶり	【仮定する】
④まとめ・振り返り	

上記の②**は「選択肢をつくる」**、③**は「仮定する」**という「教材のしかけ」である。そうすると、①**では、それ以外のしかけ**を使えばよい。「Which 型課題」の国語授業モデルと「教材のしかけ」の関係づけることで、授業展開をシンプルに構想することができる。

(5) 国語科授業のファシリテーション力

◆ファシリテーション力とは

発達障害の可能性のある子の存在を前提にした学び合いでは「単線的で、右肩上がりの学び」になるはずがない。「考えのずれ」が生まれたり、「間違い」が出たり、「わからない」という声が上がったりする。つまり、国語の授業 UD とは、複線的で行きつ戻りつする**「多様性のある学び合い」**である。

こうした「多様性のある学び合い」を支える教師の力量を**「国語授業のファシリテーション力」***[16]と呼ぶことにする。**ファシリテーション（facilitation）とは「集団による知的相互作用を促進する働き」**である。Facilitate には、「物事をやりやすくする、容易にする、促進する、助長する」という意味がある。問題解決、アイデア創造、合意形成など、集団における知識創造活動を促進していく働きがある。

このファシリテーション力として、次の五つのスキルを想定している。

①授業のストーリーづくりのスキル
②教室の空気づくりのスキル
③多様な意見を拡散的に引き出すスキル
④異なる意見を収束的に整理するスキル
⑤即時的にアセスメントし対応するスキル

以下、簡単に解説する。

◆授業のストーリーづくりのスキル

「『Which 型課題』の国語授業モデルに基づいて、「子どもの学びのプロセス」イメージ

するスキル」である。次のように授業展開を考えることで、授業のストーリーをクリアに考えることができる。（［　］は子どもの学びのプロセスを示す）

①問題意識の醸成	［面白いね。ん？］
②「Which 型課題」の設定	［えっ、どれ？］
③考えのゆさぶり	［違うよ！　だって…］
④まとめ・振り返り	［〜が大事だね。他にもあるかな］

◆教室の空気づくりのスキル

「子ども同士の共感的な呼応関係や前向きな雰囲気をつくるスキル」である。共感的な呼応関係とは、話し手が語りかけると、聞き手がオリジナルの反応をするような関係である。また、アイスブレイクで自己開示ができるようにしたり、授業の導入（問題意識の醸成）おいて、子どもの「楽しい」や「気になる」を引き出したりすることも大切である。もちろん「遊び心のある」「温かく」「誠実な」教師の話し方や雰囲気も欠かせない。

◆多様な意見を拡散的に引き出すスキル

「多様な意見や反応を引き出して、受容的に対応するスキル」である。一番重要なのは「教師や子どもの授業観の転換」である。私たちは、無意識のうちに「授業とは、正しい答えを発表し合うことである」と考えていることが多い。だが、こうした「正答ベースの授業観」では、多様な意見は出ない。「授業とは、困ったことや悩んでいることに寄り添って、全員で解決していくことである」という「困りベースの授業観」に変えていく必要がある。「〜に困っている人？」と教師が問いかけ、学習者が困っていることを語り出し、それを全員で解決していく。「〜がわかる人？」という問いかけでは参加できる子が限られる。「困りベースの授業観」では、全ての学習者が参加できる。

「「Which 型課題」のように、課題や発問に「選択肢」をつくることも効果的である。「Which 型」（どれ？）の課題や発問から始めると、全員が参加しやすい。自分の立場を明示して授業に参加できるようにする。

子どもが様々な意見を出し合うには、まずは、教師が子どもの意見に対して「受容的・共感的」に反応することが必要である。うなずきながら全身で聞いたり、適切なポジショニングをとったり、プラスの相槌を打ったり、適切なリボイシングをしたりする。

◆異なる意見を収束的に整理するスキル

「考えの違いを整理した上で、問題を明確化したり論理を共有したりするスキル」である。例えば、話し合い活動において、子どもの意見の違いを対比・類別等で「整理」して問い返す。モデル発言の「再現・解釈・想像・評価・再構成」を促す。一人の子の発見を「着眼点（ヒント）」を共有していくことで、「全員の発見」を促す。

「考えのゆさぶり」の場面では、「ゆさぶり発問」として、「だったら〜だよね？」と、意図的に不適切な解釈を投げかけて、適切な解釈を引き出す。

また「学習のまとめ」として「①課題に対する答え　②読み方の整理　③読み方の活用」を確認したり、「学習の振り返り」として「学び方の成果と課題」を見つめ直すように投げかけたりする。

◆即時的にアセスメントし対応するスキル

「『学びのズレ』をアセスメントしながら、『立ち止まり』『立ち戻り』によって、即時的に対応するスキル」である。例えば、一人の子の「わからない」「困っている」「間違い」を積極的に取り上げて「立ち止まる」。一人の子の問題は、実は他の子も同様の問題を抱えていることが多い。その上で、「間違いの思考過程」を共感的に理解しながら「立ち戻る」。間違いの結果ではなくて、その思考過程のよさに共感しつつ、一緒に改善策を考えることができるようにする。

◆即時的に対応できる力

授業の成否は、およそ「事前の準備が6割、事中の対応が3割、事後の評価と指導が1割」である。「国語科教育」「特別支援教育」「学級経営」に関する専門的な研鑽を続けた上で**「子どものつまずきを想定して、授業の準備を綿密に行い、授業のイメージや学びの姿を描けるようになること」**が、実際の授業においても**「自然な振る舞いとして即時的に対応できる力を高めること」**につながるのである。

(6) 単元構成の基本的な考え方

◆単元とは

単元とは「一つのまとまり」のことである。例えば、次のような目安で、単元を構成する。

●第一次……中心教材を読み、音読練習をしたり単元の見通しをもったりする。
●第二次……中心教材の内容や論理を確認する。
●第三次……学んだ論理を使って、選択教材を読んだり表現活動をしたりする。

子どもの問題解決の文脈に寄り添いつつ構成することが大切になる。

下学年の単元の第二次では、「場面ごとの読み」ではなくて、中心人物の心情変化に着眼して**「場面をつなげる読み」**で指導していくことが効果的である。

例えば、第2次1時では1場面だけの中心人物の心情を読み深める。次の第2時では、1場面と2場面をつなげて、中心人物の心情変化を読み深める。そして第3時では、1場面から3場面をつなげて、中心人物の心情変化を読み深める。こうやって指導していけば、最後には、1場面から最終場面までの中心人物の心情変化が明らかになるというわけである。

一方、**上学年の単元の第二次では、下学年での学びをふまえて、文章丸ごとを扱って「論理的な読み方」に着眼して指導する**ことが大切になる。その着眼する「論理的な読み方」は、これまでの述べてきた中で、次の5つが目安になる。

①作品の設定（「時（いつ）」「場所（どこで）」「登場人物（誰が）」「出来事（何をしたか）」）は？

②視点（語り手は「誰」の目と心かから地の文を語っているか）
③文学特有の表現技法（この表現技法によって、視点人物のどんな心情が解釈できるか？）
④中心人物の変化（中心人物の心情は、どのように変化しているか）
⑤主題（人間の生き方として一番強く感じることは何か？）

第一次では、単元に関する問題意識を引き出した上で、第二次では、問題解決のプロセスとして、こうした「論理的な読み方」を確認していく。そして第三次では、学んだ「論理的な読み方」を活用して別の物語文を読んだり表現したりできるようにする

(7) 三段構えの指導

◆三段構えの指導とは

通常学級の授業においては、全体指導だけでも個別指導だけでも進めることはできない。全体と個別のバランスや順序性を考えて指導することが大切になる。

「三段構えの指導」（図3）*[17]とは、通常学級において「①全体指導の工夫」「②個別の配慮」「③個に特化した指導」という順序で、「全員参加」の指導をすることである。例えば、図2における三角形は、通常学級のクラス全員の子どもを表している。

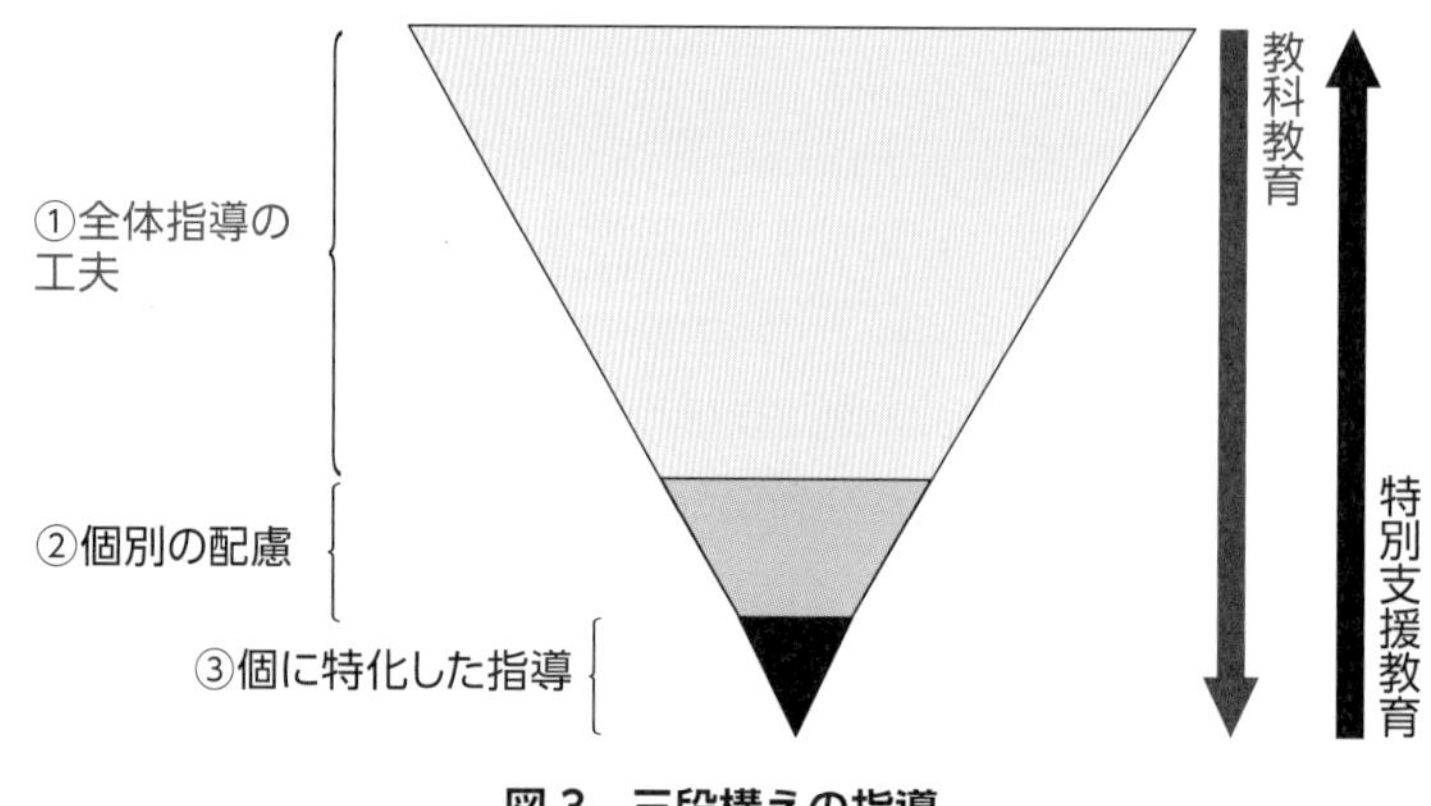

図3　三段構えの指導

◆全体指導の工夫

まずは**「①全体指導の工夫」によって、発達障害の可能性のある子を含めて、全ての子が楽しく学び合い「わかる・できる」授業を目指す**。ここで言う「①全体指導の工夫」とは、国語で言えば、これまでに述べてきたように、「論理」を授業の目標にしたり、授業の「焦点化・視覚化・共有化」を図ったり、その手立てとして「教材のしかけ」つくったりする、「考える音読」を設定したりする、「Which 型課題」の国語授業モデルで授業を展開するなどの指導内容の精選や指導方法の工夫である。

◆個別の配慮

しかし、**「①全体指導の工夫」を行っても、学習活動に乗れない子がいることがある。その際には、授業の中で、例えば次のような「②個別の配慮」を行う**ことがある。

- ●漢字を読むことが苦手な子がいる場合には、ふりがな付きのプリントを与える。
- ●教材を提示しても注目していない場合には、その子に注目して話したり近寄ったりする。
- ●ペアの話し合い活動が難しい場合には、教師が二人の間に入って話し合い活動の調整役をする。
- ●全体の話し合い活動での発表が難しい場合には、つぶやきやノートの記述を取り上げて、その子に発言するように勧めたり、その子の考えを教師が紹介したりする。
- ●書くことが苦手な子がいる場合には、書き出しを指示したり、お手本や他の子の意見を写しすることを許可したりする。

こうした「②個別の配慮」とは、授業時間の中で行う個別の指導である。

ただし、こうした**「授業内での個別指導」では、個別指導をされる側の子どもの気持ちを十分配慮することが必要である。**例えば、自分の考えをノートに書く時間で、長時間、書くことが苦手な子を指導することは、「またあの子は書けていない」ということを他の子に知らせることになる。そこで、机間指導の1周目に指示をしておいて、その2周目に確認をするなどして、できるだけ早めに何度も子どもたちを見て回るようにする。すると、書くことが苦手な子が目立たなくなる。つまり、「②個別の配慮」としての授業内での個別指導では、苦手な子が目立たないように指導していくことが大切である。

◆個に特化した指導

だが、**こうした「授業内での個別指導」でも、理解できない子や表現できない子がいることがある。その場合には「授業外での個別指導」として、「③個に特化した指導」を行っていく必要がある。**例えば、授業が終わった後の休み時間に漢字の指導をしたり、「通級による指導」で該当の子だけは文章を事前に読ませたりする。「授業外での個別指導」においても、まずは個別指導される側の気持ちを優先して、本人や保護者の納得や同意の下で適切に行うことが大切である。教師が親切に行った個別指導が、子どもや保護者にとって嫌な出来事にならないように細心の配慮が必要である。

◆指導の順序性

授業UDでは、「①全体指導の工夫」として、まずは、発達障害の可能性がある子も含めて、他の子も楽しく参加しやすい、言わば「ユニバーサルデザイン的な対応」する。その上で「②個別の配慮」「③個に特化した指導」として、つまずきが生じる子への合理的な配慮、言わば「バリアフリー的な対応」(合理的配慮)をする。

こうした**「①全体指導の工夫」「②個別の配慮」「③個に特化した指導」という指導の順序も大切である。**やはり、まずは「①全体指導の工夫」を大事である。これが有効に働かなければ、多く子がつまずいて、多くの子に対して「②個別の配慮」「③個に特化した指導」をしなければならなくなる。まずは「①全体指導の工夫」として「授業の質を高める」ことが大切なのである。

授業UDでは、「①全体指導の工夫」「②個別の配慮」「③個に特化した指導」という

「三段構え」で、通常学級の全ての子どもを支えていくことを大切にしている。

【文献】

*[1] 桂聖（2011）『国語授業のユニバーサルデザイン』東洋館出版社

*[2] トレイシー・E・ホール、アン・マイヤー、デイビッド・H・ローズ著、バーンズ亀山静子翻訳（2018）『UDL 学びのユニバーサルデザイン』東洋館出版社．

*[3] 小貫悟・桂聖（2014）『授業のユニバーサルデザイン入門』東洋館出版社．

*[4] 文部科学省（2018）『小学校学習指導要領　解説国語編』東洋館出版社．

*[5] 前掲 4

*[6] 筑波大学附属小学校国語教育研究部・青木伸生・青山由紀・桂聖・白石範孝・二瓶弘行（2016）『筑波発 読みの系統指導で読む力を育てる』東洋館出版社．

*[7] 前掲 1

*[8] 桂聖・N5 国語授業力研究会（2018）『「Which 型課題」の国語授業』東洋館出版社

*[9] 桂聖・授業の UD ユニバーサルデザイン研究会沖縄支部編著（2013）『教材に「しかけ」をつくる国語授業 10 の方法　文学のアイデア 50 ／説明文のアイデア 50』東洋館出版社

*[10] 桂聖・「考える音読」の会編著（2011）『論理が身につく「考える音読」の授業文学アイデア 50 ／説明文アイデア 50』東洋館出版社

*[11] 桂聖・「考える音読」の会編著（2019）『全員参加で楽しい「考える音読の授業＆音読カード文学／説明文』東洋館出版社

*[12] 前掲 8

*[13] 前掲 1

*[14] 長崎伸仁・桂聖（2016）『文学の教材研究コーチング』東洋館出版社

*[15] 前掲 9

*[16] 桂聖（2017）「『多様性のある学び』を支える国語授業のファシリテーション力」桂聖・石塚謙二・廣瀬由美子・日本授業 UD 学会編著『授業のユニバーサルデザイン Vol.9』東洋館出版社

*[17] 授業のユニバーサルデザイン研究会・桂聖・石塚謙二・廣瀬由美子（2014）『授業のユニバーサルデザイン Vol.7』東洋館出版社

Ⅰ　文学の系統指導表

◆筑波大学附属小学校「文学の読みの系統指導表」（2015試案を一部変更）

学年	読みの技能	読みの用語
①「作品の構造」系列の読む力		
1年	作品の設定に気をつけて読む	時、場所、登場人物、出来事（事件）
1年	場面をとらえて読む	場面
1年	連のまとまりをとらえて読む	連
2年	あらすじをとらえて読む	あらすじ
3年	中心となる場面を読む	中心場面
4年	物語のしくみをとらえて読む	起承転結（導入部・展開部・山場・終結部）
4年	時代背景と関連づけて読む	時代背景
4年	場面と場面を比べて読む	場面の対比
5年	額縁構造をとらえて読む	額縁構造
5年	伏線の役割を考えながら読む	伏線
②「視点」系列の読む力		
1年	語り手の言葉をとらえて読む	語り手、地の文
1年	語り手の位置を考えながら読む	語り手の位置
3年	立場による見え方や感じ方の違いをとらえて読む	立場による違い
4年	視点をとらえて読む	視点、視点人物、対象人物
4年	視点の転換の効果を考えながら読む	視点の転換
6年	一人称視点と三人称視点の効果を考えながら読む	一人称視点、三人称視点（限定視点、客観視点、全知視点）
③「人物」系列の読む力		★1，2年→気持ち、3，4年＝心情
1年	登場人物の気持ちや様子を想像しながら読む	登場人物、中心人物、気持ち、様子
1年	登場人物の言動をとらえて読む	会話文（言ったこと）、行動描写（したこと）
2年	登場人物の気持ちの変化を想像しながら読む	気持ちの変化、対人物、周辺人物
3年	人物像をとらえながら読む	人物像（人柄）
3年	中心人物の心情の変化をとらえて読む	心情、変化前の心情、変化後の心情、きっかけ
5年	登場人物の相互関係の変化に着目して読む	登場人物の相互関係
6年	登場人物の役割や意味を考えながら読む	登場人物の役割
④「主題」系列の読む力		
1年	題名と作者をとらえて読む	題名、作者
1年	いいところを見つけながら読む	好きなところ
2年	自分の経験と関連づけながら読む	自分の経験
2年	感想を考えながら読む	感想、読者
3年	自分の行動や考え方を重ねて読む	自分だったら
4年	読後感の理由を考えながら読む	読後感
5年	中心人物の変化から主題をとらえる	主題
5年	作品のしくみ（山場や結末）の意味から主題をとらえる	山場の意味、結末の意味
6年	題名の意味から主題をとらえる	題名の意味、象徴
6年	複数の観点から主題をとらえる	複数の観点（中心人物の変化、山場、結末、題名など）の意味
⑤「文学の表現技法」系列の読む力		
1年	会話文と地の文を区別しながら読む	会話文、地の文
1年	リズムを感じ取りながら読む	音の数、リズム
1年	繰り返しの効果を感じ取りながら読む	繰り返し（リフレイン）
2年	比喩表現の効果を考えながら読む	比喩（たとえ）
2年	短文や体言止めの効果を考えながら読む	短文、体言止め
3年	会話文と心内語を区別して読む	心内語
3年	擬態語や擬声語の効果を考えながら読む	擬態語・擬声語
3年	擬人法の効果を考えながら読む	擬人法
4年	五感を働かせて読む	五感の表現
4年	情景描写の効果を考えながら読む	情景描写

4年	倒置法の効果を考えながら読む	倒置法
4年	呼称表現の違いをとらえながら読む	呼称表現
4年	記号の効果を考えながら読む	ダッシュ（—）、リーダー（…）
5年	方言と共通語の違いを考えながら読む	方言、共通語
6年	対比的な表現の効果を考えながら読む	対比
⑥「文種」系列の読む力		
1年	昔話や神話を読む	昔話、神話
1年	物語文と詩の違いをとらえて読む	物語文、詩
2年	日本と外国の民話の違いをとらえて読む	訳者、外国民話、翻訳
3年	ファンタジーをとらえて読む	ファンタジー、現実、非現実
3年	俳句を音読する	俳句、季語、十七音、切れ字
4年	脚本を読む	脚本、台詞、ト書き
4年	短歌を音読する	短歌、三十一音、上の句、下の句、百人一首
5年	古文を読む	古文、古典
5年	伝記の特徴を考えながら読む	伝記、説明的表現、物語的表現
5年	随筆の特徴を考えながら読む	随筆、説明的表現、物語的表現
5年	推理しながら読む	推理小説
6年	漢文を音読する	漢文
6年	古典芸能を鑑賞する	狂言、歌舞伎、落語
⑦「活動用語」系列の読む力		
1年	物語文の読み聞かせを聞く	読み聞かせ
1年	語のまとまりや言葉の響きなどに気をつけて音読・暗唱する	音読、暗唱
1年	人物になりきって演じる	動作化、劇化
2年	場面や人物の様子を想像しながら、絵を描いたり音読したりする	紙芝居
2年	場面や人物の様子を想像しながら、絵や吹き出しをかく	絵本
2年	日本や外国の昔話を読む	昔話の読書
3年	人物の気持ちや場面の様子を想像して、語りで伝える	語り
4年	学習した物語文に関連して、他の作品を読む	テーマ読書
5年	学習した物語文に関連して、同じ作者の作品を読む	作者研究
5年	自分の思いや考えが伝わるように朗読をする	朗読

※筑波大学附属小国語研究部編『筑波発　読みの系統指導で読む力を育てる』（東洋館出版社）2016年２月

第1章　付表②

Ⅰ　説明文の系統指導表

◆筑波大学附属小学校「説明文の読みの系統指導表」（2015試案）

学年	読みの技能	読みの用語
①「文章の構成」系列の読む力		
1年	問いと答えをとらえて読む	問い、答え
1年	事例の内容をとらえて読む	事例、事例の順序
2年	三部構成をとらえて読む	三部構成（初め・中・終わり）、話題、まとめ、意味段落
3年	問いの種類を区別して読む	大きな問い、小さな問い、かくれた問い
3年	事例とまとめの関係をとらえて読む	事例とまとめの関係
3年	観察・実験と考察の関係をとらえて読む	実験・観察、考えたこと
4年	文章構成（序論・本論・結論）をとらえて読む	序論、本論、結論
4年	文章構成の型をとらえて読む	尾括型、頭括型、双括型、文章構成図
4年	事例の関係をとらえて読む	事例の並列関係、事例の対比関係
5年	まとめから事例を関連づけて読む	まとめと事例の関係
6年	文章構成の型を活用して読む	文章構成の変形
②「要点・要約」系列の読む力		
1年	文と段落を区別しながら読む	文、段落
2年	小見出しの効果を考えながら読む	小見出し
2年	主語をとらえながら読む	主語、述語
3年	キーワードや中心文をとらえながら読む	キーワード、中心文
3年	段落の要点をまとめながら読む	要点、修飾語、常体、敬体、体言止め
3年	大事なことを要約しながら読む	筆者の立場での要約、要約文
4年	目的や必要に応じて、要約しながら読む	読者の立場での要約
③「要旨」系列の読む力		
1年	題名と筆者ととらえて読む	題名、筆者
2年	まとめをとらえて読む	まとめ
4年	要旨の位置を考えながら読む	要旨、筆者の主張、尾括型、頭括型、双括型
5年	要旨と題名の関係を考えながら読む	要旨と題名の関係
6年	具体と抽象の関係から要旨を読む	要旨と事例の関係
④「批評」系列の読む力		
1年	初めて知ったことや面白かったことを考えながら読む	初めて知ったことや面白かったこと
1年	「問いと答え」や「事例の順序」の意図を考えながら読む	筆者の気持ち
2年	自分の経験と関連づけながら読む	自分の経験
2年	感想を考えながら読む	感想、読者
3年	説明の工夫を考えながら読む	説明の工夫
3年	「事例の選択」の意図を考えながら読む	事例の選択、筆者の意図
4年	「話題の選択」の意図を考えながら読む	話題の選択
4年	文章構成の型の意図を考えながら読む	文章構成の意図
6年	筆者の説明に対して自分の意見を考えながら読む	共感、納得、反論
⑤「説明文の表現技法」系列の読む力		
1年	問いの文と答えの文を区別しながら読む	問いの文、答えの文、疑問の文末表現
1年	説明の同じところや違うところを考えながら読む	説明の観点、同じ説明の仕方（類比）、説明の違い（対比）
2年	事実の文と理由の文を区別しながら読む	事実の文、理由の文、理由の接続語、理由の文末表現
2年	順序やまとめの接続語の役割を考えながら読む	順序やまとめの接続語
2年	図や写真と文章とを関係づけながら読む	図、写真
3年	抽象・具体の表現の違いを考えながら読む	抽象的な語や文、具体的な語や文
3年	事実の文と意見の文を区別しながら読む	意見の文、事実や感想の文末表現
3年	指示語の意味をとらえて読む	指示語（こそあど言葉）
4年	語りかけの表現をとらえて読む	語りかけの文末表現
4年	言葉の定義に気をつけながら読む	定義づけ、強調のかぎかっこ
4年	対比的な表現や並列的な表現などに気をつけて読む	順接、逆接、並列、添加、選択、説明、転換の接続語、長所・短所
4年	時の流れに着目しながら読む	西暦、年号

4年	説明の略述と詳述の効果を考えながら読む	略述、詳述
5年	具体例の役割を考えながら読む	具体例
5年	表やグラフの効果を考えながら読む	表、グラフ、数値
5年	譲歩的な説明をとらえて読む	譲歩
6年	文末表現の効果を考えながら読む	常体、敬体、現在形、過去形
⑥「文種」系列の読む力		
1年	物語文と説明文の違いをとらえて読む	物語文、説明文
3年	実験・観察の記録文の特徴を考えながら読む	実験、観察、研究、記録文
4年	報告文の特徴を考えながら読む	報告文
5年	論説文の特徴を考えながら読む	論説文
5年	編集の仕方や記事の書き方に注意して新聞を読む	新聞、編集、記事
5年	伝記の特徴を考えながら読む	伝記、ドキュメンタリー、説明的表現、物語的表現
5年	随筆の特徴を考えながら読む	随筆、説明的表現、物語的表現
6年	紀行文の特徴を考えながら読む	紀行文
6年	ドキュメンタリーの特徴を考えながら読む	ドキュメンタリー
⑦「活動用語」系列の読む力		
1年	語のまとまりに気をつけて音読する	音読
2年	生き物や乗り物など、テーマを決めて読む	テーマ読書
4年	目的に必要な情報を図鑑や辞典で調べる	調べる活動、図鑑、辞典、索引
5年	自分の思いや考えが伝わるように音読や朗読をする	朗読

※筑波大学附属小国語教育研究部編『筑波発 読みの系統指導で読む力を育てる』（東洋館出版社）2016年２月より

※筑波大学附属小国語研究部編『筑波発　読みの系統指導で読む力を育てる』（東洋館出版社）2016年２月

第2章

授業のユニバーサルデザインを目指す国語授業と個への配慮

―「学びの過程において考えられる困難さに対する指導の工夫」の視点から―

1. 各教科の学習指導要領における特別支援教育の位置付け …… 34

2. 通常の学級における特別支援教育とは …… 34

3. LD、ADHD、高機能自閉症の「学びの過程における困難」とは …… 35

4. 「発達障害のある子」の困難（つまずき）と「すべての子ども」との共通点 …… 36

5. 「ユニバーサルデザイン」における授業改善 …… 37

6. ユニバーサルデザインと個への配慮の関連
―学習のつまずきに対する三段構え― …… 41

7. 「個への配慮」へのヒントとなる学習指導要領解説の〈例示〉 …… 42

8. あらゆる【困難の状態】への【手立て】を案出するために …… 43

9. まとめ …… 46

授業のユニバーサルデザインを目指す国語授業と個への配慮
―「学びの過程において考えられる困難さに対する指導の工夫」の視点から―

明星大学　小貫　悟

1．各教科の学習指導要領における特別支援教育の位置付け

小学校では2020年度から実施される学習指導要領を特別支援教育の立場からみたときに、これまでの学習指導要領からの注目すべき変更点と言えるのが、各教科の学習指導要領の中に、

障害のある児童などについては、学習活動を行う場合に生じる困難さに応じた指導内容や指導方法の工夫を計画的、組織的に行うこと。

の文言が新たに加わったことである。ここで「通常の学級においても、発達障害を含む障害のある児童が在籍している可能性があることを前提に、全ての教科等において、一人一人の教育的ニーズに応じたきめ細かな指導や支援ができるよう、障害種別の指導の工夫のみならず、学びの過程において考えられる困難さに対する指導の工夫の意図、手立てを明確にすることが重要である。（下線は筆者加筆）」と説明されている。教科教育の基本的な枠組みとして（つまり、授業内において）「学びの過程に困難がある子」への指導をしっかり行うことが明記されたわけである。

2．通常の学級における特別支援教育とは

ここで、教科教育における「学びの過程において考えられる困難さに対する指導」の前提となる「通常の学級における特別支援教育」について今一度確認しておこう。平成19年度の学校法改正に伴い「特別支援教育」は誕生した。特別支援教育の定義としては、平成15年3月の文部科学省調査研究協力者会議の「今後の特別支援教育の在り方について（最終報告）」に示された説明がその定義として、しばしば引用されている。

特別支援教育とは、従来の特殊教育の対象の障害だけでなく、LD、ADHD、高機能自閉症を含めて障害のある児童生徒の自立や社会参加に向けて、その一人一人の教育的ニーズを把握して、その持てる力を高め、生活や学習上の困難を改善又は克服するために、適切な教育や指導を通じて必要な支援を行うものである。（下線は筆者加筆）

ここで示されている通り、それまで障害児教育を担ってきた「特殊教育」との決定的な違いは、「LD、ADHD、高機能自閉症を含む」としたところである。現在、この三つの障害を教育領域では「発達障害」とし、特別支援の対象に位置付けている。特に、この三つの障害のベースには「知的な遅れを伴わない」との前提がある。つまり、従来の公教育システムにおいて「通常の学級に在籍する」児童とされていた子どもであり、結果、障害のある子は「特別な場」での教育を受けるという前提を覆すものとなった。ここを源流として考えると、現在、「通常学級」に求められている「インクルーシブ教育」「ユニバーサルデザイン（以下、UD）」「合理的配慮」などの教育的配慮の意味合いがよくみえてくるであろう。

3．LD、ADHD、高機能自閉症の「学びの過程における困難」とは

以下に、通常学級における特別支援教育の対象とされた「LD、ADHD、高機能自閉症」を説明する。これは、すでに多くの類書の詳しいため、ここでの説明は本稿のテーマである授業の中での「学びの過程における困難さ」がその子たちにどう生じるのかの説明を中心に述べる。

◎ LDのある子が直面する「学びの過程における困難」

LD（学習障害）のある子は「聞く、話す、読む、書く、計算する、推論する」などの基礎学力の習得に特異的なつまずきを見せ、授業においては、学習内容への「理解のゆっくりさ」が課題になる。なぜ、こうしたことが生じるかは不明なことが多いが、そうした子の心理検査などの結果には「認知能力のかたより」が見られることが多く、特に「視覚認知（形や文字などを目で捉える力）」や「聴覚認知（音や口頭言語などを耳で捉える力）」などの外部からの情報を捉えて思考すること（情報処理）に弱さをみせることがある。また、同様に「記憶能力」に弱さをみせることもあり、ここから学習内容の「定着の悪さ」が生じることがある。このような特徴のある子には「学習スタイルの違い」つまり個々の学び方の違いに配慮する必要がある。さらに、学習の遅れから「二次症状」と呼ばれる自信喪失、劣等感などの心理面のつまずきが生じることも多く、その配慮も必要になる。

◎ ADHDのある子が直面する「学びの過程における困難」

ADHD（注意欠如多動性障害）は「不注意・多動・衝動性」などの行動特徴が生じる障害である。この特徴は、外部からの刺激（音、掲示物、人の動き等）に弱く、すぐにそれに反応してしまうため、今、進行している作業が中断しがちになったり、別のことに関心が移ってしまったりするなどの行動が頻繁に起こる。こうした特徴は「集中力の無さ」「やる気の無さ」と位置付けられ、授業において教師からの注意・叱責を受けがちになる。そうした中で、授業参加の放棄、教師への反抗、他児とのいさかいなどの行動が「二次症状」として現れることもあり、授業の不参加がさらに顕著になるといった負の連鎖が

生じることも少なくない。

◎高機能自閉症のある子が直面する「学びの過程における困難」

高機能自閉症は、知的には遅れがみられない自閉症の特徴のある子を指す概念である。医学的には「自閉スペクトラム症」と診断される。高機能自閉症の子は対人関係の苦手さや「状況理解の悪さ」を指摘されがちである。また、特定の物や、スケジュール、やり方などに固執するなどの「こだわり」をもつことも知られている。こうしたこだわりは「関心のムラ」につながったり、突然の予定変更の弱さなどを生じさせ、それが「見通しの無さへの不安」へとつながったりすることもある。このような行動面での特徴とともに、独特な状況理解や考えをもつこともある。特に「イメージすることの弱さ」をもつことが知られており、これが「曖昧なものへの弱さ」「抽象的思考の弱さ」につながることもある。また、複数のことを同時に行うことは苦手であり「複数並行作業の弱さ」を補う配慮も必要になる。

4.「発達障害のある子」の困難（つまずき）と「すべての子ども」との共通点

以上のように発達障害と呼ばれる子どもたちには様々な「学びの過程における困難（つまずき）」が生じる。しかし、その困難（つまずき）は、すべての子にとっても地続きのつまずきである。発達障害のある子のつまずきは、どの子にも生じるつまずきとして言い換えが可能である。そのことを示したのが、**表１**である。

表１　発達障害の「学びの過程における困難」とどの子にも起きうる困難の関係

状況	発達障害のある子に「学びの過程における困難」を生む特徴	どの子にも起きうる「学びの過程における困難」を生む特徴
参加	状況理解の悪さ	学習準備／作業の取り掛かりの悪さ
	見通しの無さへの不安	授業がどこに向かっているのか理解不足
	関心のムラ	全体の流れからはずれる思考
	注意集中困難／多動	気の散りやすさ
	二次障害（学習意欲の低下）	引っ込み思案／自信の無さ
理解	認知のかたより（視覚・聴覚）	指示の聞き落とし／ 課題内容や細部の見落とし
	学習の仕方の違い （learning differences）	得意、不得意の存在／ 協力しての作業の苦手さ
	理解のゆっくりさ （slow learner）	協働的な学習でのペース合わせが苦手／ 学習内容の背景理解や深めることの苦手さ
	複数並行作業の苦手さ	すべき作業の取りこぼし
	曖昧なものへの弱さ	質問の意図の取り間違い／思い込みをする傾向／断片的な理解をする傾向

習得	記憶の苦手さ	既習事項の積み上がりにくさ
	定着の不安定さ	学び続ける態度の弱さ
活用	抽象化の弱さ	知識の関連付けの弱さ／応用への弱さ
	般化の不成立	日常生活に結び付ける意識の低さ

表1における対応関係をベースにすると、発達障害のある子の「学びの過程における困難」への配慮は、同時に、授業中に多くの子に生じるつまずきへの配慮となっていると考えることが分かる。つまり、これが「授業のUD」を成立させる根拠の土台なのである。

5.「ユニバーサルデザイン」における授業改善

ここで、授業をUD化するためのモデルを提示したい。それを示したのが**図1**である。

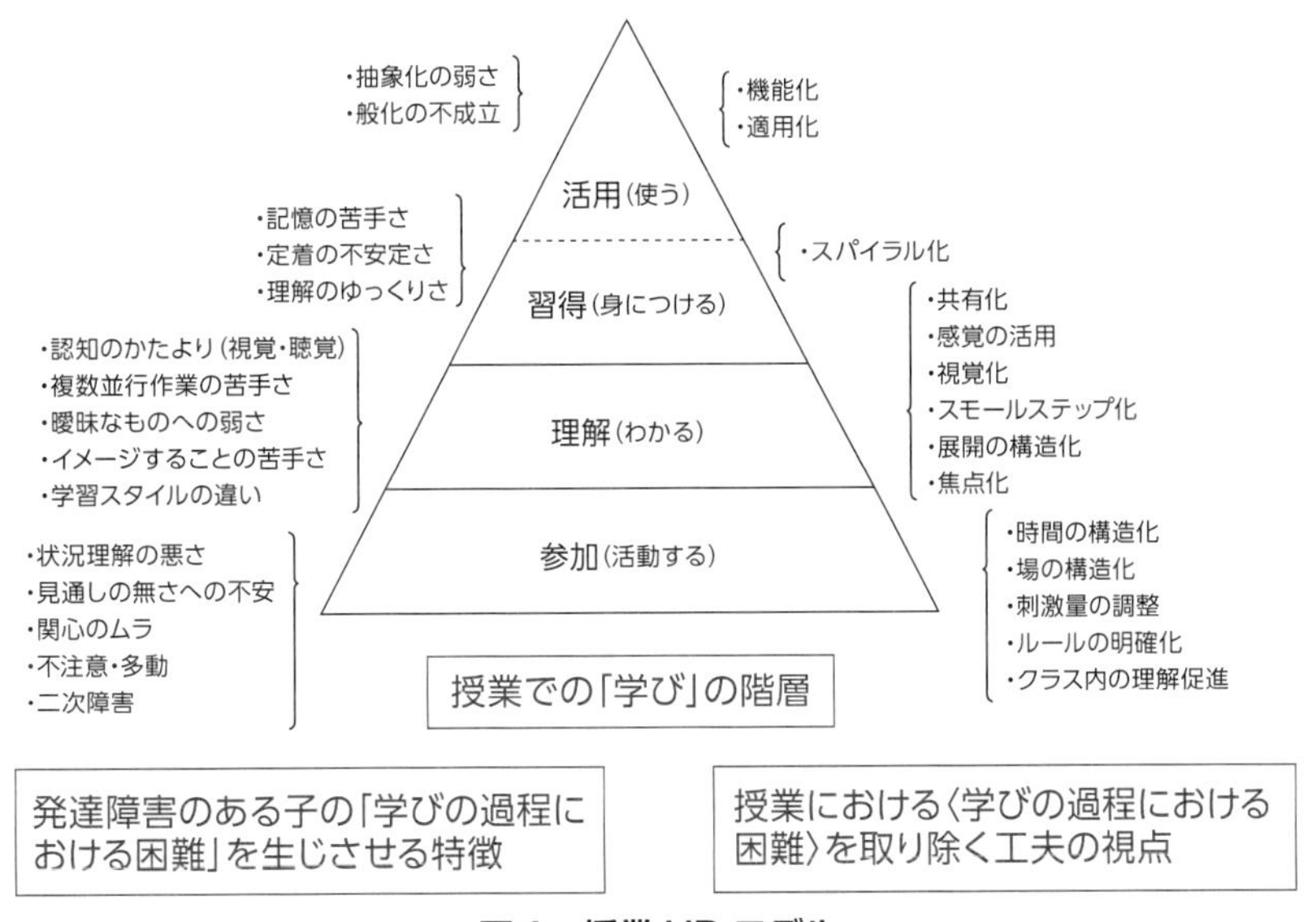

図1　授業UDモデル

まず、図（モデル）の左側に、ここまでに述べてきた〈発達障害のある子の「学びの過程での困難」を生じさせる特徴〉を列挙した。次に図の中心にある三角形に注目してほしい。これは、通常学級での〈授業での「学び」の階層〉を示したモデルである。授業の最も土台となっているのは、子どもの〈参加〉である。授業は参加しないと始まらない。一方、授業は参加すればよいというものではない。参加の上部には〈理解〉が乗る。参加した上で理解できることが授業では求められる。また、授業において理解したものは、自分のものになっていかなければならない。そのときは理解したけれど、その学習の成果が別の場面では使えないならば、授業から学んだことにはならない。つまり〈理解〉階層の上には〈習得〉〈活用〉階層が乗るのである。こうした「授業の階層性」を整理棚にして〈発達障害のある子の「学びの過程での困難」を生じさせる特徴〉を階層ごとに配置すると図中の左側に示したようになる。この整理によって、どの階層を意識した授業を行うかによって、配慮すべき点を絞ることができる。また、この図の左側の「学びの過程の困難を生じさせる特徴」をカバーするための指導上の「視点」、つまり〈「学びの過程での困難」を取り除く視点〉を配置したのが図中の右側部分である。これらの「視点」について、以下に一つずつ解説する。各視点は、下部に置かれたものが上部の視点を支える要素をもっている。そのため、本稿の解説の順も下部から上部へという進め方で行う。

〈参加階層〉

・クラス内の理解促進

この視点は、クラス内の子が発達障害のある子を適切に理解できるように促すことを目的としている。クラス全体に学習がゆっくりであることをからかうような雰囲気がないか、そうした子をカバーする雰囲気が作られているかをチェックする。こうした視点で発達障害のある子をクラスで支えていくことは、結局、すべての子に対しての配慮にもなる。なぜなら、どの子にも起きてくる可能性のある「間違うこと」「分からないこと」は恥ずかしいことではないということを、そのクラス全員のスタンダードにできるからである。そして「分からない」ことがあったときに「わからない」と安心して言えるクラスでは、担任も「授業の工夫」の方向性を見出しやすくなり、その結果、授業改善、授業のUD 化が実現しやすくなる。

・ルールの明確化

暗黙の了解事項やルールの理解が極端に苦手なのが高機能自閉症のある子の特徴である。暗黙に決まっている（授業者が、どの子も知っていると思い込んでいる）授業内のルールは意外に多い。これらのルールの運用が上手にできずに授業に参加できていない子がいないであろうか。質問の仕方、意見の伝え方、話し合いの仕方などには、ある程度のルールが必要である。授業参加の前提となる、そうした授業内での振る舞い方をどの子も理解し、できるようになっているかをチェックしたい。

・刺激量の調整

前述したようにADHD の子は周囲の刺激に反応しがちな子である。授業に集中してほしいときに、他に気が散る刺激があれば、授業への集中は低下する。黒板周りの壁に、様々な掲示物を貼ることに特段の問題意識は無かった時代もある。当時は「大切なことは常に目に見える場所に貼っておくべきである」という考えが主流だった。この考え方自体は悪いことではない。ただし、授業のUD 化という文脈では、やはり黒板に注意を向けやすい環境づくりをしたい。子ども目線から、教室前面（黒板）がどのように見えているかを、時々、刺激性の観点からチェックしておきたい。

・場の構造化

特別支援教育での自閉症へのアプローチとして有名なのが教室空間などに一定の規則性

を持ち込んで使いやすくする工夫であり、これが「場の構造化」と呼ばれる。これを通常の学級での応用として導入すると学級における学習活動の効率がよくなる効果がある。例えば、教室内のすべての物品に置く場所が決まっていれば、全員が無駄な動きなくその物品を使うことができる。また、教室内の物品の配置も、全員の動線を考慮して考えてみるとよい。

・時間の構造化

通常学級においては一日の流れを黒板に書き出すことはある。しかし、授業の一コマの内容を示さないことも多い。試しにそうした配慮をしてみると、授業中での学習活動の「迷子」を防いだり、迷子になったときにはその時点で行っている学習活動に戻るための助けになったりすることがある。学習活動の迷子とは「あれっ、今、何をしているんだろう」と授業の流れについていけなくなる状態である。授業の迷子は誰にでも起きうる。学習内容が分からなくなるときには学習活動の迷子が先に起きていることも多い。授業の流れを視覚的に提示する「時間の構造化」の方法によって、助かる子が意外に多いはずである。

〈理解階層〉

・焦点化

これは、授業の〈ねらい〉や〈活動〉を絞り込むことを意味する。発達障害のある子は授業内の活動や説明が「ゴチャゴチャ」したものになると、途端についていけなくなりがちである。しっかりとフォーカスした〈ねらい〉とシンプルな〈活動〉によって授業を構成したい。

・展開の構造化

〈ねらい〉と〈活動〉が焦点化されたら、それに基づいた展開の工夫をしていく。論理的かつ明示的な展開であると、多くの子が授業に乗りやすく活躍しやすくなる。逆に展開が分かりにくい授業では、子どもたちが正しい方向への試行錯誤ができなくなり、思考のズレ、思考活動からの離脱、流れについていくことへの諦めが生じやすくなる。「学習内容」が分からなくなる前に「授業展開」についていけなくなっているのではないかのチェックが必要である。展開自体の工夫は、授業UD論の中で極めて大きな視点の一つである。

・スモールステップ化

ある事柄の達成までのプロセスに、できるだけ細やかな段階（踏み台）を作ることで、どの子も目標に到達しやすくする。用意された踏み台は使っても使わなくてもよいといった選択の余地があるように工夫するとよい。踏み台を必要としない子がいるにもかかわらず、スモールステップにした課題を全員一律に行うと「簡単過ぎる」と感じモチベーションの低下が生じる子もいる。理解が早い子にも、ゆっくりな子にも、同時に視点を向けるのが授業UDの基本である。

・視覚化

これは、情報を「見える」ようにして情報伝達をスムーズにする工夫である。授業は主に聴覚情報と視覚情報の提示によって行われる。この二つの情報を同時提示することで情報が入りやすくなる。また、この二つの情報の間にある違いは「消えていく」「残る」であり、視覚情報の「残る」性質を大いに利用することで授業の工夫の幅が広がる。

・感覚の活用

発達障害のある子の中には「感覚的に理解する」「直感的に理解する」ことが得意な子がいる。感覚的に捉え、認識していける場面を授業の中に設定すると効果的な支援になることがある。例えば、教材文を読み、それを演じてみる（動作化）と、そこから得られた感覚（体感）によって、文字情報からだけでは分からなかった深い理解が可能になることもある。

・共有化

例えば、ペアトーク、グループ学習など子ども同士で行う活動を要所で導入する。これは、協同学習、学び合いなど様々な呼称で、授業の方法論としてすでに大切にされてきている視点でもある。授業者主導の挙手指名型が多い授業は「できる子」のためだけの授業になりやすい。子ども同士の相互のやりとりによって、理解がゆっくりな子には他の子の意見を聞きながら理解をすすめるチャンスを、そして、理解の早い子には他の子へ自分の意見を伝えたり説明したりすることでより深い理解に到達できるチャンスを作りたい。

〈習得・活用階層〉

・スパイラル化

教科教育の内容はどの教科でも基本的にスパイラル（反復）構造になっている。つまり、ある段階で学んだことは、次の発展した段階で再び必要となる。つまり既習事項には再び出会う構造になっているとも言える。こうした「教科の系統性」と呼ばれる特徴を利用して、前の段階では理解が十分でなかったことや、理解はしたけれど再度の確認を行う必要のあることなどについての再学習のチャンスを可能な範囲で授業内に作りたい。

・適用化／機能化

「活用する」とは、学んだことを応用、発展することである。ここで、基本事項を別の課題にも「適用」してみたり、生活の中で「機能」させてみたりすることで、授業で学んだことが本物の学習の成果となっていく。さらに、肌感覚がある具象的な事柄から、抽象的な概念の理解が可能になっていくことは多い。常に、学びの内容がどこと、何と「つながっているのか」を考える視点をもつと、子どもの理解を促す糸口が見つかることは多い。

6．ユニバーサルデザインと個への配慮の関連
—学習のつまずきに対する三段構え—

さて、ここまで、授業のUD化の〈視点〉を整理してきた。それらを踏まえて、ここで「すべての子が分かる授業」の実現に向けて、一歩進んだ枠組みを示しておきたい。それが〈学習のつまずきに対する「三段構え」〉である。その発想は「すべての子が分かる授業」の実現のための現実的な教育対応の枠組みを示すものであり、〈授業の工夫〉〈個への配慮〉〈授業外の補充的な指導〉の三つの組合せで構成される。**図2**を見ていただきたい。図の一番上の部分には〈授業内容〉がある。これは指導案とも言い換えられる。最初の原案となる指導案をより精錬して授業をUD化していくためには、その指導案に沿って実際に授業を行ってみると、クラス内の一人一人の子どもにどのようなつまずきが起きうるかを想定してみるのである。ここで、気付いた（想定される）つまずきが授業において有効にカバーされる配慮を入れることで「UD化された授業」が作られる。この**図2**では、図の上部で明らかになった〈想定されるつまずき〉の一つ一つについて〈授業の工夫〉だけでカバーできるのか、授業内の〈個への配慮〉も必要なのか、さらに〈授業外の補充的な指導〉の導入も検討する必要があるのかといった判断が必要になることを**図2**の中段の矢印の枝分かれによって示している。

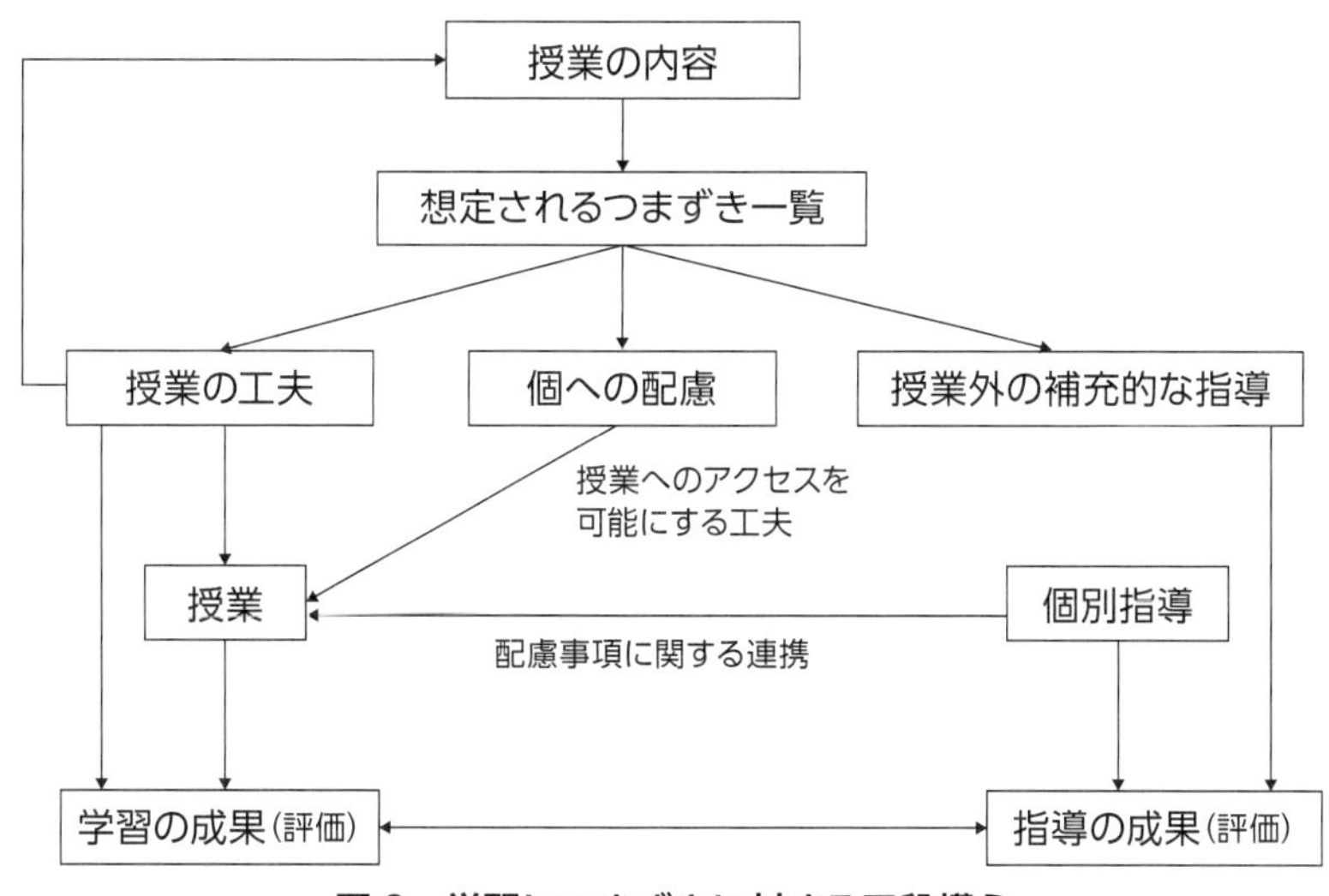

図2　学習につまずきに対する三段構え

第一段階：授業の工夫

まずは、**図2**の一番左側の流れを説明したい。ここが授業UDの中核作業である。ここでの工夫がうまくいくかどうかは、実際に授業してみないと分からないというのはすべての授業者の本音である。しかし、**図2**の上部の「授業内で生じうるつまずきを徹底的に想定してみる、想像してみる」ことをどれだけ丁寧に行うかによって、その成功の確率が変わってくることは、授業者が誰でも体験していることでもあろう。このように、具体的にどのようなつまずきが生じるかをまず可能な限り想定し、その上で、ここまでに説明

したような授業UDの視点を下敷きにして、つまずきをカバーする具体的な手立てを考えてもらいたい。本書の指導案には、それらの工夫のサンプルがあふれている。是非、参考にしてほしい。

第二段階：個への配慮

これは、**図2**では真ん中の流れである。ここでは第一段階の全体指導として行われる「授業の工夫」と違い、ある特定の「学びの過程における困難」がある子に対してのみに行う「配慮」であり、つまりは「個への配慮」である。読みにつまずきをもつ子に対して読み仮名付きや拡大文字の教材文を用意したり、書きにつまずきをもつ子に対して板書における視写範囲の限定を行ったりするなどの配慮は、その例の一つである。理想を言えば、前述の第一段階の〈授業の工夫〉で「すべての子」のつまずきをカバーしたい。しかし、現実には、第二段階の「その子」だけの配慮の視点無くして、それは達成できない。〈個への配慮〉において注意したいのは、この配慮は、あくまで、その子が全体の授業に参加する（アクセスする）ための配慮であるという点である。個別の支援・配慮の一つ一つは、全体の授業に参加できて初めて成功したと言える。そのためには、全体の授業は事前に〈個への配慮〉を必要とする子を含むように工夫されていなければならない。つまり、第一段階〈授業の工夫（＝授業のUD化）〉の充実があって、初めて第二段階〈個への配慮〉としての工夫が生きるのである。

第三段階：授業外の補充的な指導

これは、**図2**の一番右側の流れである。第一、第二段階での支援ではカバーできない部分について、第三段階として（最終段階として）、ここで授業以外の個別指導形態によって支援するのである。これは基本的には特別支援教育の領域としての支援である。ただし、この〈補充的な指導〉は「通級による指導」のみでなく、担任が行う場合も、あるいは家庭学習による連携もありうる。

この「授業外の補充的な指導」とは、言い換えれば、その子その子の「オーダーメイドの指導」であり、一人一人の子どもの状態によって千差万別の方法が展開されるはずである。この部分は、今後の我が国の教育界が目指す「個別最適化」との文脈でさらなる研究が必要であろう。

そして、ここでの〈授業外の補充的な指導〉も、第二段階〈個への配慮〉と同様に、授業の中で活かされなければならない。そうした意味で、第一段階の〈授業の工夫〉との連携は必須である。

7.「個への配慮」へのヒントとなる学習指導要領解説の〈例示〉

それでは、**図2**における第二段階の〈個への配慮〉を授業中にいかに実現したらよいであろうか。そのヒントとなるのが各教科の学習指導要領解説に実際に収載されている障害のある子への指導時の配慮の〈例示〉である。国語の学習指導要領解説には小学校、中学校の各教科毎に〈例示〉は数例ずつが載っている。

例えば、小学校の学習指導要領解説の国語編には〈例示〉として、

> 文章を目で追いながら音読することが困難な場合、自分がどこを読むのかが分かるように教科書の文を指等で押さえながら読むよう促すこと、行間を空けるために拡大コピーをしたものを用意すること、語のまとまりや区切りが分かるように分かち書きされたものを用意すること、読む部分だけが見える自助具（スリット等）を活用すること

と配慮例が示されている。この学習指導要領解説に示されている〈例示〉を読むには少々のコツが必要になる。基本的にどの例示も【困難の状態】【配慮の意図】【手立て】の3つの部分から書かれている。各〈例示〉は「○○のような困難を抱える子がいる場合【困難の状態】」（上記例では「文章を目で追いながら音読することが困難な場合」）は、「○○のために／○○ができるように【配慮の意図】」（上記例：「自分がどこを読むのかが分かるように」）、「○○のような支援が考えられる【手立て】」（上記例：①教科書の文を指等で押さえながら読むよう促すこと、②行間を空けるために拡大コピーをしたものを用意すること、③語のまとまりや区切りが分かるように分かち書きされたものを用意すること、④読む部分だけが見える自助具（スリット等）を活用すること」）という構造で述べられている。それぞれの〈例示〉によって、多少の書きぶりの違いがあるにしても、小学校、中学校におけるすべての教科の学習指導要領解説で、このような統一した構造で〈例示〉が記載されたことについては、教科指導における特別支援教育的発想の根付きの一つとして注目すべき点である。

ここでは、国語科における小学校の（本書には直接的な関連はないが参考として中学校についても）例示を**表2、3**にまとめた。さらに、その一つ一つの例について、前述の授業UDの工夫の視点との関連も示した。

8．あらゆる【困難の状態】への【手立て】を案出するために

ここに示した学習指導要領解説の〈例示〉は、あくまで例示であり、おそらくその紙面の都合のために、典型例や一部の視点による数例の提示に留まっている。しかし、日本中の教室での日々の授業の中には様々な【困難の状態】があふれている。学習指導要領解説の〈例示〉を参考にしつつも、我々はそこには無い自分の周囲で現実に起きるすべての【困難の状態】への【手立て】を自分たち自身で産出していく必要がある。この〈困難の状態⇒配慮の意図⇒手立て〉の論理展開で、様々な対応を考えていく際に、図1で示した授業UDモデルを下敷きとして大いに活用していただきたい。なぜなら、表2、3で示したように、学習指導要領解説で示された〈例示〉の【手立て】の内容のほとんどが授業UDモデルの〈視点〉で説明できるからである。ここでは、授業の中で様々な【困難の状態】に遭遇したときに、授業者自らが【手立て】を自由自在に案出ができるプロセスの中

表２　小学校　学習指導要領　解説（国語）での配慮の例示

困難の状態	配慮の意図	手立て	UD 視点
文章を目で追いながら音読することが困難な場合	自分がどこを読むのかが分かるように	教科書の文を指等で押さえながら読むよう促すこと、行間を空けるために拡大コピーをしたものを用意すること、語のまとまりや区切りが分かるように分かち書きされたものを用意すること、読む部分だけが見える自助具（スリット等）を活用すること	**感覚の活用** **視覚化** **焦点化** **刺激量の調整**
自分の立場以外の視点で考えたり他者の感情を理解したりするのが困難な場合		児童の日常的な生活経験に関する例文を示し、行動や会話文に気持ちが込められていることに気付かせたり、気持ちの移り変わりが分かる文章の中のキーワードを示したり、気持ちの変化を図や矢印などで視覚的に分かるように示してから言葉で表現させたりする	**感覚の活用** **焦点化** **視覚化**
声を出して発表することに困難がある場合や人前で話すことへの不安を抱いている場合	自分の考えを表すことに対する自信がもてるよう	紙やホワイトボードに書いたものを提示したり、ＩＣＴ機器を活用して発表したりする	**視覚化**

表３　中学校　学習指導要領　解説（国語）での配慮の例示

困難の状態	配慮の意図	手立て	UD 視点
自分の立場以外の視点で考えたり他者の感情を理解したりするのが困難な場合	生徒が身近に感じられる文章（例えば、同年代の主人公の物語など）を取り上げ、文章に表れている心情やその変化等が分かるよう	行動の描写や会話文に含まれている気持ちがよく伝わってくる語句等に気付かせたり、心情の移り変わりが分かる文章の中のキーワードを示したり、心情の変化を図や矢印などで視覚的に分かるように示してから言葉で表現させたりする	**感覚の活用、焦点化、視覚化**
比較的長い文章を書くなど、一定量の文字を書くことが困難な場合	文字を書く負担を軽減するため	手書きだけでなくICT機器を使って文章を書くことができるようにする	**代替手段の活用**
声を出して発表することに困難がある場合や人前で話すことへの不安を抱いている場合	自分の考えを表すことに対する自信がもてるよう	紙やホワイトボードに書いたものを提示したり、ICT機器を活用したりして発表するなど、多様な表現方法が選択できるように工夫	**視覚化** **代替手段の活用**

※表中の下線は筆者が加筆

で、授業UDモデルを活用していく方法を、3つのステップに分けて示す。

ステップ1【困難の状態】を確定し【配慮の意図】を決める

授業中に出会う【困難の状態】に対して【手立て】を生みだすには、両者の間にある【配慮の意図】が非常に重要になる。同じ【困難の状態】に対しても【配慮の意図】に何を置くかによって、その【手立て】は全く違ったものになる。例えば、前述した「文章を目で追いながら音読することが困難な場合」の〈例示〉では、その【困難の状態】に対して、「自分がどこを読むのかが分かるように」という【配慮の意図】が設定されている。しかし、この【困難の状態】に対して【配慮の意図】として、例えば「一字一字を読み取りやすくするために」や「目で追う形の読み取りだけにならないように」といった形で、別の【配慮の意図】を設定することも可能である。【配慮の意図】が変われば、当然、【手立て】も変わってくる。「一字一字を読み取りやすくするために」と【配慮の意図】を設定すれば「文字そのものを拡大したり、見やすいフォントの字体での教材を使ったりする」などの【手立て】案が考えられよう。また、「目で追う形の読み取りだけにならないように」とする【配慮の意図】であれば、「まずは指導者の音読を聞き、その教材文の内容が理解した上で、指導者と息を合わせて「同時読み」での音読をする」などの【手立て】も考えられよう。このように、【配慮の意図】は「自分がどこを読むのかが分かるように」「一字一字を読み取りやすくするために」「目で追う形の読み取りだけにならないように」といったように実態に応じて変化させることが可能である。どこに、そのポイントを置くかを決めるのは実際の子どもの様子次第である。授業者としての自分自身が、その子に何を「してあげたい」と感じているか、あるいは、何を「すべきか」と考えているかを自らキャッチすることが大切である。

ステップ2〈発達障害のある子の「学びの過程における困難」を生じさせる特徴〉から【手立て】を導く

ステップ1での「こうしてあげたい」という思いをベースに【配慮の意図】が決められようとしている、まさにその状況の中で、同時並行的に「そもそも、その【困難の状態】はなぜ起きているのだろうか」と考えるようにしてほしい。それを考える下敷きとして、図1の授業UDモデルにおける左側部分の〈発達障害のある子の「学びの過程における困難」を生じさせる特徴〉に示した内容を思い出してほしい。その内容をざっと眺め直してみると、今回の【困難の状態】が生じた「原因」を推測するのに役に立つことがある。先ほどの〈例示〉で言えば、「文章を目で追いながら音読することが困難」という【困難な状態】と遭遇したときに「文章を追いやすくしてあげたい」と考えるタイミングで、その背景を探るために、モデルの左側部分を「ざっと」見てみると、発達障害のある子には「外部の視覚情報の読み取りについてうまくいかない」などの〈認知のかたより〉や「思考作業で、集中し続けることが苦手」である〈不注意〉の特徴があることが確認できるであろう。そうして目についた特徴が、その子にも当てはまりそうであると思えば（あるいは気付けば）、そのまま、モデルの右側の工夫の視点での「感覚の活用」「視覚化」

「焦点化」「刺激量の調整」などが具体的な手立てを作るためのヒント（下敷き）にならないかと考えてみるのである。その結果、【手立て】として「行間を空けるために拡大コピーをしたものを用意すること（〈視覚化〉による工夫）、語のまとまりや区切りが分かるように分かち書きされたものを用意すること（〈感覚の活用〉による直観的な分かりやすさへの工夫）、読む部分だけが見える自助具（スリット等）を活用する（〈焦点化〉〈刺激量の調整〉の視点による工夫）」というように、具体的なアイディアの案出につながるわけである。

ステップ3 【手立て】を案出する際には「教科」としての判断を重視する

ステップ2の要領で、授業UDモデルからピックアップした工夫の視点を具体的な【手立て】にまで落とし込む一連のプロセスは、指導アイディア案出の「手助け」をしようとするものである。しかし、実際に有効な【手立て】を生み出す中心は、その授業者の「教科」に対する本質的な理解や、教材や工夫の引き出しの多さ、そして教科の本質に沿った柔軟な発想が主役でもある。今回取り上げている〈例示〉のように、小学校から中学校にかけて国語の授業における様々な場面で、教材文を「目で追いながら読む」場面は必須である。「文章を目で追いながら読むのが苦手」という「学びの過程における困難」の状態をそのまま放置すれば、おそらくその後のすべての国語の学習への影響は避けられないだろう。その意味で、こうした【困難の状態】への配慮は国語教科としての優先順位が高く、できるだけ丁寧な配慮を行う必要性が高いと判断されるものである。さらに、〈例示〉にあるような「教科書の文を指等で押さえながら読むよう促すこと」「行間を空けるために拡大コピーをしたものを用意すること」「語のまとまりや区切りが分かるように分かち書きされたものを用意すること」「読む部分だけが見える自助具（スリット等）を活用すること」などの【手立て】を打つ際には、その【手立て】によって、何を捨て、何が残るのかという教科学習の意味合いからの分析が求められる。つまり、案出された具体的な【手立て】を実際に行うかどうかの判断は、教科、単元、学習内容の本質によって行われるべきなのである。

本稿で示した授業UDモデルは、教科学習における個への配慮としての【手立て】を案出する一歩手前まで誘導してくれる。しかし、その具体的な一手が本当に有効になるかどうかは、授業者の教科教育への研究の深みにかかっている。深く教科研究を進めた授業者が、日々の授業の中で特別支援教育にも通じるような有効な個別的配慮を何気なく行っているような場面に出くわすことがあるのは、こうした「教科教育」と「特別支援教育」は独立し合いながらも、常に関連し合い、つながっているからなのであろう。

9．まとめ

本稿では「授業UD」と「個への配慮」との関連を、学習指導要領に記された「学びの過程において考えられる困難さに対する指導の工夫」としてまとめた。しかし、繰り返し述べたように「授業UD」は「学びの過程における困難」のある子のためだけに限った視点ではなく、そうした子を含めて、学級全体の「すべての子」への「学びの補償」を実現しようとする極めて統合的、実践的、具体的な試みである。今後「授業改善」の旗の下でのたくさんの授業研究を通してその発展が期待される。本書は、その一翼を担う存在である。そして、その文脈の中で、収載されたすべての授業、指導案において、「学びの過程において考えられる困難さ」に対しての「個への配慮」の例を示すという先進的な試みをしているのも本書の特徴の一つとなっている。

ぜひ、一つ一つの配慮例をご確認いただき、ご自身の日々の工夫と照合し、さらに、そのセンスを高めていただきたいと思う。

第3章 授業のユニバーサルデザインを目指す国語授業の実際

文　学

「まいごのかぎ」の授業デザイン …… 50

「三年とうげ」の授業デザイン …… 68

「モチモチの木」の授業デザイン …… 84

説明文

「言葉で遊ぼう」「こまを楽しむ」の授業デザイン …… 106

「すがたをかえる大豆」の授業デザイン …… 122

「ありの行列」の授業デザイン …… 140

総　括

授業における「目標」の焦点化と指向性の明確化、
そして合理的配慮の提供を …… 158

「まいごのかぎ」の授業デザイン

（光村図書３年上）

教材の特性

道端に落ちていた鍵を偶然拾った中心人物「りいこ」が、拾った鍵を交番に届ける道の途中で不思議な出来事に直面し、変化していく様子が描かれたファンタジー作品である。小学生の何気ない日常を舞台にした物語の設定や、擬人法や比喩表現による特徴的な叙述が、読み手の興味・関心を引く内容になっている。場面の移り変わりと特徴的な叙述から、中心人物の変化を読み解いていくことができる本教材は、登場人物の心情や様子の変化を捉えて読む力を育成する上で適した教材であると言ってよいだろう。

場面⑤	場面④	場面③	場面②	場面①
【出来事④】 バス停の看板 ・踊り出すバス ・図工のうさぎ 結末 ・消える鍵 ・非現実から現実	【出来事③】 あじの干物 ・飛んでいく	【出来事②】 公園のベンチ ・歩いて動き出す	【出来事①】 さくらの木 ・どんぐりの雨	導入 ・偶然拾った鍵 ・現実から非現実

身に付けさせたい力

・場面の移り変わりや叙述を基に人物の心情や様子の変化を捉える力

・擬人法や比喩表現などの叙述を通して、物語を読み解く力

授業づくりの工夫

焦点化（シンプル）	視覚化（ビジュアル）	共有化（シェア）
○指導のねらいを一つに絞り、学習用語を示すことで、学ぶ内容を明確にする。 ○ Which 型課題やしかけによる学習課題の工夫で、楽しく分かりやすく考えられるようにする。	○挿絵を並べて掲示したり、不思議な出来事をカードにして示したりすることで、物語の内容を視覚的に捉えられるようにする。 ○「視覚的なゆさぶり」を行い、考えをゆさぶる発問に対する的確な理解を促す。	○ネームプレートを貼ることで、誰がどのような意見をもったのかが分かるようにする。 ○席を離れて自由に話し合う場を設けることで、交流の活性化を促す。

単元目標・評価規準

目標 中心人物の気持ちの変化や性格、情景について、比喩や擬人法を手がかりとして、場面の移り変わりと結び付けながら、考えることができる。

知識・技能
○比喩や擬人法といった表現技法の効果を理解し、語彙を豊かにしている。 (1)オ

思考・判断・表現
○「読むこと」において、中心人物の行動や気持ちの変化などについて、叙述を基に捉えている。 C(1)イ

主体的に学習に取り組む態度
○中心人物の気持ちの変化などを進んで捉え、感想文にまとめようとしている。

単元計画（全6時間）

次	時	学習活動	指導上の留意点
一	1	**物語の内容を予想しよう**	
		○並べた挿絵から物語の内容を予想する。	・教師の範読を聞いて一番面白かったところを交流する活動を通して、読後感を共有できるようにする。
二	1	**「りいこ」がどのように変わっていったのかを考えよう**	
		○場面分けを確認し、定型句を使って物語を一文で表現する。	・「りいこ」が見付けた鍵穴は全部でいくつあったのかを考える過程で場面分けを確認する。その後、物語を一文で表し、概要をつかめるようにする。
	2	○センテンスカードを使って比喩や擬人法のよさについて考える。	・センテンスカードを用いて、比喩のよさや擬人法の面白さを味わえるようにする。また、比喩と擬人法の違いが明確に分かるようにする。
	3	○「りいこ」の人物像について考える。	・最初の場面を読み解き、「りいこ」がどのような女の子なのかを確認する活動を通して、「りいこ」の人物像を把握できるようにする。
	4	○「りいこ」の変化を捉える。	・導入と結末をくらべて、「りいこ」がどのように変わったのかを考える中で、中心人物の変化を捉えられるようにする。
三	1	**物語を読んで面白かったところを感想文にまとめよう**	
		○物語の面白さを感想文にまとめる。	・本単元の学習を通して発見した物語の面白さを交流する活動を行った後、自分なりに感じた面白さを感想文としてまとめられるようにする。

教材分析

とを押さえる。

エ　人物像

物語の叙述を追っていくと、「りいこ」の人柄や性格をつかむことができる。物語の世界をより楽しめるようにするためにも、中心人物として描かれている「りいこ」の人物像をつかめるようにしたい。

オ　ファンタジー

中心人物である「りいこ」が、黄金色に輝く鍵を見付けるところから、非現実の世界に迷い込んでいく。そこで不思議な出来事に遭遇し、最終的に現実世界に戻ってくる。そうした非現実と現実の境目を探したり、「りいこ」が出合った不思議な出来事を紐解いたりしていく中で、ファンタジーの魅力を味わえるようにしたい。

カ　会話文

本教材に出てくる会話文は、全てが「りいこ」の独り言になっている。思わず漏れ出る「りいこ」の言葉を追うことで、心情の変化を捉えることができる。

キ　地の文

会話文と併せて確認しておきたいのが、地の文である。物語を進めていく語り手の存在に気付かせていくためにも、会話文

きっとこまっているにちがいない。帰り道の方角とはべつの、海べにある交番に向かって、ゆるい坂を下りはじめました。

← 場面②

坂道にならんだいくつもの家をながめながら、このかぎは、どんな人が落としたのかなあと、りいこは、あれこれと思いうかべました。

通りぞいにある、大きなさくらの木は、青々とした葉ざくらになっていました。その木のねもとを見て、りいこは、びっくりしました。

「あれは、何だろう。なんだか　かぎあなみたい。」

木のふしあなではないのです。ドアのかぎのように四角い金具が、みきについていて、そのまん中に円いあながありました。

「もしかして、さくらの木の落としたかぎだったりして。」

まさか、ね、と思いながら、持っていたかぎをさしこんでみます。すると、すいこまれるように入っていき、回すと、ガチャンと、音がしました。

「あっ。」

思わず、さけびました。木が、ぶるっとふるえたのです。そうして、えだの先に、みるみるたくさんのつぼみがついて、ふくらんでいったかと思うと、ばらばらと何かがふってきました。

「どんぐりだ。」

りいこは、悲鳴をあげます。さくらの木に、どんぐりの実がつくなんて。おさげの頭にコンコン当たるどんぐりを、ランドセルでふせぎながら、あわててかぎをぬきました。どんぐりの雨は、ぴたりとやみ、さくらの木は、はじめの葉ざくらにもどっていました。

「びっくりした。」

りいこは、道の方に後ずさりしながら、言いました。

「こんなことになるなんて。さくらの木のかぎじゃなかったんだ。」

← 場面③

さらに下っていくと、公園があります。よく遊んでいる場所ですが、今日は、通りぬけるだけ。そのほうが、海べへの近道なのです。ところが、緑のベンチの手すりに、小さなあなが空いているのです。

「なんだか、あれもかぎあなに見えるんだけど、そんなはずないよね。」

りいこは、だれにともなくつぶやいて、通りすぎようとします。けれど、ふと立ち止まってしまいました。

「でも、もしかして――。」

カチンとかぎを回す音が、あたりにひびきました。ベンチ

■第二次・第3時

色の違いでカードが二種類に分かれていることを確認できるようにする。

しかけ（分類する）

比喩表現と擬人法表現をそれぞれ取り出したセンテンスカードを色分けし、その理由を考えるように促すことで、比喩と擬人法の違いに気付けるようにする。また、これらのことと併せて、擬態語や擬声語についても確認しておきたい。（ア、イ、キ）

「もしも比喩や擬人法がなかったら」

（しかけ「仮定する」）

比喩や擬人法を抜いた叙述を示し、なくても意味は通じるのでは？とゆさぶりをかけることで、表現の効果を考えられるようにする。（ア、イ）

■第二次・第4時

「『りいこ』がどんな人物なのかが一番よく分かるのは？」

（Which型課題）

第一場面の「りいこ」の様子を表したセンテンスカードの中から、「一番」を選択するように促す学習活動を通して、叙述から解釈を広げ、中心人物「りいこ」の人物像を捉えられるようにする。（エ、カ、キ）

◆教材分析のポイント　その①　【中心人物の変化ときっかけ】

本教材で押さえるべき事柄は、中心人物である「りいこ」が、何をきっかけとして、どのように変化したのかという点である。

「まいごのかぎ」を拾ったことがきっかけとなって巻き起こる不思議な出来事を経る過程で、次第に元気を取り戻す「りいこ」の様子を捉えることが重要である。また、物語のしかけとなっている「まいごのかぎ」が題名になっていることも押さえておく必要がある。

◆教材分析のポイント　その②　【比喩や擬人法】

ものの様子や動きの模様を何かに例えて表現した比喩や、人に例えて表現した擬人法が、各所にちりばめられている点も見逃せない。

こうした表現技法がどのような効果をもっているのか、また、物語にどのような影響を与えているのかを考えることが大切である。表現技法を確認する際には、比喩と擬人法は何が違うのかということも明示できるようにする必要がある。

指導内容

ア 比喩

本教材には、物語の世界に読者を引き込むような比喩表現が、各所にちりばめられている。こうした比喩表現を捉えることで、物語の面白さを味わうことができる。

イ 擬人法

人の動きに例えて表現する擬人法が用いられている。比喩表現との違いを確認するとともに、こうした表現技法を使うことに、どのような効果があるのかを考えられるようにしたい。

ウ 中心人物

物語の主人公である「りいこ」は、大きく心情が変わる中心人物でもある。物語の展開の中で大きく心情が変わるという点が中心人物の特徴であるというこ

場面①

まいごのかぎ

斉藤　倫

海ぞいの町に、ぱりっとしたシャツのような夏の風がふきぬけます。だけど、学校帰りの道を行くりいこは、うつむきがちなのです。

「またよけいなことをしちゃったな。」

りいこは、しょんぼりと歩きながら、つぶやきました。

三時間目の図工の時間に、みんなで学校のまわりの絵をかきました。りいこは、おとうふみたいなこうしゃが、なんだかさびしかったので、その手前にかわいいうさぎをつけ足しました。そしたら、友だちが、くすくすわらったのです。りいこは、はずかしくなって、あわてて白い絵の具をぬって、うさぎをけしました。そのとき、りいこの頭の中にたしかにいたはずのうさぎまで、どこにもいなくなった気がしたのです。うさぎに悪いことをしたなあ。思い出しているうちに、りいこは、どんどんうつむいていって、さいごは赤いランドセルだけが、歩いているように見えました。

ふと目に入ったガードレールの下のあたりに、かたむきかけた光がさしこんでいます。もじゃもじゃしたヤブガラシの中で、何かが、ちらっと光りました。

「何だろう。」

りいこが拾い上げると、それは、夏の日ざしをすいこんだような、こがね色のかぎでした。家のかぎよりは大きくて、手に持つほうが、しっぽみたいにくるんとまいています。

「落とし物かな。」

そう、小さく、声に出しました。すると、かぎは、りいこにまばたきするかのように光りました。

りいこは、元気を出して顔を上げました。落とした人が、

指導のポイント

■第一次・第1時

挿絵と題名読みを通して内容を予想できるようにする。

教材を範読する前に、挿絵から物語の内容を予想したり、題名読みを通して内容を予想したりする活動を行うことで、物語に対する関心を高めると同時に、内容と題名との関係性を意識できるようにする。（オ、ク）

物語を読んで、一番面白いと感じたところがどこだったのかを考える。

初発の感想を書く際には、「一番面白いところはどこだったのか」という限定を加えて書かせることで、感想をもつ観点を焦点化し、交流を活性化できるようにする。また、読後感をもつことの大切さを確認する。（ケ）

たい。

教材分析

ほっとしたような、がっかりしたような気持ちで、バスの時こく表を見て、りいこは「あっ。」と言いました。数字が、ありのように、ぞろぞろ動いているのです。五時九十二分とか、四十六時八百七分とか、とんでもないとうちゃく時間になっています。

「すごい。」

りいこは、目をかがやかせました。でも、すぐに、わくわくした自分がいやになりました。りいこは、かぎをぬきとりました。

「あれ。どうして。」

時こく表の数字は、元には、もどりませんでした。

りいこはこわくなって、にげるようにかけだしました。

交番のある方へすなはまを横切ろうと、石だんを下りかけると、国道のずっと向こうから、車の音が聞こえてきます。ふり向くと、バスが十何台も、おだんごみたいにぎゅうぎゅうになって、やって来るのです。

「わたしが、時こく表をめちゃくちゃにしたせいだ。」

どうしよう。もう、交番にも行けない。おまわりさんにしかられる。りいこは、かぎをぎゅっとにぎりしめて、立ちすくんでしまいました。

きみょうなことは、さらにおこりました。つながってきたバスが、りいこの前で止まり、クラクションを、ファ、ファ、ファーン、と、がっそうするように鳴らしたのです。そして、リズムに合わせて、くるくると、向きや順番をかえはじめました。りいこは、目をぱちぱちしながら、そのダンスに見とれていました。

「なんだか、とても楽しそう。」

そして、はっと気づいたのです。もしかしたら、あのさくらの木も、楽しかったのかもしれない。どんぐりの実をつけたのは、きっと春がすぎても、みんなと遊びたかったからなんだ。ベンチも、たまには公園でねころびたいだろうし、あじだって、いちどは青い空をとびたかったんだ。

「みんなも、すきに走ってみたかったんだね。」

しばらくして、バスはまんぞくしたかのように、一台一台といつもの路線に帰っていきました。そのとき、一つのまどの中に、りいこはたしかに見たのです。図工の時間にけしてしまった、あのうさぎが、うれしそうにこちらに手をふっているのを。

りいこもうれしくなって、大きく手をふり返しました。にぎっていたはずのかぎは、いつのまにか、かげも形もなくなっていました。りいこは、夕日にそまりだした空の中で、いつまでも、その手をふりつづけていました。

かけ」があることを確認できるようにする。（コ、サ）

指導内容

と地の文の違いを確認しておきたい。

ク　擬態語・擬声語

「ちらっと」「ガチャンと」など、印象的な擬態語や擬声語が数多く用いられていることにも着目したい。

ケ　読後感

物語を読んで率直に感じたことを読後感と言う。初読の段階で物語を読んで感じたことや思ったことを、素直に、率直に表現し、交流できる場を用意することで、学級全体で読後感を共有できるようにする。

コ　きっかけ

物語では、中心人物の心情がマイナスからプラスに変化するきっかけとなることが描かれている。本教材では、「黄金色のかぎ」を拾うことがきっかけとなって、「りいこ」の心情が変化する様子が描かれている。

サ　心情

「気持ち」という言葉を、より専門的な言葉で「心情」ということも押さえておきたい。「心情」という言葉を確認した上で、心情の変化を読み解いていくことの大切さについても触れておき

場面④

は、四本のあしをぐいとのばし、大きな犬のように、せなかをそらしました。

「わあ。」

りいこは、ひっくり返りそうになりました。日かげにいたベンチは、のそのそと歩きだすと、公園のまん中の日だまりにねそべり、そのままねいきを立てはじめました。りいこは、びっくりして見ていましたが、しのびよると、かぎをぬきとりました。ベンチは体をふるわせ、りいこの方を、なんだかうらめしそうにふり返ってから、元いた所に帰っていきました。

「ベンチのかぎでもないよね。歩くなんて、おかしいもの。」

りいこは、ためいきを一つついて公園を後にしました。坂を下ると、大きな国道にぶつかります。その向こうには、海がきらきらと光っています。

交番までは、もう少し。おうだん歩道をわたると　しおのかおりがしてきます。道のわきに　いたが立ててあり、魚の開きが一面にならべてありました。りょうしさんがあじのひものを作っているのです。そばを通るとき、中の一ぴきに、円いあなが空いているのに気がつきました。

「お魚に、かぎあななんて。」

へんだと思いながら、見れば見るほど、やはり、ただのあなではなさそうです。いつしかすいこまれるように、かぎをさしこんでいました。

場面⑤

カチャッ。たちまち、あじの開きは、小さなかもめみたいに、はばたきはじめます。あっけにとられているうちに、あじは、目の前でふわふわとうかび上がりました。

りいこは、あわててとびつき、かぎを引きぬきました。開きは、元のいたの上に、ぽとりと落ちました。

「あぶない。海に帰っちゃうとこだった。」

わたし、やっぱりよけいなことばかりしてしまう。りいこは、悲しくなりました。早く交番にとどけよう。

海岸通りをいそぎはじめたとき、ふとバスていのかんばんが目に入りました。「バス」という字の「バ」の点が、なぜか三つあるのです。その一つが、かぎあなに見えました。

「どうしよう。」

りいこはまよいました。よけいなことはやめよう。そう思ったばかりです。そのとき、点の一つが、ぱちっとまたたきました。

「これで、さいごだからね。」

いつしか　りいこは、かんばんの前でせのびをしていました。カチンと音がして、かぎが回りました。ところが、何もおこりません。

指導のポイント

■第二次・第4時

「もしも『りいこ』のことを知らない人に『りいこ』を紹介するとしたら」

（しかけ「仮定する」）

先の活動で「りいこ」の人柄や性格などについて話し合い、人物像について考えた後に、こうした活動を設定することによって、中心人物の人物像を自分の言葉で表現できるようにする。

（エ）

■第二次・第5時

「各場面の『りいこ』の心情は、プラスかマイナスか」

（Which型課題）

場面ごとに「りいこ」の心情がプラスになっているのか、マイナスになっているのかを考える過程で中心人物の心情の変化を捉えられるようにする。

（コ、サ）

「どうして『りいこ』の心情はマイナスからプラスに変わったのか」

第五場面で「りいこ」の心情がマイナスからプラスに転じていることを確認した上で、なぜプラスに変わったのかを話し合う。話し合う過程で、物語には、中心人物の心情が変化する「きっ

本時の展開　第一次　第1時

目標　範読を聞いた後に、一番面白かったところを考える活動を通して、読後感を表現することができる。

[本時展開のポイント]

初読前に題名と挿絵を使って想像を膨らませ、読みの動機付けを図ることで、物語の内容理解を促すことができる。

[個への配慮]

㋐挿絵を用意する

物語の流れをつかむことが困難な場合は、内容を具体的にイメージすることができるように、挿絵を黒板に掲示し、話し合いながら並べ替えができるようにする。

㋑ペアやグループでの対話活動を設定する

面白かったところが見付からない等、自分の感想をもつことが困難な場合、自分の感じ方を表現することができるように、ペアやグループで感じたことを共有する時間を設定する。時間に余裕があれば、相手を変えたり、自由に動いて話し合ったりする場を設定する。

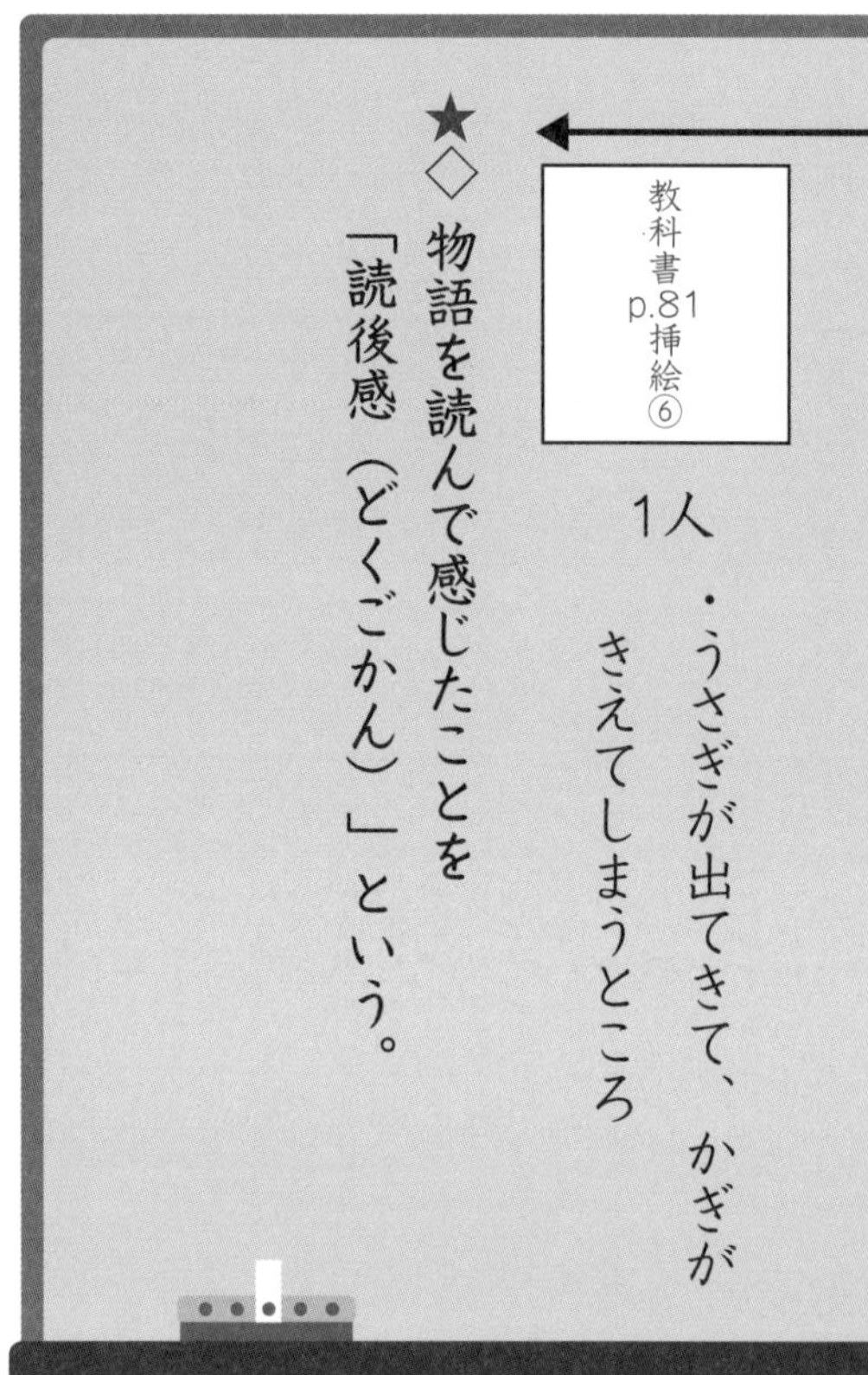

3 面白かったところを感想としてまとめ、交流する

この物語の中で一番面白かったところはどこでしたか？　感想を書いて交流しましょう

消してしまったはずのうさぎがバスに乗っていたところです。理由は……

面白かったことが見付からないな……

一番面白かったところをノートに記入し、全体で交流する。書くことが難しいと感じる子供がいる場合には、どの出来事が一番印象に残ったかを書くように声がけをする。配慮㋑

4 本時の学習を振り返り、ポイントをまとめる

物語を読んだ後に感じたことを、「読後感」と言います

○○君が言っていた感想がすごく面白かったです

最初に読んで感じたことを「読後感」って言うんだ

物語を読んだ印象を語り合い、交流する場をもつことが大切であることを伝えた上で、物語を読んで感じたことを「読後感」という言葉で表現できることを確認する。

準備物
・挿絵６枚
（最初と最後の挿絵、鍵穴に鍵を差し込んでいる様子の挿絵４枚）

まいごのかぎ
斉藤　倫

いちばんおもしろかったところは？

教科書p.66挿絵①	教科書p.69挿絵②	教科書p.72挿絵③	教科書p.74挿絵④	教科書p.76挿絵⑤
2人	4人	10人	8人	7人
・ふしぎなかぎをひろったところ	・どんぐりがふってくるところ ・りいこのおどろいた顔	・ベンチが動くところ	・あじの開きが空をとぶところ	・時間がかってに動きだすところ ・バスがおどるところ

1

挿絵と題名から内容を予想する

挿絵と題名から内容を想像してみましょう。どんなお話だと思いますか？

「まいごのかぎ」というのは、持ち主がいなくなってしまった鍵のことかな
女の子の身に、何か大変なことが起こっている感じがする

題名を提示し、「まいごのかぎ」から連想するイメージを交流した後、挿絵を黒板に並べて、どのような物語なのか想像を膨らませる。
　内容を想像する活動を通して、読みの動機付けを図る。

2

教師の範読を聞いた後、内容を振り返る

お話の順に挿絵を並べ変えてみましょう。どんな内容だったかな？

最初に、桜の木にある鍵穴を見付けていたよ！
どんなお話だったかなぁ……

ランダムに張り出してあった挿絵を並べ替え、どんな内容だったのかを振り返る。「りいこ」の身に起こった出来事を子供たちが自分の言葉で語れるように、小刻みに問いかけることを意識する。　配慮ア

本時の展開 第二次 第1時

目標 場面分けとログラインづくりを通して、物語の大まかな内容を把握することができる。

[本時展開のポイント]

場面分けをした後に、ログラインを使って一文に要約する活動を行うことで、内容理解を深めることができる。

[個への配慮]

㋐これまでの物語を例に、ペアで確認する

どうすれば場面分けができるのかを考えるのが困難な場合、場面分けの観点を具体的にイメージし、共有できるように、前学年で読んだ物語（「スイミー」など）を用いて、どんなところで場面が分かれたのかをペアで確認する時間をとる。

㋑モデルを示し、書き方のイメージを膨らませる

一文表現をつくることが困難な場合、どのように書けばよいか、書き方を把握することができるように、教師が作ったログラインのモデルを示したり、物語の内容を抽象的に表現した言葉を紹介したりする。

※ほかに子供から出てきた考えを書く

物語

★◇物語を一文で表すことで、物語の内ようをつかむことができる。

3 ログラインを使って物語の一文表現をつくる

「○○が××して、△△した物語」という文章の形を使って、物語を一文で表してみましょう

このお話は、りいこが変な鍵を拾って、不思議な出来事に出合う物語です
どうやって書いたらいいのかな……

場面分けをする活動を通して話の流れを再度確認した上で、定型句を用いたログラインづくりに取り組む。

一文に要約する活動を通して、より確かな内容理解ができるようにする。配慮㋑

4 ログラインを交流し、話の内容を振り返る

このように、物語の内容を大まかにまとめることで、話の内容をつかむことができます

どのようなログラインをつくったのか、全体で考えを交流することで、それぞれが、物語をどのように捉えたのかを共有できるようにする。また、一文で要約するよさを確認する。

準備物 ・場面ごとの挿絵５枚

まいごのかぎ　斉藤　倫

どんなお話だったか、物語の内ようをつかもう。

◎「場面」は、どんなところで分かれる？
場所や時間がかわったり、登場人物のようすが　かわったりするところで、場面は分かれる。

場面①挿絵	場面②挿絵	場面③挿絵	場面④挿絵	場面⑤挿絵
P○L○〜P○L○	P○L○〜P○L○	P○L○〜P○L○	P○L○〜P○L○	P○L○〜P○L○

◎物語を一文で表すと？ →「ログライン」

「○○が、××して、△△した物語」

りいこが
もちぬしの分からないかぎを見つけて、ふしぎなできごとに出会う

1 「りいこ」が見付けた鍵穴を確認する

「りいこ」が見付けた鍵穴のうち、正しいものはどれでしょう？

『「りいこ」が見付けた鍵穴で、正しいものはどれでしょう？』というように、ダミーを含めた選択肢の中から正しいものを選び出すクイズを行い、どんな鍵穴があったのか確かめ、場面分けにつなげる。

2 場面分けを確認する

この物語を五つの場面に分けます。「場面」は、どんなところで分かれるでしょう？

場面を五つに分けることを伝えた上で、場面分けは、どのような観点ですればよいのかを確認する。前段で確認した鍵穴をヒントにしながら、どこで場面が分けられるかを考える。

配慮ア

本時の展開 第二次 第2時

目標 ダウト読みや仲間分けを通して、比喩や擬人法のよさに気付き、その効果を理解することができる。

[本時展開のポイント]

ダウト読みや仲間分け、思考をゆさぶる発問を通して、比喩や擬人法の効果について、楽しみながら考えられるようにしている。

[個への配慮]

㋐反応を見ながらヒントを示す

カードを分類する観点が得られず、活動に取り組むことが困難な子供がいる場合、ヒントとなるキーワードを小刻みに投げかけたり、ペアやグループで話し合わせたりする場を設定するようにする。

㋑比喩や擬人法を使って身近なものを表現する

比喩や擬人法の効果が分からず、用いる目的を理解することが困難な場合、そうした表現技法を用いることが、文章表現の工夫につながることを理解できるように、身近にあるものを、比喩や擬人法を使って示せるようにする。

⑤つながってきたバスが、りいこの前で止まり、クラクションを、ファ、ファ、ファーン、と、がっしょうするように鳴らしたのです。

比喩（ひゆ）…何かにたとえて表すこと

擬人法（ぎじんほう）…人にたとえて表すこと

★◇比喩や擬人法をつかうことで、物の様子や見え方を、よりおもしろく表げんすることができる。

3 比喩や擬人法の効果について考える

（比喩や擬人法の箇所を消して）こっちの方がシンプルで分かりやすいんじゃないかな？

ダメだよ！そういう言葉があった方が、もっと様子が伝わるはず

なくても困らないし、よい気がする……

しかけ（仮定する）

①③④が「人以外のものに例えている」仲間で、②⑤が「人に例えている」仲間になっていることを確認した上で、ゆさぶり発問を投げかけ、表現の効果を考える。

4 比喩や擬人法のよさをまとめ、整理する

比喩や擬人法を使うことで、物の様子や見え方をより面白く表現することができますね

比喩や擬人法って、そういう効果があるんだ

自分が文章を書くときにも使ってみたいな

「比喩」と「擬人法」という用語を確認した上で、こうした表現技法を使うことによって、物の様子や見え方などが、より面白く表現できることを確認する。 配慮㋑

準備物
・センテンスカード５枚 1-01～10
※表面は間違った表記、裏面は正しい表記で作成する。

まいごのかぎ

斉藤 倫

カードの中でまちがっているところはどこ？

①りいこは、おとうとみたいなこうしゃが、なんだかさびしかったので、その手前にかわいいうさぎをつけ足しました。

②すると、かぎはりいこにウインクするかのように光りました。りいこは、元気を出して顔を上げました。

③カチンとかぎを回す音があたりにひびきました。ベンチは四本のあしをぐいとのばし、小さなねこのように、せなかをそらしました。

④カチャッ。たちまち、あじの開きは、大きなカラスみたいに、はばたきはじめます。

比喩（ひゆ）

擬人法（ぎじんほう）

1

ダウト読みを通して比喩と擬人法に着目する

それぞれのカードの中で、間違っているところはどこでしょう？

「おとうとみたいな」じゃなくて、「おとうふみたいな」だよ！

「小さなねこ」じゃなくて、「大きな犬」だよ！

しかけ（置き換える）

ダウト読みを通して間違っている箇所を見付け、全てのカードにどのような共通点があるのかを考える。

間違っている箇所は、全て比喩と擬人法の部分。

2

色の違いでカードを分類し、違いを考える

①③④のカードは青、②⑤のカードは赤になっているのは、なぜでしょう？

②と⑤のカードは、人間がやるようなことを表しているかな

どんな違いで分けられているのか、分からないなぁ……

しかけ（分類する）

カードの裏側に正しい表記をしておくとともに、比喩のカードを青色、擬人法のカードを赤色にしておくことで、比喩と擬人法の違いに気付けるようにする。

配慮ア

本時の展開　第二次　第3時

目標 最初の場面を詳しく読む中で、物語の設定や人物像について考えることができる。

［本時展開のポイント］

Which 型課題を用いてカードを比較しながら考える活動を行うことで、全員が自分の考えをもち、意見交流の場に参加することができる。

［個への配慮］

㋐自由に交流する時間を設定する

どのカードが一番なのかを選ぶのが困難な場合、何をヒントにして、どのように考えればよいかが分かるように、自分の席を離れて自由に友達と交流する時間を設定する。その際、考えのヒントになることを全体の場で共有するのもよい。

㋑手がかりとなる叙述と理由を確認する

「りいこ」の人物像をまとめることが困難な場合、定型句を使って人物像を表現することができるように、考えのヒントとなる叙述や、理由（どのカードが一番かを選んで交流した際の意見）を再度確認する。

⑤りいこは、勇気を出して顔を上げました。落とした人が、きっとこまっているにちがいない。

〇人

一番は、見方によってちがう。

★◇登場人物のせいかくや人がらなどのことを「人物像（じんぶつぞう）」と言う。

3 「りいこ」の人物像を短文で表現する

もしも「りいこ」を、〇〇（な）女の子と紹介するとしたら、どのように紹介しますか？

「思いやりのある女の子」です

どうやって書けばいいのか分からない……

しかけ（仮定する）

もしも「りいこ」のことを知らない人に、「りいこ」を紹介するとしたら、どのように紹介するか、「〇〇（な）女の子」という定型句を使って考える。

配慮㋑

4 人物像という用語を確認し、学習をまとめる

物語に出てくる登場人物の性別や性格、人柄などのことを、「人物像」と言います

他の物語でも人物像を考えてみよう

「りいこ」は、最初悲しそうな感じだな

「りいこ」が、どのような女の子か意見を交流した後で、人物像という用語を確認する。最初の場面で「りいこ」の気持ちがマイナスになっていることを確認できると、次時の学習につなげやすい。

準備物 ・センテンスカード（裏面に正しい表記を用意しておく） 1-11～20

まいごのかぎ　斉藤 倫

「りいこ」がどんな女の子かが一番よく分かるのは？

①「またよけいなことをしちゃったな。」りいこは、どうどうと歩きながら、つぶやきました。
○人

②りいこは、おとうふみたいなこうしゃが、なんだかきびしかったので、その手前にかわいいうさぎをつけ足しました。
○人

③りいこは、はずかしくなって、ゆっくり白い絵の具をぬって、うさぎをけしました。
○人

④うさぎに悪いことをしたなあ。思い出しているうちに、りいこは、どんどんうれしくなっていって、さいごは赤いランドセルだけが、歩いているように見えました。
○人

カードの下段には、なぜそのカードを選んだのかの理由を書くようにする。

1 ダウト読みを通して叙述に着目する

それぞれのカードで間違っているところはどこでしょう？

しかけ（置き換える）

それぞれのカードの叙述を一箇所ずつ間違った表記にしておき、それを指摘する場を用意することで、「りいこ」の様子や人物像に焦点化して考えられるようにする。

「どうどうと」じゃなくて「しょんぼりと」だよ

「きびしかった」はおかしいよ

2 学習課題について話し合う

並べたカードの中で、「りいこ」がどんな女の子なのかが一番よく分かるのは、どれでしょう？

Which型課題

「一番○○なのは？」

叙述や自分の感覚を根拠にして理由を述べ合う。着眼点の置き方で、それぞれ解釈が異なることを確認する。 配慮ア

④かな。「うさぎに……」というところから優しさを感じます

どれが一番だろう……。決められない

本時の展開　第二次　第4時

目標　プラスかマイナスかを選ぶ活動を通して、中心人物の心情の変化を捉え、「きっかけ」を理解する。

[本時展開のポイント]

各場面の「りいこ」の心情がプラスになっているかマイナスになっているかを考える Which 型課題で、無理なく中心人物の心情変化を追うことができる。

[個への配慮]

ア考えの根拠となる叙述を探すように促す

マイナスとプラスのどちらを選んだらよいかが分からず困っている子供がいた場合、「りいこ」がどのような心持ちでいるのかを具体的にイメージできるように、机間指導の中で根拠となる叙述がどこにあるのかをピックアップできるような言葉がけをする。

イ前年度に扱った物語を例に、具体例を示す

マイナスからプラスに、中心人物が変化する物語の特徴を十分に理解することが困難な場合、本当にそうなっているのか、ほかの物語でもそうなっているのかを確かめ、理解することができるように、前年度に学習した物語を例として取り上げるようにする。

★◇「りいこ」がマイナスからプラスに心じょうがかわったように、物語では、きっかけとなるできごとがあって、中心人物の心じょうがへん化する。

3 心情変化のきっかけについて考える

「りいこ」の心情がプラスに変わっていったのはどうしてだろう？

第五場面の中で、次第に元気を取り戻していった「りいこ」の様子を確認した上で、「りいこ」の心情がプラスに転じていったのは、どこに原因があったのかについて話し合う。

不思議なことが起こっている理由に気付けたからじゃないかな
バスが楽しそうにダンスしているのを見たからじゃないかな

4 話し合いを振り返り、学習内容を整理する

文章を読んでいくと、「りいこ」の心情がプラスに変わっていった「きっかけ」があることが分かりますね

物語では、あることがきっかけとなって中心人物が変化することを確認する。これまで読んできた物語も、何がきっかけで、誰が・どのように変化したかを振り返ることができるとよい。配慮イ

準備物 ・挿絵５枚（各場面から一枚ずつ選定する。）

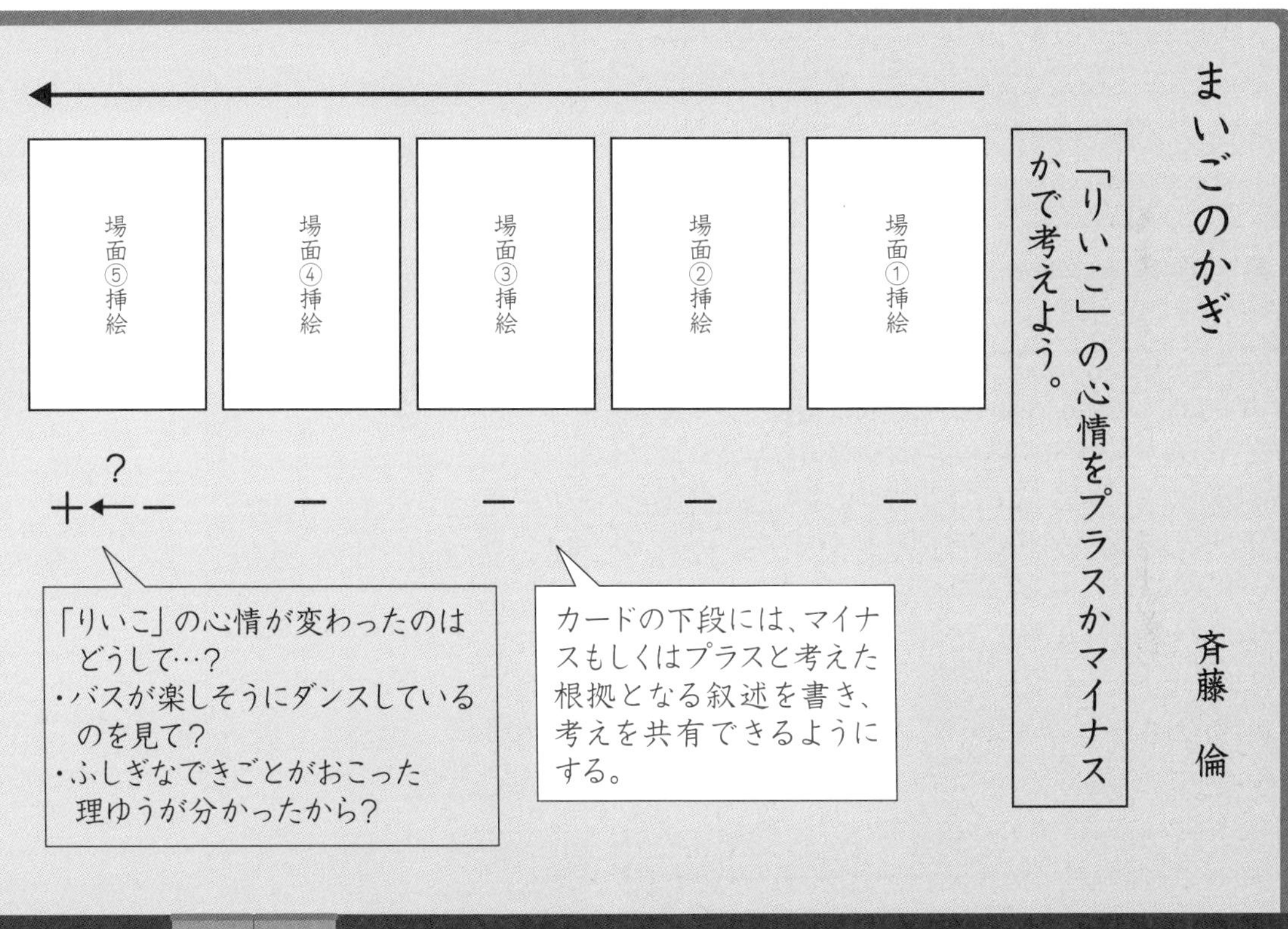

1 前時の学習を振り返り、「りいこ」の心情がマイナスから始まっていることを確認する

前回の学習では、「りいこ」の気持ちがマイナスから始まっていることを確認しましたね

第一場面の「りいこ」は元気がなさそうな感じだったな

マイナスになっていることを確認しました

前時の学習で「りいこ」の人物像について考えたことを振り返る。また、最初の場面では、「りいこ」が、どのような様子だったのかを確認する中で、心情がマイナスから始まっていることを確認する。

2 各場面の「りいこ」の心情がマイナスになっているかプラスになっているかを考える

それぞれの場面での「りいこ」の心情が、マイナスかプラスかを考えましょう

第二場面も第三場面も、マイナスじゃないかな……

どうやって考えたらいいんだろう……

Which型課題

「どちらが○○?」

マイナスかプラスかを考える過程で、第五場面で意見が割れることが予想される。そこから「りいこ」の心情がプラスに転じた理由を考える。 配慮ア

本時の展開　第三次　第1時

目標 学習したことを振り返り、物語を読んで面白いと感じたことを感想文にまとめることができる。

[本時展開のポイント]

率直な感想を通して物語の面白さを共有した後に、ナンバリングを使った感想文の書き方を教えることで、無理なく文章を書けるようにする。

[個への配慮]

ア何が面白いと感じたのかを共有する時間をとる

感想文の内容として何を書けばよいのかが分からず、困ってしまっている場合、物語を読んで面白いと感じたことを選び出し、書く意欲につなげられるように、教室内を自由に立ち歩いて、いろいろな友達と話題を共有できる時間を設けるようにする。

イペアで交流し、内容を共有する時間をとる

途中でどのように書けばよいかが分からなくなってしまい、書くことが困難になってしまった場合、書きたいことを整理し、再度書き出せるようにするために、途中まで書いた感想文をペアで読み合い、確認する時間を設けるようにする。

①ログラインを使って、どんな物語かをしょうかいする。
②おもしろかったところをナンバリングでまとめる。
③「このように」という言葉を使ってまとめる。

二つ目に…です。（※理由も書く）
このように…。
みなさんもぜひ、読んでみてください。

3 感想文を書く

では、自分が感じたことを感想文にまとめましょう

確認した書き方に沿って感想文を書く。十分に時間をとれるようにする。状況に応じて、書いている途中で交流時間を設定し、無理なく書けるようにする。配慮イ

4 単元全体を振り返り、学習感想を共有する

これまで学習をしてきてどうだったか、みんなで感想を出し合いましょう

書き上げた感想文とは別に、学習した感想を全体で交流する。その際に、本単元で学習した用語の確認をし、次に読む文学教材への意識付けを図れるようにする。

準備物 ・感想文の書き方を示したプリントもしくは掲示物

まいごのかぎ

物語のおもしろさを感想文にまとめよう。

斉藤　倫

物語のてんかい
→ふしぎなことに出合う

比喩（ひゆ）や擬人法（ぎじんほう）が使われている

まいごのかぎ

どんぐりがふってくる

「りいこ」のへんか

けしたはずのうさぎが、また出てくる！

ふしぎな「かぎ」
→もしかすると、うさぎの？

イメージマップを使ってまとめる。

◎感想文の書き方

「まいごのかぎ」は、「りいこ」が〇〇して、××する物語で、ぼく（わたし）がおもしろいと思ったところは〇つあります。

一つ目に…です。（※理由も書く）

1 学習を振り返り、率直な感想を交流する

これまで読んできた「まいごのかぎ」で、どんなところが面白かったかな？

消したはずのうさぎが、また出てきたところが面白かった！

これまで読んできたことを基に、率直な感想を出し合うことで、物語の印象や、学習した上で感じた思いを共有し、書くことに向かう意識を引き出せるようにする。

2 感想文の書き方を確認し、内容を考える

感想文の書き方を確認します。「『まいごのかぎ』は、『りいこ』が〇〇して……」から始めます

なるほど。こうやって書けばいいんだな

何を書いたらいいのか分からない……

ログラインとナンバリングを使った書き方の具体（書き出しと内容）を説明し、どのようにして感想文をまとめるかを確認した上で、書く内容を何にするかを考える時間をとる。配慮ア

「三年とうげ」の授業デザイン

（光村図書３年下）

教材の特性

「三年とうげ」は朝鮮半島に伝わる民話である。民話独特の語り口で、楽しいリズムの言い伝え・歌が味わい深く、情景や登場人物の心情を想像しながら読み進めることができる。また、民話や昔話に特徴的な「起承転結」（導入部・展開部・山場・終結部）を捉えることに適した教材である。物語の組み立てに沿って読むことで、場面の移り変わりや登場人物の心情の変化を読み取ることができるだろう。

起	承	転	結
［導入部］設定　三年とうげの紹介と言い伝え。	［展開部］出来事が起こる　おじいさんが三年とうげで転び、心配のあまり病気になる。	［山場］出来事が変化・解決する　トルトリが機転を利かせた提案をする。	［終結部］その後　おじいさんが元気になる。

中心人物の変化　初め ――― きっかけ ――→ 終わり

身に付けさせたい力

・登場人物の心情の変化について、場面の移り変わりと結び付けて捉える力
・登場人物の性格や心情を表す語句、物語の組み立て（起承転結）を捉える力

授業づくりの工夫

焦点化（シンプル）	視覚化（ビジュアル）	共有化（シェア）
○物語の組み立て（起承転結）を明確にし、それに沿って読み進めるようにする。 ○注目すべき場面や叙述を限定することで、作品の設定や登場人物の心情を捉えられるようにする。	○挿絵を黒板上に図解することで、物語の組み立てを視覚的に捉えられるようにする。 ○センテンスカードを用意したり動作化を取り入れたりすることで、登場人物の心情を読み取りやすくする。	○ネームプレートや挙手で自分がもった考えを示す場を設定し、交流につなげる。

単元目標・評価規準

目標 物語の組み立て（起承転結）を捉えて、場面の展開や中心人物の心情の変化を読み取るとともに、自分で選んだ民話・昔話について、組み立てに着目して紹介することができる。

知識・技能

○物語の組み立て（起承転結）や、登場人物の心情や性格を表す語句について理解している。 (1)オ

思考・判断・表現

○「読むこと」において、登場人物の心情の変化について、場面の移り変わりと結び付けながら叙述を基に捉えている。 C(1)エ

主体的に学習に取り組む態度

○登場人物の心情を想像し、物語の組み立てに着目して民話・昔話を紹介しようとしている。

単元計画（全6時間）

次	時	学習活動	指導上の留意点
一	1	**一番面白いと思った場面について交流しよう** ○民話の面白さを交流し、あらすじをつかむ。	・面白いと思った場面を選び、ネームプレートを貼る活動を設定することで、活発な交流を促す。
二	1	**組み立てを捉えて、民話・昔話の面白さを見付けよう** ○「三年とうげ」の組み立てを捉える。	・挿絵を並び替えることで、「起承転結」の組み立てを捉えられるようにする。
	2	○「一場面（起）」の必要性を話し合い、物語の設定をつかむ。	・一場面の必要性を話し合うことで、物語の設定や「起」の役割を捉えられるようにする。
	3	○二つの場面の「転ぶ」という行為や歌の違いについて話し合う。	・二つの場面を比較して違いを話し合うことで、リズムの面白さや、おじいさんの行動描写に着目できるようにする。
	4	○中心人物であるおじいさんの心情の変化を話し合う。	・挿絵やセンテンスカードを初め・きっかけ・終わりに図解し、おじいさんの心情の変化を一文でまとめられるようにする。 ・対人物トルトリの役割について考えることで、物語の面白さに気付けるようにする。
三	1	**民話・昔話の紹介クイズをつくろう！** ○自分が選んだ民話・昔話を紹介し合う。	・民話・昔話の面白さや組み立てを意識できるように、「転（きっかけ）」の場面をクイズ形式にして、紹介し合う。

教材分析

読み取ることができる。

オ 中心人物の心情の変化（初め・きっかけ・終わり）

「はじめ三年しか生きられないと考えて病気になってしまったおじいさんが、トルトリの助言をきっかけに、三年とうげで転び元気に幸せになった話」という一文で中心人物の変化を表すことができる。きっかけが起承転結の「転」に当たる。

カ 対人物

おじいさんの心情の変化のきっかけとなったのは、対人物であるトルトリの機転を利かせた助言であることを押さえたい。

承（展開部）

り、がたがたふるえました。

家にすっとんでいき、おばあさんにしがみつき、おいおいなきました。

「ああ、どうしよう、どうしよう。わしのじゅみょうは、あと三年じゃ。三年しか生きられぬのじゃあ。」

その日から、おじいさんは、ごはんも食べずに、ふとんにもぐりこみ、とうとう病気になってしまいました。お医者をよぶやら、薬を飲ませるやら、おばあさんはつきっきりで看病しました。けれども、おじいさんの病気はどんどん重くなるばかり。村の人たちもみんな心配しました。

そんなある日のこと、水車屋のトルトリが、みまいに来ました。

「おいらの言うとおりにすれば、おじいさんの病気はきっとなおるよ。」

「どうすればなおるんじゃ。」

おじいさんは、ふとんから顔を出しました。

「なおるとも。三年とうげで、もう一度転ぶんだよ。」

「ばかな。わしに、もっと早く死ねと言うのか。」

「そうじゃないんだよ。一度転ぶと、三年　生きるんだろ。二度転べば六年、三度転べば九年、四度転べば十二年。このように、何度も転べば、うんと長生きできるはずだよ。」

おじいさんは、しばらくして考えていましたが、うなずきました。

転（山場）

「うん、なるほど、なるほど。」

そして、ふとんからはね起きると、三年とうげに行き、わざとひっくり返り、転びました。

このときです。ぬるでの木のかげから、おもしろい歌が聞こえてきました。

「えいやら　えいやらや。一ぺん転べば　三年で、十ぺん転べば　三十年、百ぺん転べば　三百年。こけて転んで　ひざついて、しりもちついて　でんぐり返り、長生きするとは、こりゃ　めでたい。」

おじいさんは、すっかりうれしくなりました。

ころりん、ころりん、すってんころり、ぺったんころりん、ひょいころ、ころりんと、転びました。あんまりうれしくなったので、しまいに、とうげからふもとまで、ころころころりんと、転がり落ちてしまいました。そして、けろけろけろっとした顔をして、

「もう、わしの病気はなおった。百年も、二百年も、長生きができるわい。」

結（終結部）

と、にこにこわらいました。

こうして、おじいさんは、すっかり元気になり、おばあさんと二人なかよく、幸せに、長生きしたということです。

ところで、三年とうげのぬるでの木のかげで、

「えいやら　えいやらや。一ぺん転べば　三年で、十ぺん転べば　三十年、百ぺん転べば　三百年。こけて　転んで　ひざついて、しりもちついてでんぐり返り、長生きするとは、こりゃ　めでたい。」

と歌ったのは、だれだったのでしょうね。

第二次・第2時

「起の場面は必要？」

（Which型課題）

冒頭部分「起」の場面の必要性を問うことで、物語の設定が重要であることを確認する。（ア、イ）

第二次・第3時

「転ぶ」の違いを比較できるようにする。

（しかけ限定する）

「転ぶ」という行為に限定して違いを考えることで、おじいさんの行動描写や心情に注目させる。（ウ、エ）

第二次・第4時

中心人物の変化を図解する。

（しかけ「図解する」）

「おばあさんのおかげじゃないの？」

（考えをゆさぶる発問）

初め・きっかけ・終わりをセンテンスカードで図解し、中心人物の心情の変化を捉えられるようにする。（オ）

対人物のトルトリの役割について理解を促し、おじいさんの心情の変化のきっかけとなったことを捉えられるようにする。（キ）

◆教材分析のポイント　その①【民話の面白さ】

まず、民話・昔話の面白さは、どこにあるのだろう。本教材を通して考えてみると、まず、中心人物おじいさんの変容が挙げられるだろう。おじいさんが変容したきっかけには、対人物トルトリの機転の利いた知恵があるところに、この物語の面白さがある。さらに、言い伝えの歌のリズム、対比的な表現といったところにも民話、昔話の面白さがあると言えるだろう。

◆教材分析のポイント　その②【組み立て（起承転結）】

本単元の重要な指導内容が「民話の組み立て（起承転結）」である。中心人物が変容するきっかけは、「転」にある。子供がほかの民話・昔話を読むときも、起承転結や「転」の面白さに着目することができるように、単元設計や授業展開を工夫したい。

指導内容

ア　起承転結（民話の組み立て）

起承転結の四つの組み立てからできている。

イ　物語の設定

冒頭（起）では、三年とうげの紹介がされている。春と秋、ため息が出るほど美しい一方で、怖い言い伝えがあるという対比的な表現に着目させたい。

ウ　中心人物

登場人物は、おじいさん、おばあさん、トルトリの三人。おじいさんが中心人物。うっかり者で心配性という人物像をつかませる。

エ　行動描写や会話文

「がたがたふるえました」「おいおいなきました」などの行動描写から、おじいさんの心情を

起（冒頭部）

三年とうげ　　李錦玉（り　クムオギ）

あるところに、三年とうげとよばれるとうげがありました。あまり高くない、なだらかなとうげでした。

春には、すみれ、たんぽぽ、ふでりんどう。とうげからふもとまでさきみだれました。れんげつつじのさくころは、だれだってため息の出るほど、よいながめでした。

秋には、かえで、がまずみ、ぬるでの葉。とうげからふもとまで美しく色づきました。白いすすきの光るころは、だれだってため息の出るほど、よいながめでした。

三年とうげには、昔から、こんな言いつたえがありました。

「三年とうげで　転ぶでない。三年とうげで　転んだならば、三年きりしか　生きられぬ。長生きしたけりゃ、転ぶでないぞ。三年とうげで　転んだならば、長生きしたくも生きられぬ。」

ですから、三年とうげをこえるときは、みんな、転ばないように、おそるおそる歩きました。

ある秋の日のことでした。ウ一人のおじいさんが、となり村へ、反物（たん）を売りに行きました。そして、帰り道、三年とうげにさしかかりました。白いすすきの光るころでした。おじいさんは、こしを下ろしてひと息入れながら、美しいながめにうっとりしていました。しばらくして、

「こうしちゃおれぬ。日がくれる。」

おじいさんは、あわてて立ち上がると、

「三年とうげで　転ぶでないぞ。三年とうげで　転んだならば、三年きりしか　生きられぬ。」

と、足を急がせました。

お日様が西にかたむき、夕やけ空がだんだん暗くなりました。ところがたいへん。あんなに気をつけて歩いていたのに、おじいさんはエ、石につまずいて転んでしまいました。おじいさんは真っ青にな

指導のポイント

■第一次・第１時

「一番面白いと思ったのは、どの場面？」（Which型課題）

自分の感じ方を率直に表現するところから入ることで、交流を活性化させ、物語の面白さに目を向けさせたい。

■第二次・第１時

挿絵をバラバラにして並べ替えられるようにする。（しかけ「順番を変える」）

挿絵を並び替えることで組み立てに着目させる。その際、桃太郎を紹介して挿絵を配置することで「起承転結」を捉えやすくする。（ア）

本時の展開 第一次 第1時

目標 一番面白いと思った場面を話し合うことを通して、民話全体の内容をつかみ、感想や民話の面白さを自分の言葉でまとめることができる。

[本時展開のポイント]

初発の感想を自由に書かせて交流するのではなく、「一番面白いと思った場面は？」という Which 型課題を設定することで、全員参加を促し、交流の必然性をつくる。

[個への配慮]

ア挿絵とあらすじを要約したプリントを用意する

自分の考え（感想）を決めることが困難な場合、物語の内容をつかむことができるように、挿絵とあらすじを要約したプリントを用意する。

イ人物像の選択肢を提示する

人物像を捉えることが困難な場合、人物像の意味を理解して自分なりに捉えられるように、人物像の選択肢をいくつか示して、選ぶように促す。その際、「うっかり者」「心配性」などの適切なものだけでなく、「怒りっぽい人」などの不適切なものも用意しておく。

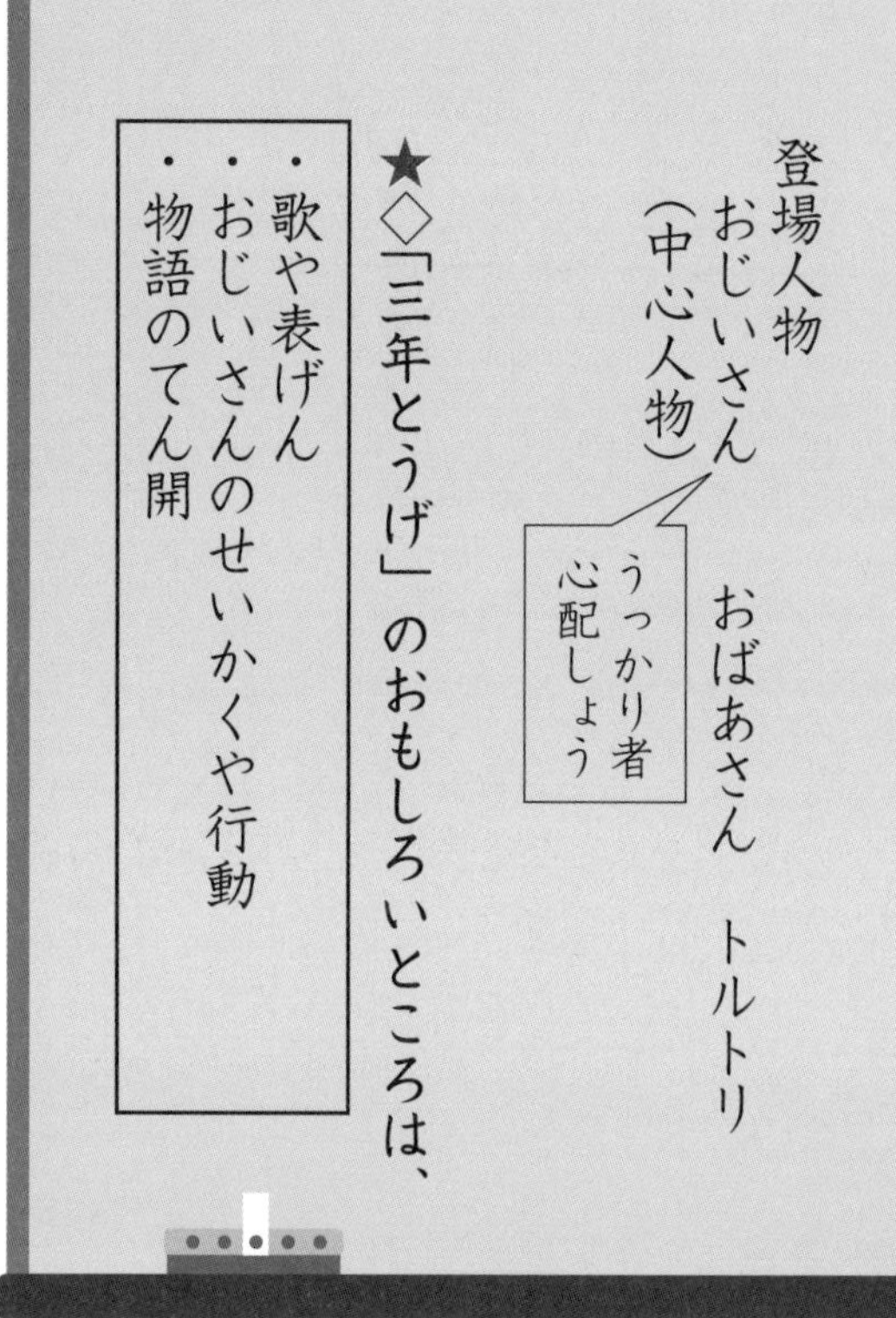

3 中心人物・おじいさんの性格を確認する

おじいさんはどんな人だと言える？

登場人物やおじいさんが中心人物であることを確認する。「おじいさんはどんな人だと言える？」と問い、うっかり者や心配性という人物像を引き出すようにする。配慮イ

4 「三年とうげ」の面白さを自分の言葉でまとめる

この民話の面白さを一言で表すと？

面白さの着眼点を、「表現」「登場人物の行動」「物語の展開」などに分類して板書する。話し合いを基に、民話の面白さを自分なりの言葉でノートにまとめるように促す。

準備物
・教科書の挿絵4枚（デジタル教科書で印刷可能）
・ネームプレート

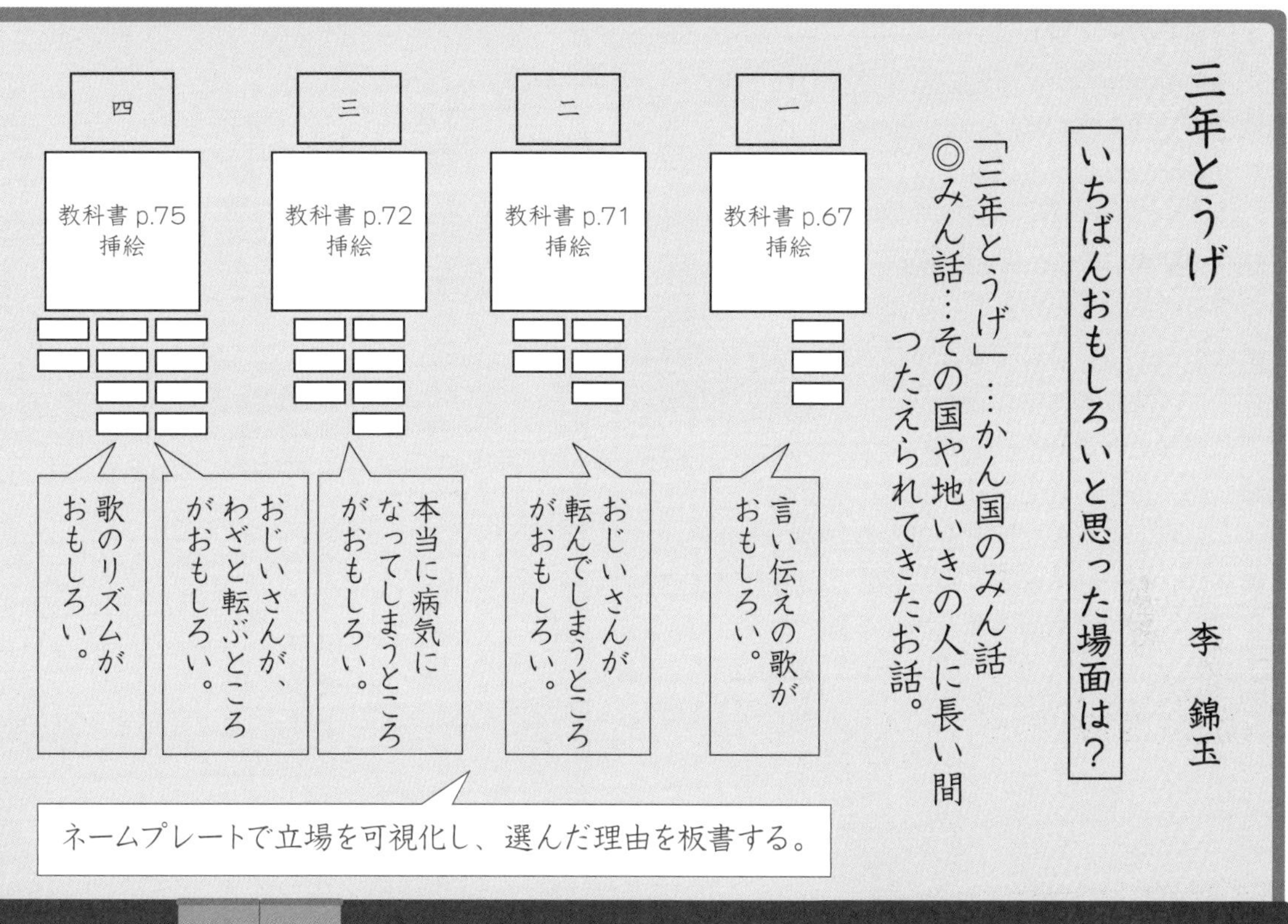

1 題名からどんな話か想像をする

三年とうげはどんなお話だと思う？

私たちと同じ三年生が出てくるとうげかな？

どんな民話だろう？　韓国のふしぎなとうげの話かな

しかけ（隠す）

「○○とうげ」と題名を隠して提示し、どんなとうげと思うか問う。「三年とうげ」という題名からどんな民話かを想像させることで、読みへの意欲を高める。

2 作品を読み、学習課題について話し合う

一番面白いと思った場面は？

ぼくは最後の場面が一番おもしろいと思ったよ。だって……

どれが一番か決められないなぁ

Which型課題

「一番○○なのは？」

全四場面の中から一番面白い場面を選び、ネームプレートを貼ることで、思考のズレを引き出し、交流の場を活性化させる。

配慮ア

本時の展開  第二次 第1時

目標 ６枚の挿絵を並び替えて物語の展開を話し合うことで、民話の組み立て（起承転結）を理解し、組み立てに沿ってあらすじを説明することができる。

[本時展開のポイント]

民話の組み立て「起承転結」が捉えられるように、挿絵を並び替えて配置したり、組み立てに沿ってあらすじを説明したりする活動を設定する。

[個への配慮]

ア教科書を見ながら作業をしてよいことを伝える

挿絵の順番に並び替える作業が困難な場合、内容を把握して活動に参加できるように、教科書を見ながら並び替えてよいことを伝える。

イ教科書の文章を線で囲み、説明を補う

あらすじを説明することが困難な場合、自分がどこを読めばいいか分かるように、教科書の着目する場面を線で囲んだり、説明を補ったりする。

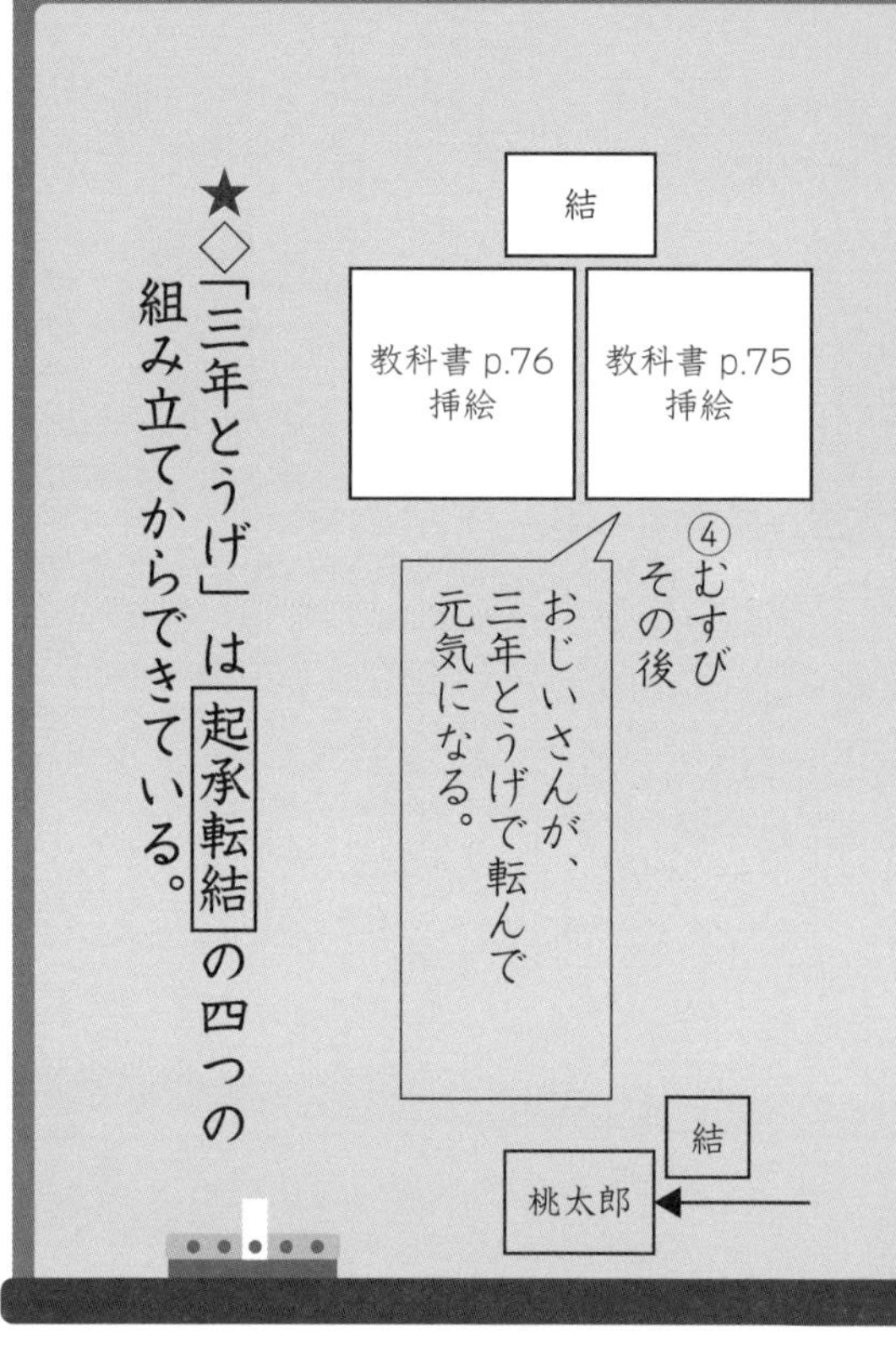

3 四人グループであらすじを作成する

四人で「起承転結」を分担して、「三年とうげ」のあらすじを完成させましょう

四人グループで「起承転結」を分担し、一つのあらすじを作る。その際、「この話を知らない人に紹介するとしたら？」と仮定し、分かりやすく伝える意識をもたせる。配慮イ

4 各グループが考えたあらすじを全体で共有する

各グループで作ったあらすじを、全体で共有しましょう

各グループが作成したあらすじを全体で共有し、どんなところがよかったかを伝え合う。また、他の民話や昔話を読み進める際に、「起承転結」に着目するように意識付けを図る。

・教科書の挿絵６枚（デジタル教科書で印刷可能）
・「起承転結」カード 2-01～04
・桃太郎の４枚（起承転結）の挿絵

三年とうげ　李　錦玉

「三年とうげ」はどんな組み立てかな？

◎みん話や昔話の多くは、四つの組み立てからできている。

起
教科書 p.67 挿絵
①始まり
時・場所・人物のしょうかい
三年とうげのせつ明

承
教科書 p.68 挿絵
教科書 p.71 挿絵
②できごと（事けん）が起きる
おじいさんが、三年とうげで転んで病気になる。

転
教科書 p.72 挿絵
③できごと（事けん）がかい決する
水車屋のトルトリが、病気がなおる方ほうを教えてくれた。

起　桃太郎
承　桃太郎
転　桃太郎

1 挿絵を並び替える

お話の順番はこれでよかったかな？

先生、お話の順番が違います
どんな順番だったかよく分からないな

しかけ（順序を変える）
六枚の挿絵の順番をバラバラにして提示して、「順番が違う」という言葉を引き出し、並び替える活動を通して、組み立てへの意識付けを図る。　配慮ア

2 学習課題について話し合う

「三年とうげ」は、どんな話の流れだったかな？

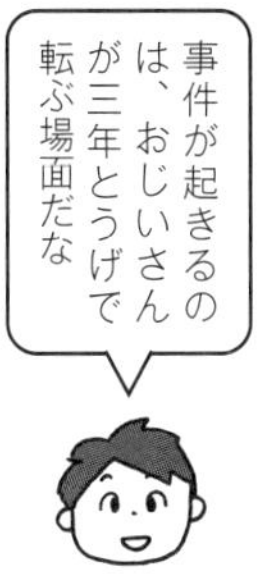

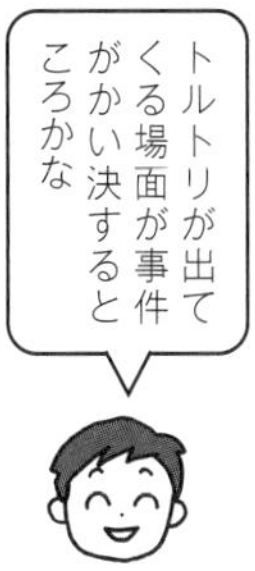

しかけ（配置する）
「桃太郎」を例に民話・昔話の「起承転結」の組み立てを押さえ、六枚の挿絵を四つの組み立てに分けて板書上に配置する。

本時の展開 第二次 第2時

「起」（一場面）の必要性を話し合うことを通して、物語の設定や「起」の役割に気付き、「三年とうげ」がどんな「とうげ」かを自分なりに表現することができる。

[本時展開のポイント]

「『起』の場面はなくてもよいか？」という思考をゆさぶるような発問を設定することで、考えのズレを引き出し、話し合い活動の活性化を促せるようにする。

[個への配慮]

ア教科書の一部をプリントで用意する

自分の考え（立場）を決めることが困難な場合、課題の意味を把握し、「起」の場面に着目できるように、「起」の場面だけを書いたプリントを用意して、説明を補いながら問う。

イ教科書の叙述に線を引き、写真を用意する

本文の内容をイメージすることが困難な場合、冒頭の三年とうげの美しさの叙述に着目できるように、本文に線を引くように促したり、花の写真を提示して、春と秋どちらがきれい（好き）かと問うたりする。

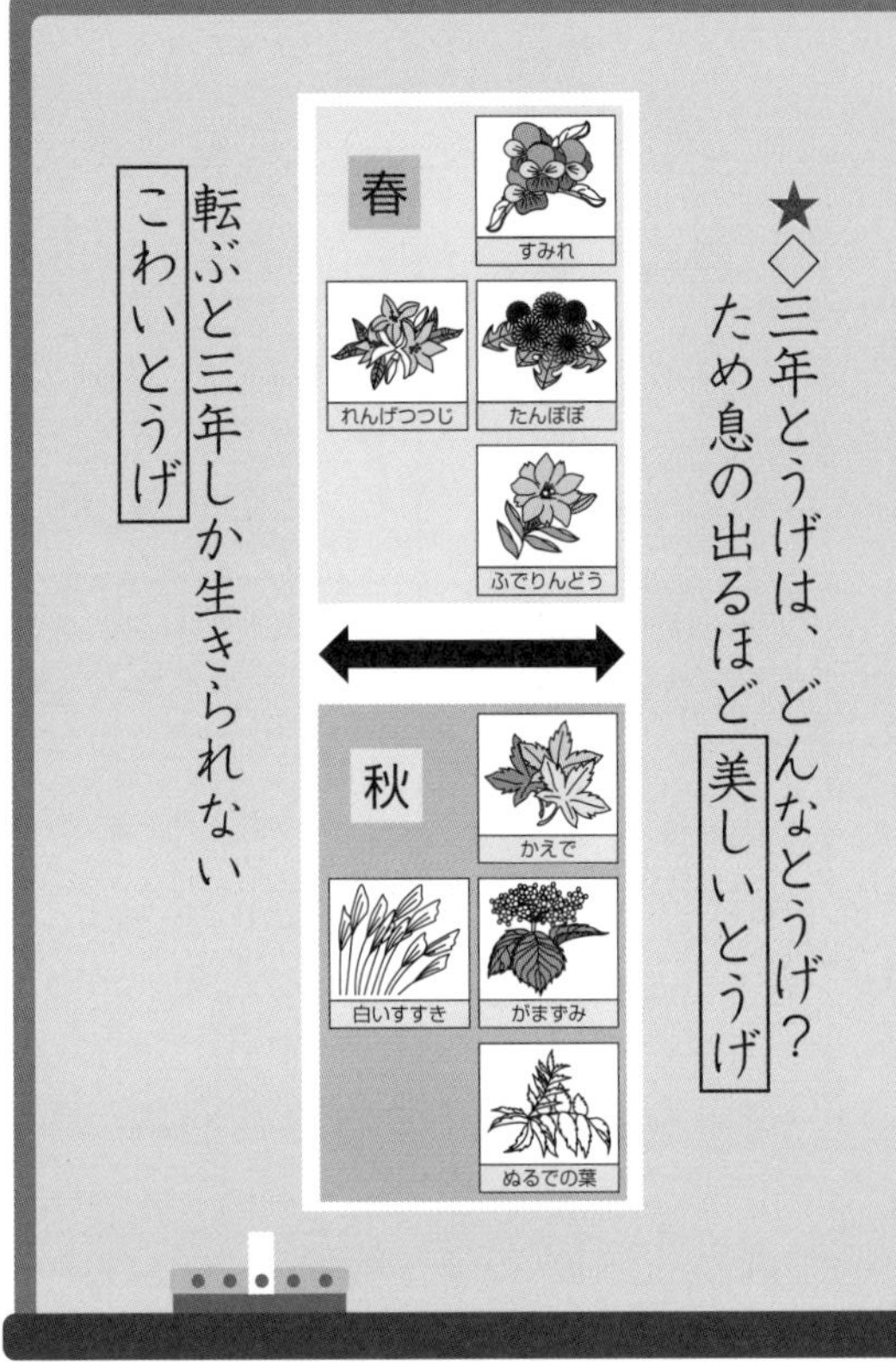

3 「起」の役割を話し合う

もし、「起」場面がなかったらどうなるかな？

しかけ（仮定する）

「起」場面があるのとないのとではどのように違うか考えさせる。その際、美しい花の叙述に着目させ、春と秋の花の写真を分類することでイメージをもたせる（視覚化）。 配慮イ

4 「三年とうげ」はどんなとうげかをまとめる

三年とうげは、どんなとうげなの？

やっぱり「起」の場面があった方が、三年とうげのことがよく分かるね

どんなとうげかを自分の言葉でノートにまとめる。誰もがため息を出してしまうほど美しい一方で、こわい言い伝えがあるという対比的な表現に着目できるように板書で整理する。

準備物
・「起」（一場面）の教科書の挿絵（デジタル教科書で印刷可能）
・「起」（一場面）の本文の拡大コピー
・花の写真

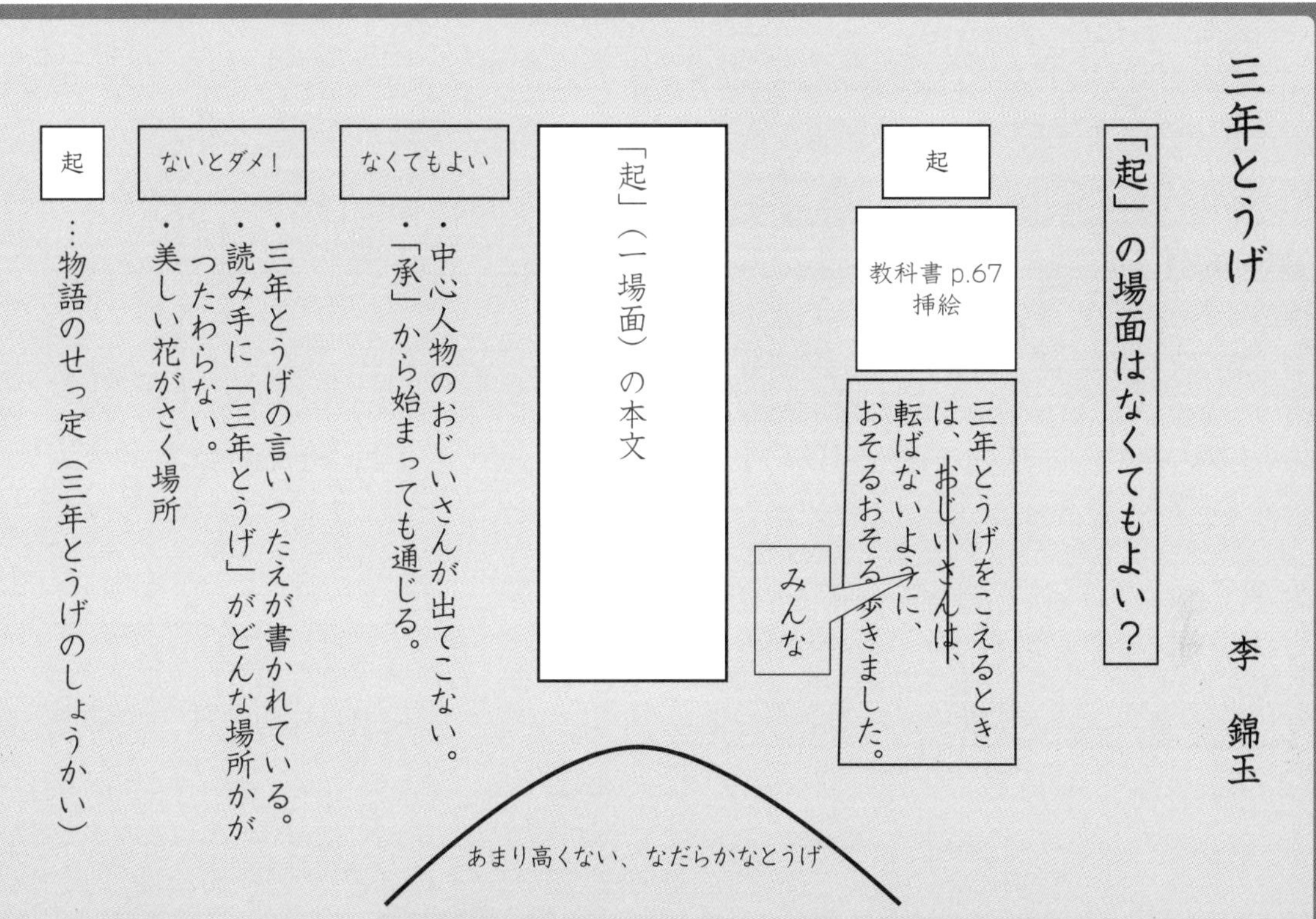

1 ダウト読みをして、四つの組み立てを確認する

おじいさんが出てくるのはどの場面？

おじいさんが出てくるのは、「承・転・結」の場面だね

おじいさんが出てこない「起」は本当にいるのかな

しかけ（置き換える）

起承転結を確認し、主語を変えてダウト読みをすることで、「起」では、おじいさんが出ていないことを確認した上で、「起」の場面に対する問題意識を醸成する。

2 学習課題について話し合う

「起」の場面はなくてもよい？

三年とうげの言い伝えが書かれているからないとダメだよ

どちらか、なかなか決められないな……

Which型課題

「起」の場面がいるか、いらないか立場を決めることで、全員参加を促し、話し合いを活性化させる。本文を提示し、書かれている内容に着目できるようにする。 配慮ア

本時の展開 第二次 第3時

目標 初めと終わりにある二つの歌や「転ぶ」をくらべて、話し合うことを通して、表現の面白さやおじいさんの行動の違いに気付き、まとめることができる。

[本時展開のポイント]

二つの歌や「転ぶ」という行為をくらべることで、違いを明らかにする。どのように転んだかという行動描写から、おじいさんの心情が分かることを捉えさせる。

[個への配慮]

㋐音読する箇所を線で囲む・読み方を選択肢で示す

音読をすることが困難な場合、読む部分に着目することができるように、音読する箇所を線で囲んだり、読み方の違いを選択肢で示したりする。

㋑教科書の叙述に線を引き、動作化を参考にする

「転ぶ」ときのおじいさんの心情を想像することが困難な場合、前後の文脈や教科書の叙述に着目できるように、教科書の叙述に線を引き、友達の動作化を参考にさせる。

「転ぶ」…行動びょうしゃ

★◇おじいさんの行動びょうしゃから、おじいさんの気持ちがわかる。

◇二つの歌は、(こわい感じ)と(楽しい感じ)のちがいが面白い。

3 おじいさんの行動描写の違いを話し合う

二つの「転ぶ」も違いはあるのかな?

初めは不安だけど、終わりは楽しそうに何度も転んでるよ

どうして楽しそうに転ぶって分かるの?

しかけ(限定する)

「承」と「結」のおじいさんの転び方の違いに着目して動作化する。どちらも同じ行動描写だが、心情が違っていることに気付けるようにしたい。

配慮㋑

4 学習をまとめる

二つの歌の面白さは?

初めの歌はこわい感じだけど、終わりの歌は楽しい感じで、違いが面白いな

行動描写でおじいさんの気持ちが分かるんだね

二つの歌の対比的な表現の面白さ、感じ方の違いをノートにまとめる。おじいさんの心情の違いにも着目させ、次時の学習(おじいさんの心情の変化)につなげる。

準備物
・「歌」のセンテンスカード 2-05～09
・「転ぶ」描写の叙述（本文） 2-06、07

三年とうげ

李 錦玉

二つの歌は、どのように読むとよいかな？

起

「三年とうげで転ぶでない。」

承

「三年とうげで転んだならば、長生きしたくも生きられぬ。」

あんなに気をつけて歩いていたのに、おじいさんは、石につまずいて転んでしまいました。

転びたくなかった。
一回転ぶ
ショック

昔からつたわる言いつたえ
おじいさんが一人で歌う
こわい感じ　しんちょうに

結

「えいやらえいやらえいやらや。」

「一ぺん転べば三年で、十ぺん転べば三十年」

「長生きするとは、こりゃめでたい」

おじいさんに聞こえた歌
明るく、はずむように

ころりん、ころりん、すってんころりん、ぺったんころりん、ひょいころ、ころりんと、転びました。

自分から
何度も転ぶ
うれしい
楽しい感じ

1 「起」と「結」の場面の歌をくらべるクイズをする

この歌は、どちらの場面の歌？

どちらの歌にも「転ぶ」や「長生き」が出てくるね

「結」に出てくる歌の方は、暗く読んだらなんだか変だよ

しかけ（配置する）

二つの歌の違いに着目できるように、センテンスカードにしてどちらの場面の歌かを問う。また、あえてふさわしくない調子で読み上げることで、問題意識を醸成する。

2 学習課題について話し合う

二つの歌はどのように読むとよいかな？

「結」の歌は、明るくはずむように読むよ。だって……

どう読んだらよいか分からないな……

しかけ（限定する）

二つの歌を比較し、読み方を問うことで、違いを明らかにする。実際に読ませてみて、なぜそのように読むか、理由を問う。

配慮ア

本時の展開  第二次 第4時

目標 行動描写を基におじいさんの心情を話し合うことを通して、心情の変化と対人物トルトリの役割に気付き、物語を一文でまとめることができる。

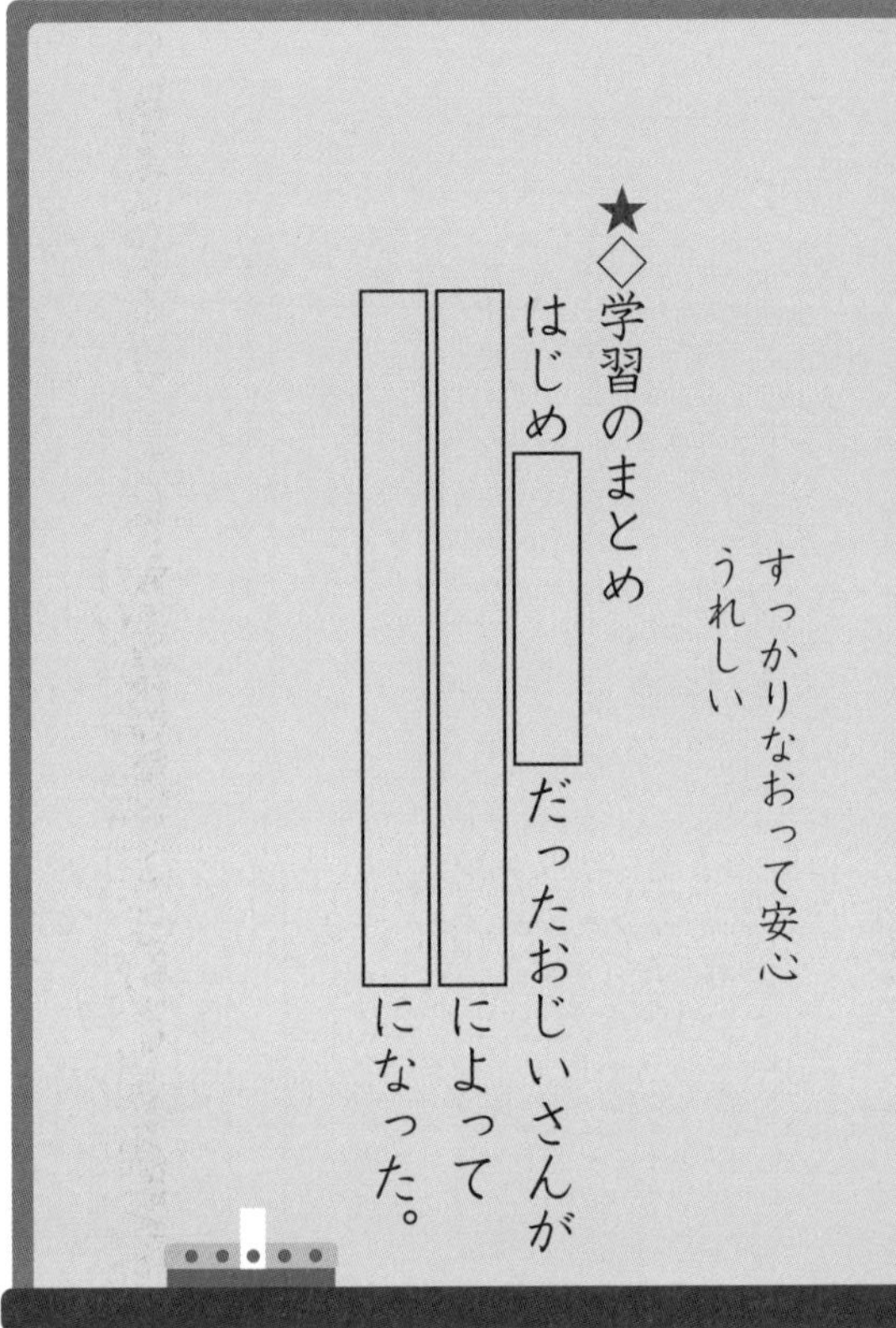

［ 本時展開のポイント ］

おじいさんの行動描写を限定して取り上げて図解し、おじいさんの心情の変化を捉えられるようにする。また、「転」に焦点化して考えることで、心情が変化するきっかけに気付けるようにする。

［ 個への配慮 ］

ア挿絵をアップにして提示し、説明を補う

行動描写からおじいさんの心情を考えることが困難な場合、心情を想像しやすくするために、おじいさんの表情を拡大した挿絵を用意して、どんな気持ちか問う。

イ友達の発言や黒板の言葉から選ばせる

自分の考えをまとめることが困難な場合、中心人物の変化を一文でまとめることができるように、友達の発言をヒントにしたり、黒板上の言葉を選んだりするように助言する。

3

きっかけ（トルトリの役割）について話し合う

病気が治ったのは、おばあさんの看病のおかげじゃないの？

トルトリの助言がなければ、三年とうげで転げることもなく、病気のままのはずだよ

トルトリが「きっかけ」で、物語の「転」になるね

しかけ（仮定する）

「おばあさんの看病のおかげじゃないの？」と考えをゆさぶる問いを投げかけることで、トルトリの役割を考えさせる。トルトリの発言により、おじいさんの心情が変化していることに気付けるようにする。

4

中心人物おじいさんの心情の変化を一文でまとめて、学習を振り返る

おじいさんの心情の変化を一文でまとめるとどうなるかな？

初め死ぬのがこわかったおじいさんが、トルトリの助言によって、元気になった

どのようにまとめたらよいかな？

全員が表現できるように、一文のアウトラインを提示し、それを基に考えられるようにする。

配慮イ

準備物
・センテンスカード（5枚） 2-08～12
・挿絵（3枚）
・はじめ・きっかけ・おわりカード 2-13～15 ・起承転結カード 2-01～04

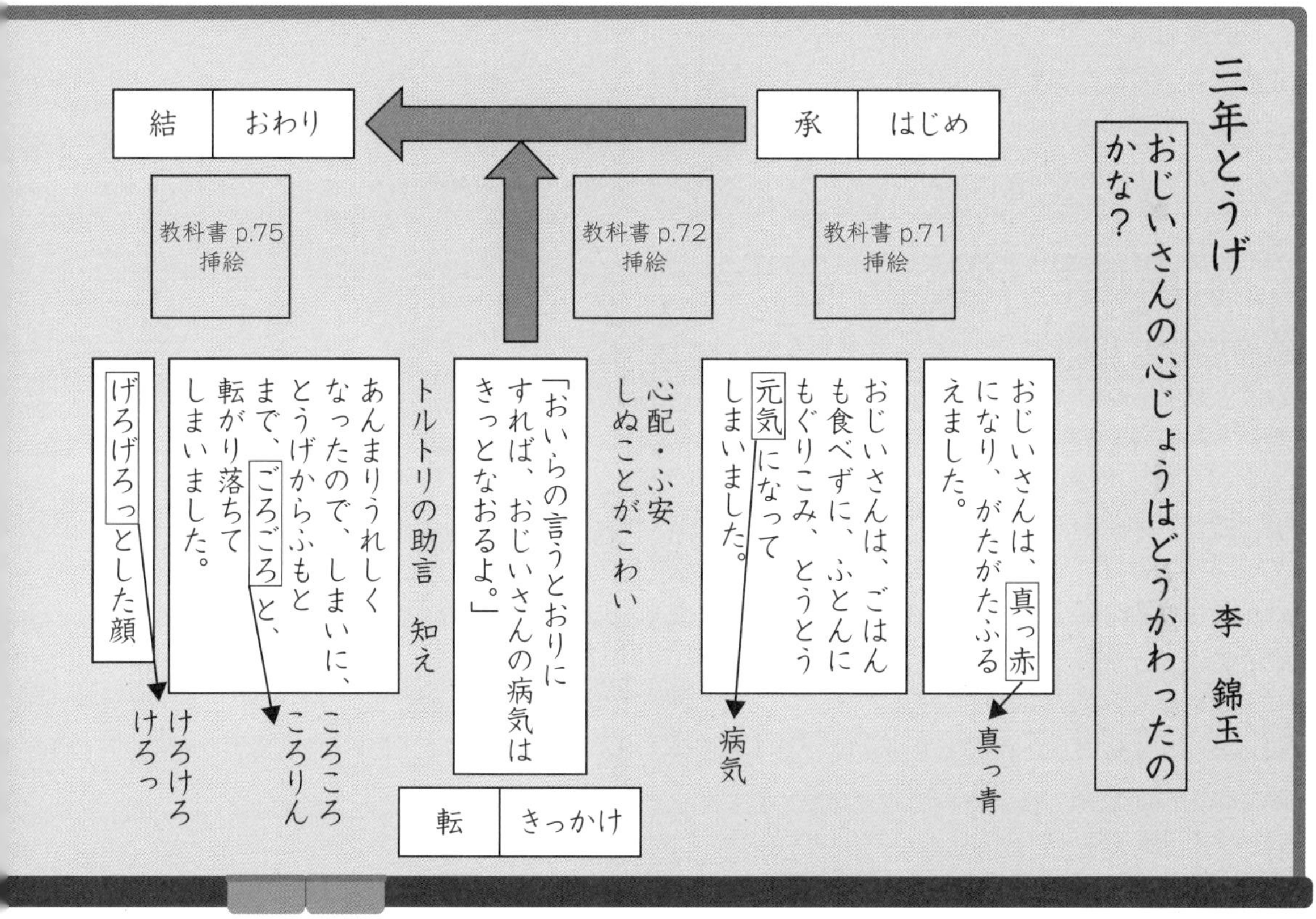

三年とうげ 李 錦玉

おじいさんの心じょうはどうかわったのかな？

承 はじめ

教科書 p.71 挿絵

おじいさんは、真っ赤になり、がたがたふるえました。→真っ青

おじいさんは、ごはんも食べずに、ふとんにもぐりこみ、とうとう元気になってしまいました。→病気

心配・ふ安
しぬことがこわい

教科書 p.72 挿絵

「おいらの言うとおりにすれば、おじいさんの病気はきっとなおるよ。」

転 きっかけ

トルトリの助言 知え

結 おわり

教科書 p.75 挿絵

あんまりうれしくなったので、しまいに、とうげからふもとまで、ごろごろと、転がり落ちてしまいました。→ころころころりん

げろげろっとした顔→けろけろけろっ

2 ◀ 1

1 おじいさんの行動描写のセンテンスカードの間違い探しをする

おじいさんの行動で、変なところはどこかな？

あれ変だ！「真っ青になった」だから心配になっている

最後はけろけろけろっとした顔だから、もう不安ではないのかも

しかけ（置き換える）
おじいさんの行動描写を取り上げて、間違いを含んだセンテンスカードを提示し、言葉の意味に着目できるようにする。おじいさんの心情への意識付けを図る。

2 学習課題について話し合う

おじいさんの心情はどう変わったのかな？

初めは不安でいっぱい。がたがたふるえるほど死ぬのが怖いと思っているよ

しかけ（図解する）
センテンスカードを基に、おじいさんの心情を問う。また、動作化を取り入れたり、カードを図解したりして、心情の変化を捉えやすくする。 配慮ア

本時の展開　第三次　第1時

目標 自分が選んだ民話・昔話について、「起承転結」の組み立てに沿ってクイズ形式で表現し、あらすじや物語の面白さを紹介することができる。

[本時展開のポイント]

これまで学習したことを生かして民話・昔話を紹介することができるように、「起承転結」の組み立てに分けて、きっかけの「転」をクイズにして紹介し合う。

[個への配慮]

ア本に付箋紙で印をつけて説明を補う

選んだ民話・昔話を読み取り、「起承転結」に分けることが困難な場合、物語の組み立てが理解できるように、本に付箋紙で印をつけたり、「どうやって解決したか」と問うたりする。

イ書き始めの言葉を書く

紹介カードを書くことが困難な場合、自分なりにあらすじをまとめることできるように、書き始めの言葉を助言し、続きを書くように促す。

ウ紹介用のプリントを用意する

友達に紹介することが困難な場合、書いたことを伝えることができるように、紹介のフォーマットを書いたプリントを用意する。

◎転（きっかけ）をクイズ形式にしてみんな話・昔話をしょうかいしよう

★◇学習をふり返ろう

起承転結に注目すると、物語のおもしろさがわかる。

民話・昔話は、「転」のきっかけがおもしろい！

3 カードを基に、グループで自分が選んだ民話・昔話を紹介し合う

書き上げたカードを紹介し合いましょう

ほかの民話・昔話のきっかけも面白いな

うまく紹介することができないな

作成したカードを基に、グループで自分が選んだ民話・昔話を紹介し合う。その際、「転」を想像することで、ほかの作品に対する関心を高めて、読書意欲を喚起できるようにする。　配慮ウ

4 学習を振り返る

民話・昔話の面白いところは？

起承転結に注目すると、面白さがよく分かったよ

「転」のきっかけのところが、民話・昔話の面白さだね

単元全体を振り返り、学んだことを自覚化できるようにする。「三年とうげ」や自分が選んだ民話・昔話をつなげて考えることで、組み立てや展開に着目して、読むことの面白さを共有できるようにする。

準備物 ・民話・昔話の紹介カード（児童作成）

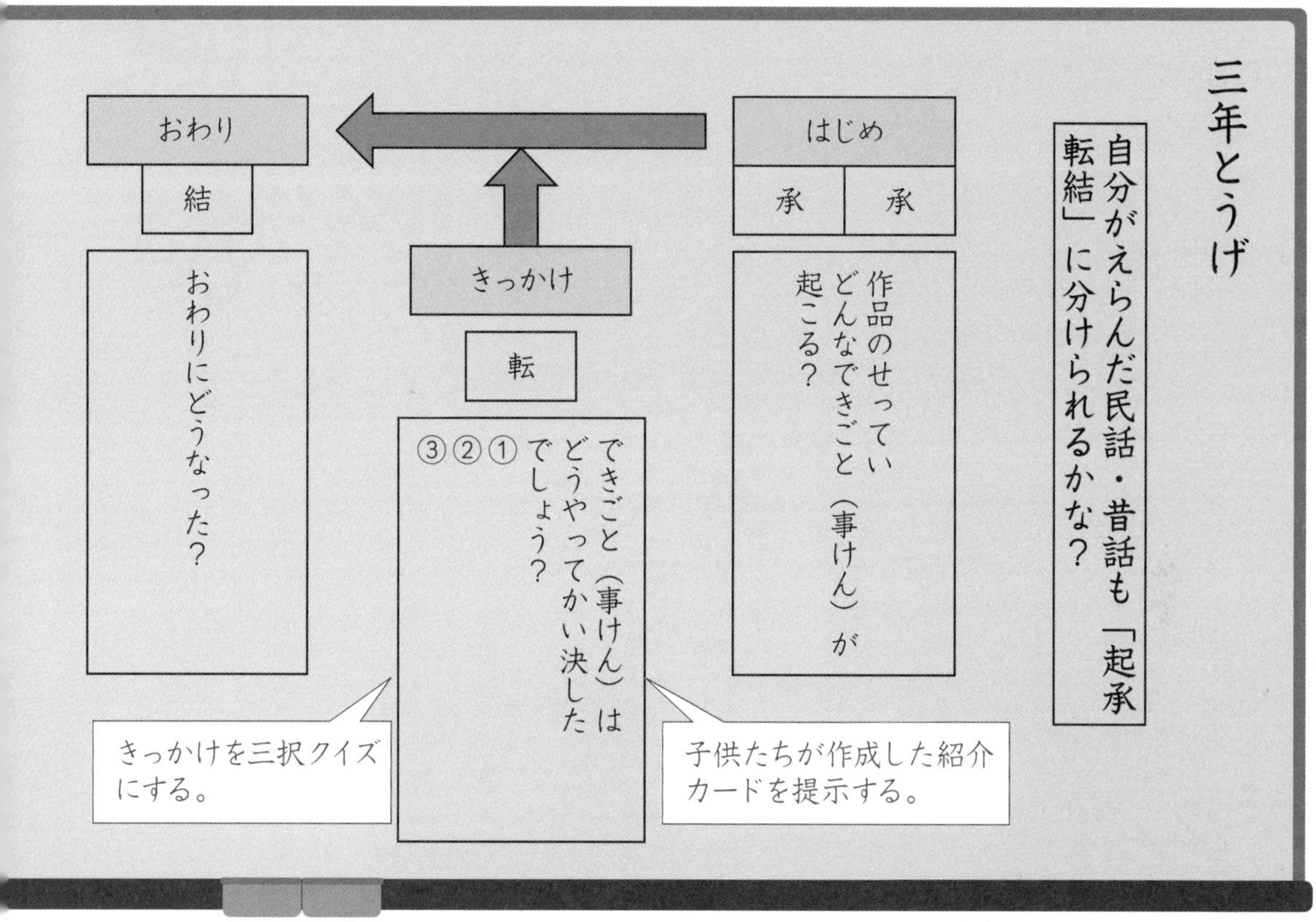

三年とうげ

自分がえらんだ民話・昔話も「起承転結」に分けられるかな？

はじめ

承　承

作品のせってい
どんなできごと（事けん）が
起こる？

きっかけ

転

できごと（事けん）は
どうやってかい決した
でしょう？
①
②
③

おわり

結

おわりにどうなった？

子供たちが作成した紹介カードを提示する。

きっかけを三択クイズにする。

1 学習課題を確認する

自分が選んだ民話・昔話も「起承転結」に分けられるかな？

三年とうげと同じように、起承転結に分けてみよう

この話の「転」（きっかけ）がよく分からないな

しかけ（図解する）

自分が選んだ民話・昔話を「起承転結」に着目してまとめることができるように、学習課題を提示し、図解した紹介カードを配付する。 配慮ア

2 紹介カードにまとめる

「転」（きっかけ）のところをクイズにすると？

事件が解決する「転」のところをクイズにしてみよう

クイズはどうやって書けばいいのだろう

しかけ（選択肢をつくる）

物語の山場である「転」の面白さに焦点化し、子供自身が選択肢をつくってクイズ形式にまとめるようにする。 配慮イ

「モチモチの木」の授業デザイン

（光村図書３年下）

教材の特性

本教材「モチモチの木」は、憶病な豆太が、病気のじさまを救うために信じられないほどの勇気を発揮し、「勇気のある子ども」しか見ることのできないモチモチの木の灯を見ることができたという内容の物語である。しかし、じさまが元気になった後の豆太は、やっぱり元の憶病な豆太であるという結末で終わっている。語り手の特徴的な表現や対比、登場人物の行動描写や心情描写などから、中心人物の心情の変化を捉えて読む力を高めるのに適した教材であると言えるだろう。

①	②	③	④	⑤
おくびょう豆太 憶病で弱虫な豆太。その豆太をかわいがるじさま。	やい、木ぃ モチモチの木が怖い豆太。	霜月二十日のばん 「山の神様のお祭り」を見ることを、初めからあきらめる豆太。	豆太は見た モチモチの木の灯を見た豆太。	弱虫でも、やさしけりゃ 小便に起こす気弱な豆太と、豆太を優しく包むじさま。

身に付けさせたい力

・叙述から登場人物の人物像を捉え、中心人物の心情の変化を捉えて読む力
・会話文や行動描写、心情描写、擬人法などの表現技法の効果を考えながら読む力

授業づくりの工夫

焦点化（シンプル）	視覚化（ビジュアル）	共有化（シェア）
○空欄に入る言葉を考えたり、二択の問題を提示したりすることで、自分の立場を明確にする。 ○考えたことなどをまとめるときは、文型を示し、活動内容を明確にする。	○挿絵の並べ替えを行い、物語全体の流れや、場面の移り変わりを明確に捉えられるようにする。 ○動作化を取り入れたりして、視覚的なイメージをもたせる。	○黒板に挿絵やセンテンスカードを掲示することにより、全体で一緒に確認する。 ○ペアでの音読や話し合いを取り入れることにより、考えを交流する。

単元目標・評価規準

会話文、行動描写、心情描写、擬人法などを手がかりに、中心人物の心情の変化を捉えることができる。

知識・技能

○行動描写、心情描写、会話文、擬人法などには、人物の心情が表れていることに気付いている。　(1)オ

思考・判断・表現

○「読むこと」において、登場人物の気持ちの変化や性格、情景について、場面の移り変わりと結び付けて想像することができる。C(1)エ

主体的に学習に取り組む態度

○語り手の語り口やじさまの会話文から、作品の面白さを感じようとしている。

単元計画(全10時間)

次	時	学習活動	指導上の留意点
一	1・2	**物語の流れを捉えよう**	
		○本文を読んで初発の感想を書き、物語のあらすじをつかむ。	・どのような内容が書かれているかを予想し、読みに向かう十分な意欲を引き出した上で、本文を読めるようにする。
二	1	**豆太を中心に、物語を読み深めよう**	
		○「おくびょう豆太」を読み、作品の設定や語り手を理解する。	・登場人物として出てこないお父の存在も、物語を読む上で大切な情報であり、作品の設定として捉えることが重要であることを理解できるようにする。
	2	○「やい、木ぃ」を読み、豆太の人物像について考える。	・昼と夜の豆太の様子にどのような違いがあるのかを考えることを通して、中心人物である豆太の人物像をつかめるようにする。
	3	○「霜月二十日のばん」を読み、豆太の心情を捉える。	・「灯がともったモチモチの木を見たい気持ち」と「自分には無理だと思う気持ち」がどの程度豆太の中にあるかを考え、豆太の心情に迫れるようにする。
	4	○「豆太は見た」を読み、豆太が勇気を出すことができたわけについて話し合う。	・豆太の勇気が最も感じられる一文がどれかを考えた後、どうして勇気を出すことができたのかを交流することで、豆太の心情が大きく変化するきっかけがあったことを確認できるようにする。
	5	○「弱虫でも、やさしけりゃ」を読み、豆太が変わったかどうかを検討する。	・物語の前半部分と同様に、夜中のしょうべんに、じさまを起こしている姿があることを基にしながら、豆太は変わったかどうかについて話し合う。
	6	○物語の面白さについて話し合う。	・これまでの授業を振り返って「モチモチの木」の面白さを話し合った後、その面白さを誰に伝えたいかを明確に設定し、伝えるための文章を書く。
三	1・2	**同じ作者の本を読んで、物語の紹介文を書こう**	
		○中心人物の変化に着目して紹介文を書く。	・好きな斎藤隆介の作品を選び、中心人物の変化に焦点化しながら紹介文を書けるようにする。

✓ 教材分析

きるようにしたい。

エ　擬人的な表現

モチモチの木が、まるで生きているかのように、擬人的な表現を用いて描かれている箇所が多い。授業では、豆太から見たモチモチの木の様子が、語り手によって描き出されていることを確認しておきたい。

オ　作品の設定

物語の冒頭部分（場面1）では、作品の設定に関わる情報が語られている。物語を読み解いていく上では、そうした設定を把握しておくことが重要になることを確認しておきたい。

うなんだろうか——。

やい、木ぃ

モチモチの木ってのはな、豆太がつけた名前だ。小屋のすぐ前に立っている、でっかいでっかい木だ。

秋になると、茶色いぴかぴか光った実を、（エ）いっぱいふり落としてくれる。その実を、じさまが、木うすでついて、石うすでひいてこなにする。こなにしたやつをもちにこね上げて、ふかして食べると、ほっぺたが落っこちるほどうまいんだ。

「やい、木ぃ、モチモチの木ぃ、実ぃ落とせぇ。」

なんて、昼間は木の下に立って、かた足で足ぶみして、いばってさいそくしたりするくせに、夜になると、豆太はもうだめなんだ。（エ）木がおこって、両手で「お化けぇ。」って、上からおどかすんだ。夜のモチモチの木は、そっちを見ただけで、もう、しょんべんなんか出なくなっちまう。

じさまが、しゃがんだひざの中に豆太をかかえて、

「ああ、いい夜だ。星に手がとどきそうだ。おく山じゃぁ、しかや　くまらめが、鼻ぢょうちん出して、ねっこけて（ねむりこけて）やがるべ。それ、シィーッ。」

って言ってくれなきゃ、とっても出やしない。しないでねると、あしたの朝、とこの中が（ケ）こうずいになっちまうもんだから、じさまは、かならずそうしてくれるんだ。

五つになって「シー」なんて、みっともないやなぁ。

でも、豆太は、そうしなくっちゃだめなんだ。

霜月二十日のばん

そのモチモチの木に、今夜は灯がともるばんなんだそうだ。じさまが言った。

「霜月の二十日のうしみつにゃぁ、モチモチの木に灯がともる。起きてて見てみろ。そりゃぁ、きれいだ。おらも、子どものころに見たことがある。死んだおまえのおとうも見たそうだ。山の神様のお祭りなんだ。それは、一人の子どもしか、見ることはできねぇ。それも、勇気のある子どもだけだ。」

「（サ）——それじゃぁ、おらは、とってもだめだ（サ）——。」

豆太は、ちっちゃい声で、なきそうに言った。だっ

のかを考え、交流する時間を設定する。一番を決めて話し合うことで、感じ方の共通点や相違点を明確にできるようにする。（カ、キ、ケ）

■第二次・第1時

ダウト読みを通して、作品の設定に焦点化する。

しかけ（置き換える）

4枚のセンテンスカードを用意し、作品の設定に関わる箇所のみ誤った表記に置き換える。授業の冒頭でどこが間違っているかを指摘させる活動を行うことで、無理なく自然に学習内容に焦点化できるようにする。（オ、カ、ケ）

◆教材分析のポイント　その①【心情の変化ときっかけ】

本教材は、中心人物である「豆太」が、じさまの腹痛により、勇気を出すきっかけを得たことを確認する必要がある。

大切な人を失ってしまうかもしれないという事態から医者様を呼びに行かざるを得ない状況に追い込まれた豆太が、偶然にも灯のともったモチモチの木を見ることができたことを確認しつつも、果たして勇気のある子に成長できたかどうかを考える中で、物語の面白さを味わえるようにしたい。

◆教材分析のポイント　その②【語り手】

物語を進める上で大切な役割を担っているのが、語り手の存在である。ストーリーをつなぎ、次の展開へと物語を進めていく役割を果たしている「語り手」という存在があることを、本教材を用いて確認する必要がある。また、この物語における語り手は、豆太を評価したり、読者に語りかけたりする口調になっているというのが非常に特徴的である。そうした教材の特性も踏まえながら、語り手という学習用語を押さえておく必要があるだろう。

指導内容

ア 語り手

物語を語り進めているナレーター的存在があることを確認する必要がある。また、それと合わせて語り手による「語り」が、豆太のキャラクターを形づくっていることにも着目させたい。

イ 地の文

語り手の存在があることを確認することと合わせて、語り手が物語を語り進めている文章が、地の文であることを確認しておく必要がある。

ウ 会話文

豆太やじさまの口調には特徴がある。それは時代背景からくる特徴もあれば、地域性からくる特徴もある。本教材では、そうした独特な口調による表現が用いられていることにも着目で

モチモチの木
斎藤　隆介

おくびょう豆太

全く、豆太ほどおくびょうなやつはない。もう五つにもなったんだから、夜中に、一人でせっちんぐらいに行けたっていい。

ところが、豆太は、せっちんは表にあるし、表には大きなモチモチの木がつっ立っていて、空いっぱいのかみの毛をバサバサとふるって、両手を「わあっ。」とあげるからって、夜中には、じさまについてってもらわないと、一人じゃしょうべんもできないのだ。

じさまは、ぐっすりねむっている真夜中に、豆太が「じさまぁ。」って、どんなに小さい声で言っても、「しょんべんか。」と、すぐ目をさましてくれる。いっしょにねている一まいしかないふとんを、ぬらされちまうよりいいからなぁ。

それに、とうげのりょうし小屋に、自分とたった二人でくらしている豆太が、かわいそうで、かわいかったからだろう。

けれど、豆太のおとうだって、くまと組みうちして、頭をぶっさかれて死んだほどのきもすけだったし、じさまだって、六十四の今、まだ青じしを追っかけて、きもをひやすような岩から岩へのとびうつりだって、見事にやってのける。

それなのに、どうして豆太だけが、こんなにおくびょ

指導のポイント

■第一次・第1時

挿絵と題名から物語の内容を予想できるようにする。

五枚の挿絵と題名を合わせて物語の内容を予想した後に本文を読む。初読前に物語の内容を予想したり、自分なりの想像を膨らませたりすることによって、読みの動機付けを図れるようにする。また、読む前に立てた自分の予想とくらべて考える場を設定することで、内容に対する関心を高められるようにする。（オ、カ）

■第一次・第1時

「物語を読んで、一番心に残ったところは？」（Which型課題）
初読を終えた後、挿絵をもとにしながら、物語を読んで一番心に残ったところがどこだった

教材分析

ている。そうした違いや、5歳という年齢であることなど、物語を読み進めていく上で必要な情報を共有する。

サ ダッシュ

あえてダッシュを用いることで、心の動きやゆれを表現し、余韻を残している。そうしたダッシュがもつ効果についても確認しておく必要があるだろう。

タ 省略表現

「ねまきのまんま（走った）。はだしで（走った）。半道もあるふもとの村まで（走った）。」というように、「走った」という言葉が省略し、一文を短くすることで、固唾を飲んで豆太を見守る語り手の心境が伝わってくる。

ケ 比喩

モチモチの木の擬人的な表現以外にも、そのものの特徴を、比喩を用いて表している箇所が数多くある。そうした比喩を用いた表現技法の効果や特徴についても、授業の中で触れられるようにしたい。

これも、年よりじさまの医者様は、豆太からわけを聞くと、

「おう、おう――[サ]。」

と言って、ねんねこばんてんに薬箱と豆太をおぶうと、真夜中のとうげ道を、えっちら、おっちら、じさまの小屋へ上ってきた。

とちゅうで、月が出てるのに、雪がふり始めた。この冬はじめての雪だ。豆太は、そいつをねんねこの中から見た。

そして、医者様のこしを、足でドンドンけとばした。じさまが、なんだか死んじまいそうな気がしたからな。

豆太は、小屋へ入るとき、もう一つふしぎなものを見た。

「モチモチの木に、灯がついている。」

けれど、医者様は、

「あ、ほんとだ。まるで、灯がついたようだ。だども、あれは、とちの木の後ろにちょうど月が出てきて、えだの間に星が光ってるんだ。そこに雪がふってるから、明かりがついたように見えるんだべ。」

と言って、小屋の中へ入ってしまった。だから、豆太は、その後は知らない。医者様のてつだい（なれしてて）をして、かまどにまきをくべたり、湯をわかしたりなんだり、いそがしかったからな。

弱虫でも、やさしけりゃ

でも、次の朝、はらいたがなおって元気になったじさまは、医者様の帰った後で、こう言った。

「おまえは、山の神様のお祭りを見たんだ。モチモチの木には、灯がついたんだ。おまえは、一人で、夜道を医者様よびに行けるほど、勇気のある子どもだったんだからな。自分で自分を弱虫だなんて思うな。人間、やさしささえあれば、やらなきゃならねえことは、きっとやるもんだ。それを見て、他人がびっくらするわけよ。は、は、は。」

[サ]――それでも、豆太は、じさまが元気になると、そのばんから、

「じさまぁ。」

と、しょんべんにじさまを起こしたとさ。

■第二次・第3時

豆太の「自分には無理だ」と思う気持ちが最も現れている箇所を考えられるようにする。

「自分には無理だ」と思う気持ちが最も強く表れている箇所を確認する中で、ダッシュを用いた会話文の特徴を考え、その効果を確認できるようにする。

（ウ、サ）

■第二次・第4時

「豆太の勇気を一番感じる一文は」（Which型課題）

場面4の中から、豆太の勇気を最も感じた一文を選び、交流することで、解釈の違いを議論の活性化につなげられるようにする。また、どうして豆太は勇気を出すことができたのかを考え、話し合う中で、豆太が勇気を出すきっかけが何だったのかについても確認する。

（ク）

■第二次・第5時

「豆太は変わったのか変わらなかったのか」（Which型課題）

この物語の中で豆太は変わったのか、変わらなかったのかを議論し、その変容の度合いを4段階で考える活動を行うことで、心情の変化を追いながら読むことが、物語を読んでいく上での大切な視点となることを確認する。

（キ）

指導内容

カ 中心人物

物語の中で大きく心情が変化する登場人物を中心人物と言い、本教材においては、それが「豆太」であることを押さえる。

キ 心情の変化

中心人物を追うに当たっては、「心情の変化」も合わせて確認しておく必要がある。「気持ち」ではなく、より専門的な「心情」という用語で押さえるようにしたい。

ク きっかけ

物語には、心情が大きく変化するきっかけとなる出来事が描かれている。本教材においては、それがじさまの腹痛である。大好きな人が死んでしまうかもしれないという恐怖心や、大切な人を助けなければならないという責任感が勇気を出すきっかけになっていることを確認する。

ケ 対人物

中心人物と合わせて、対人物という用語も確認しておく必要がある。本教材における対人物は「じさま」である。

コ 人物像

豆太のモチモチの木に対する態度は、昼と夜で大きく異なっ

て、じさまもおとうも見たんなら、自分も見たかったけど、こんな冬の真夜中に、モチモチの木を、それも、たった一人で見に出るなんて、とんでもねぇ話だ。ぶるぶるだ。

木のえだえだの細かいところにまで、みんな灯がともって、木が明るくぼうっとかがやいて、まるでそれは、ゆめみてえにきれいなんだそうだが、そして、豆太は、「昼間だったら、見てえなぁ――。」と、そっと思ったんだが、ぶるぶる、夜なんて考えただけでも、おしっこをもらしちまいそうだ――。

豆太は、はじめっからあきらめて、ふとんにもぐりこむと、じさまのたばこくさいむねん中に鼻をおしつけて、よいの口からねてしまった。

豆太は見た

豆太は、真夜中に、ひょっと目をさました。頭の上で、くまのうなり声が聞こえたからだ。

「じさまぁっ。」

むちゅうでじさまにしがみつこうとしたが、じさまはいない。

「ま、豆太、心配すんな。じさまは、じさまは、ちょっとはらがいてえだけだ。」

まくら元で、くまみたいに体を丸めてうなっていたのは、じさまだった。

「じさまっ。」

こわくて、びっくらして、豆太はじさまにとびついた。けれども、じさまは、ころりとたたみに転げると、歯を食いしばって、ますますすごくうなるだけだ。

「医者様をよばなくっちゃ。」

豆太は、小犬みたいに体を丸めて、表戸を体でふっとばして走りだした。

ねまきのまんま。はだしで。半道もあるふもとの村まで――。

外はすごい星で、月も出ていた。とうげの下りの坂道は、一面の真っ白い霜で、雪みたいだった。霜が足にかみついた。足からは血が出た。豆太は、なきなき走った。いたくて、寒くて、こわかったからなぁ。

でも、大すきなじさまの死んじまうほうが、もっとこわかったから、なきなきふもとの医者様へ走った。

指導のポイント

■第二次・第2時

昼の豆太と夜の豆太を比べて考えられるようにする。

挿絵を基に、昼と夜で異なっていることは何かを交流する中で、話し合いの矛先を豆太の様子が変わっていることへと焦点化していく。昼と夜でのモチモチの木に対する態度の変化をもとに、豆太の人物像を読み解いていく。（カ、コ）

■第二次・第2時

豆太の気持ちに寄り添い、同情することで、擬人的な表現が用いられていることを確認できるようにする。

あえて豆太の気持ちに同情することで、子どもの思考をゆさぶり、擬人的な表現技法が用いられていることを確認する。（エ）

■第二次・第3時

豆太の心の葛藤を数値化して表すようにする。

灯がともったモチモチの木を見たいと思う気持ちと、自分には無理だと思う気持ちが、それぞれどれぐらいなのかを表す活動を通して、叙述に根拠を求めながら考えられるように促す。（イ、ウ）

本時の展開　第一次　第１・２時

目標　予想を立ててから読んだり、一番心に残ったところがどこかを考えたりすることで、内容の大体をつかむことができる。

本時展開のポイント

自分の予想を立ててから物語を読むことで、内容に興味をもちながら読めるようにする。また、単元を通しての問題意識をもてるように促している。

個への配慮

ア挿絵を限定して考えるようにする

物語の内容を予想することが困難な場合は、どのような内容なのかをその子なりにイメージできるように、複数枚用意したものの中から、挿絵を一つに絞って考えるように声かけをする。

イ全５場面の中から一つを選ぶように促す

心に残ったところを選べない等、自分の感想をもつことが困難な場合、自分の考えをもつことができるように、全部で五つある場面のうちから一つを選んで理由を書くように促す。

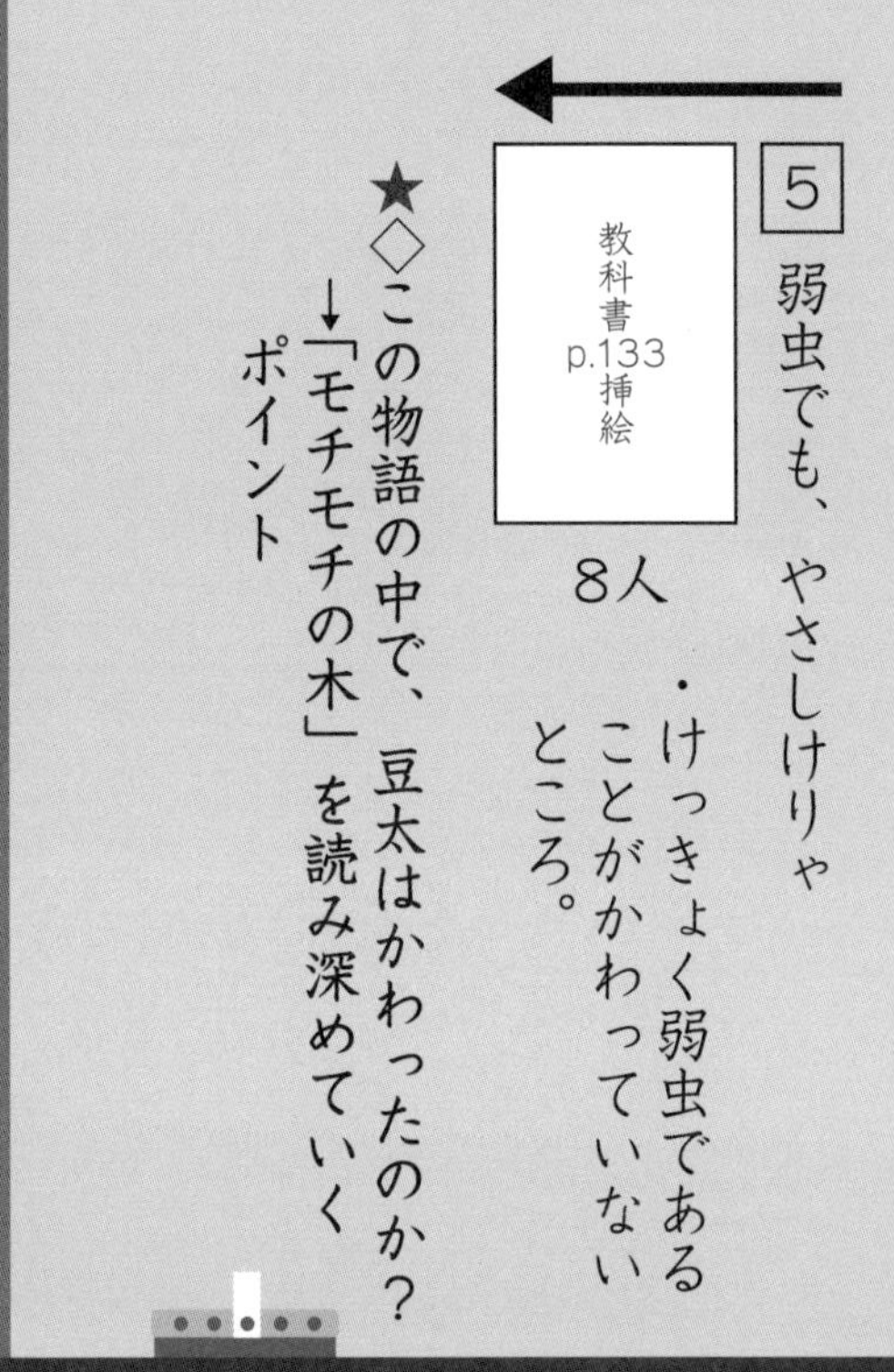

3　心に残ったところを感想としてまとめ、交流する

物語を読んで、一番心に残ったところはどこでしたか？　感想を書いて交流しましょう

豆太が勇気を出して医者様を呼びに行ったところです。なぜなら……

どこを選べばいいか分からないな

一番心に残ったところがどこだったかを感想としてまとめる際には、どうしてそこを選んだのかの理由をはっきりと書くように促す。書き出す前に場面分けを確認しておくとよい。　配慮イ

4　学習したことを整理し、単元を貫く問題意識をもたせる

この物語がどんなお話かを確認しました。次回から、豆太が変わったどうかを考えていこう

豆太は、結局変わっていないんじゃないかな

いや、豆太は、少しは変わったところがあるんじゃないかな

物語を読んで、つっこみたくなったところがあったかどうかを確認する中で、「豆太」は変わっていないのではないかという問いを引き出し、単元を貫く問題意識として設定できるようにする。

準備物 ・教科書に掲載されている挿絵

モチモチの木　斎藤　隆介

いちばん心にのこったところは？

1 おくびょう豆太

教科書 p.123 挿絵

3人

・豆太がすごくおくびょうなのに、じさまもお父もゆう気がある。

2 やい、木ぃ

教科書 p.124、125 挿絵

2人

・夜になるとこわがるのに、昼にはすごく強気になっているところ。

3 霜月二十日のばん

1人

・モチモチの木に灯がともるばんだと聞いて、こわがっているところ。

4 豆太は見た

教科書 p.128 挿絵

20人

・じさまのために、表戸をふっとばして医者様をよびにいくところ。

1

挿絵と題名から内容を予想する

挿絵と題名から内容を想像してみましょう。「モチモチの木」は、どんなお話だと思いますか？

挿絵を並べて、どのような登場人物が出てくるかを確認し、場面の様子を想像した上で、題名読みをし、物語の内容を想像する。初読前に予想する活動を行うことで、動機付けを図る。配慮ア

2

教師の範読を聞いた後、内容を振り返る

自分が予想していたこととくらべてみましょう。自分が立てた予想と同じところはあったかな？

題名読みをした段階で、自分の予想を立てておく。初読が終わった後は、自分が立てた予想とくらべて、同じところや違うところはあったかどうかを確認することで、内容に対する関心をもたせる。

本時の展開　第二次　第1時

目標 ダウト読みや欠かせない情報はどれかを確認する活動を通して、作品の設定をつかめるようにする。

［ 本時展開のポイント ］

ダウト読みを通して意欲を引き出した上で、Which型課題を投げかけることで、作品の設定について考える筋道をつくっている。

［ 個への配慮 ］

㋐ペアで話し合いながら確認する

センテンスカードのどこが間違っているかを把握することが困難な場合、間違っている箇所を確認できるように、ペアで話し合いながら確認する時間を設定する。全員起立し、ペアで間違っている箇所を確認できたら座るという流れで活動を行うことで、全員参加を促すことができる。

㋑物語の内容を想起するように促す

絶対に欠かせないカードがどれかを決めることが困難な場合、どの情報が欠かせないかを選択することができるように、話の内容を想起し、この物語を読む上で鍵となる情報がどれかを考えるように促す。

D じさまだって、七十八の今、まだ青おにを追っかけて、きもをひやすような岩から岩へのとびうつりだって、見事にやってのける。

6人

・じさま…六十四 青じしを追っかけることもできるぐらい元気。

★◇物語を読むときには、「作品の設定」をつかむことが大切。

3

登場人物として現れない父のことが書かれていないCは、なくてもよいかどうかを考える

実際に出てくる訳ではないおとうのことが書かれたCのカードはなくてもよさそうだね

しかけ（仮定する）

なくてもよいのではないかと、思考をゆさぶる発問をなげかけることで、どのカードにも、この物語を読む上での大切な情報が書かれていることを確認する。

4

学習したことをまとめ、作品の設定を押さえる

物語を読むときには、こうした「作品の設定」を確認することが大切です

四枚のカードから分かる情報を整理し、作品の設定を確認する。また、こうした情報を語っているのが誰かということを確認することで、「語り手」や「地の文」という学習用語も確認しておきたい。

設定を確認することが大事なんだ

「モチモチの木」はこういう設定になっているんだ

準備物 ・センテンスカード４枚（裏面に正しい表記で作成する。） 3-01～08

モチモチの木

斎藤 隆介

この物語を読む上で、はずせないじょうほうは？

「地の文」

「語り手」

A 全く、豆太ほどおくびょうなやつはいない。もう六つにもなったんだから、夜中に、一人でせっちんぐらいに行けたっていい。

18人

・豆太は五才の男の子
・一人でせっちんに行けない。

B 山の犬小屋に、自分とたった一人でくらしている豆太が、かわいそうで、かわいかったからだろう。

7人

・とうげのりょうし小屋に二人ぐらし。

C 豆太のおばあだって、くもと組みうちして、頭をぶっさかれて死んだほどのきもすけだった。

3人

・豆太のおとうはくまと組みうちして、死んでしまった。

1 ダウト読みを通して、一場面の叙述を確認する

それぞれのセンテンスカードでおかしいところはどこでしょう？

「六つ」じゃなくて「五つ」だよ！

どこが間違っているかよく分からないな……

しかけ（置き換える）

作品の設定に関わる叙述を間違った表記にし、指摘する活動を行うことで、学習に向かう意欲を引き出すとともに、指導のねらいにつながる学習の流れをつくる。配慮ア

2 四つのうち絶対に欠かせない情報が載っているカードはどれかを考える

四枚のカードの中で、このお話を読む上で絶対に必要な情報が書かれているのはどれだろう？

Aのカードだと思いました。なぜかと言うと……

どれを選んだらいいか迷うな……

Which型課題「一番○○なのは？」

作品の設定に関して書かれているカードの中から、外せない情報がどれかを選ぶ中で、物語の鍵を握る設定を考えられるようにする。配慮イ

本時の展開 第二次 第2時

目標 挿絵の比較や、昼と夜の豆太を対比する活動を通して、豆太の人物像をつかむことができる。

[本時展開のポイント]

挿絵の比較を通して、豆太の様子がどのように違っているのかを考えたり、動作化したりすることで豆太の人物像を的確につかめるようにしている。

[個への配慮]

ア叙述を基にしながら考えるように促す

夜と昼で豆太がどのように違っているのかを把握することが困難な場合、どのような違いがあるのかをつかめるように、第二場面に書かれている叙述を基にしながら考えるように促す。

イ動作化してイメージできるようにする。

豆太がこわがっている理由が何なのかを理解することが困難な子供がいる場合、モチモチの木にこわがる豆太の様子をイメージすることができるように、動作化して示すようにする。

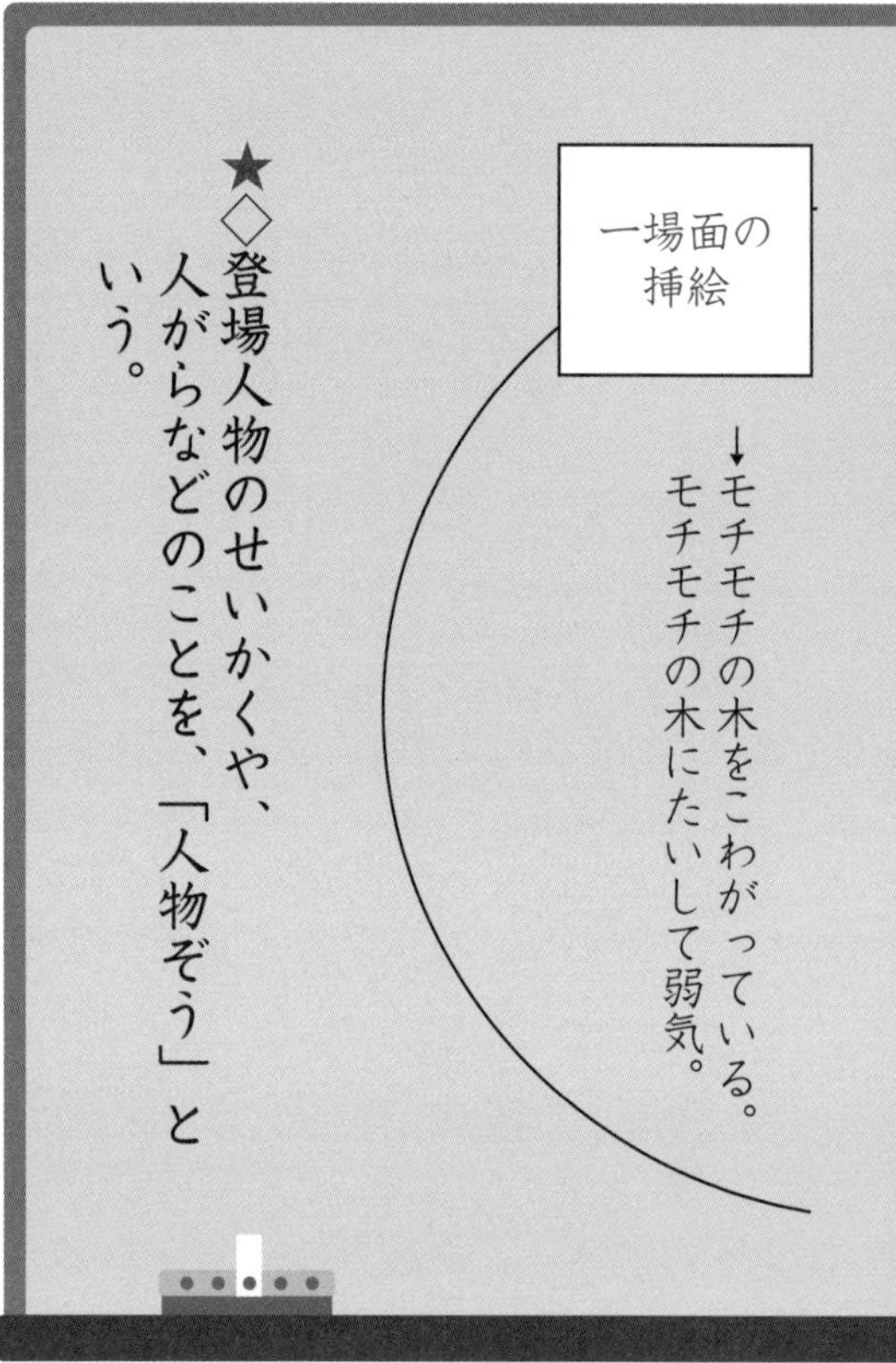

3

モチモチの木に対する豆太の見方が変わっていることを確認する

夜になるとモチモチの木が、お化けに変わってしまうから、こわがっても仕方ないよね

わざと「お化けに変わって……」と問いかけることで、豆太がこわがっているのは、豆太のモチモチの木に対する見方が変わっているからであることを確認し、擬人表現についても確認する。 配慮イ

4

学習したことを整理し、学習用語を押さえる

豆太がどんな子なのかが分かりましたね。登場人物の性格や人柄などを「人物像」と言います

豆太は、こういう人物なんだ

人物像を確認することって大切なんだな

挿絵の比較を通して確認した豆太の様子を整理した上で、用語として「人物像」を押さえる。前時に確認した作品の設定と併せて、物語を読む上での基本的な情報として大切であることを確認する。

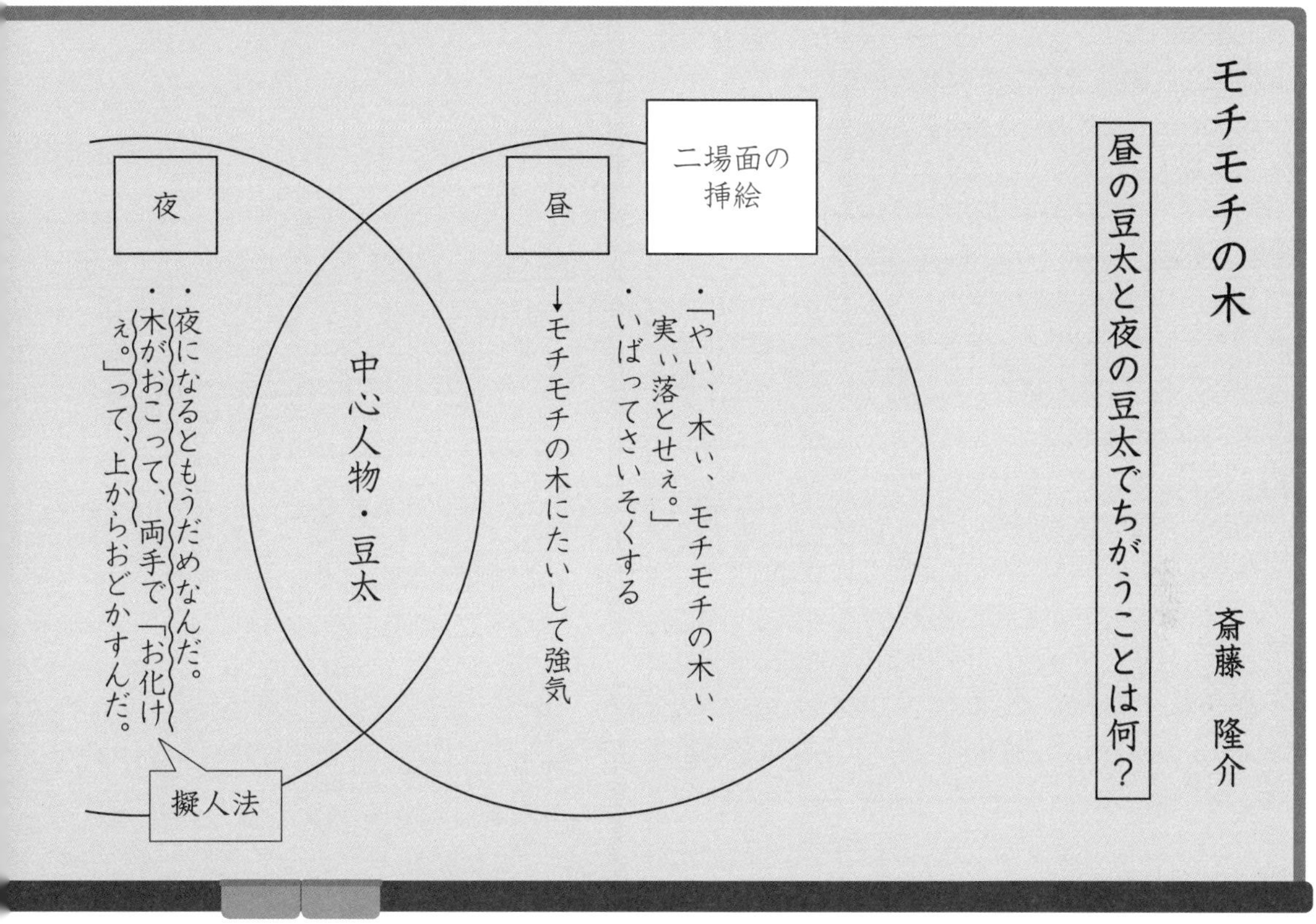

準備物 ・第一場面の挿絵と第二場面の挿絵

モチモチの木

斎藤隆介

昼の豆太と夜の豆太でちがうことは何？

二場面の挿絵

昼

・「やい、木ぃ、モチモチの木ぃ、実ぃ落とせぇ。」

・いばってさいそくする

→モチモチの木にたいして強気

中心人物・豆太

夜

・夜になるともうだめなんだ。

・木がおこって、両手で「お化けぇ。」って、上からおどかすんだ。

擬人法

1 挿絵をくらべて違っていることは何かを考える

二枚の挿絵をくらべたときに、違っていることは何でしょう？

豆太の様子が違います。昼の豆太は、なんか偉そう……

第一場面の挿絵と、第二場面の挿絵をくらべて、何が違っているかを考える中で、夜と昼で時間帯が異なっていること、豆太の様子が異なっていることを引き出せるようにする。

2 昼と夜の豆太の違いについて考える

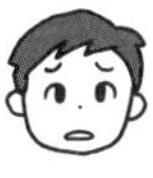

昼の豆太と夜の豆太をくらべたときに、違うことは何でしょう？

挿絵をくらべて考えるところから、豆太に焦点を絞って考える。夜の豆太と昼の豆太の違いを考える際に、どこにどのように書いてあるか、叙述に根拠を求めながら考えられるようにする。

配慮ア

本時の展開　第二次　第3時

目標　数値化して捉える活動を通して、豆太の複雑な心情を捉え、ダッシュの効果を理解することができる。

［本時展開のポイント］

豆太の中にある複雑な思いを数値化したり、ダッシュに焦点化して考えたりする活動を行うことで、豆太の心の葛藤を読み取れるようにしている。

［個への配慮］

㋐ヒントとなる叙述にサイドラインを引く

数値化するのが難しく、どのように考えればよいかをつかむことが困難な場合、自分の考えをもてるように、第三場面の中でヒントとなる叙述にサイドラインを引くことを促す。実態によっては、サイドラインを引く箇所を全体で確認してもよい。

㋑具体例を提示し、イメージをもてるように促す

ダッシュが付いている効果を理解することが困難な子供がいる場合、ダッシュにどのような効果があるのかを把握することができるように、具体例を提示してダッシュを用いた言葉のイメージをもてるようにする。

◎ダッシュがあることで…
・豆太の気持ちのモヤモヤを表すことができる。
・びみょうな心の中の様子を表すことができる。

★◇「ダッシュ」に、登場人物のふくざつな
気持ちが表れている。

3　ダッシュがなくても意味は伝わることを確認した上で、ダッシュの効果について考える

ダッシュがなくても豆太の言っていることは伝わるし、気持ちも分かるから、なくてもいいね

ダッシュがなくても、特に大きな問題はないことを強調した上で、なくてもよいのではないか？とゆさぶった後、ダッシュ付きで会話文が書かれている意味について考える。　配慮㋑

4　考えたことを整理し、学習用語を押さえる

豆太の複雑な気持ちを読み取りましたね。その複雑な気持ちと「ダッシュ」は、つながっているようですね

ダッシュが付いている意味について考えた後、見たいけれども自分には無理だと感じてしまう豆太の複雑な気持ちがあることを確認し、ダッシュの効果を押さえる。

準備物　・「それじゃぁ、おらは、とってもだめだ。」を記載したカード　3-09

モチモチの木　斎藤　隆介

見たい気持ちとむ理だと思う気持ちは、10のうち、それぞれどれぐらい？

見たい気持ち　　無理だと思う気持ち

3・7　おとうやじさまのようになりたいと思う気持ちも強いけど、自分にはむ理だと思う気持ちが強いから

1・9　夜なんて考えただけでも…→自分にはむ理だと思う気持ちが強いことが分かるから。

2・8　「昼間だったら…」→昼間だとしたら、見たいと思う気持ちがある。

×「それじゃぁ、おらは、とってもだめだ。」

1　三場面の音読後、豆太の葛藤について考える

豆太の中で、「灯がともったモチモチの木を見たい気持ち」と「自分には無理だと思う気持ち」は、それぞれどれぐらいあったと思う？

「灯が…」は3で、「自分には…」は7だと思います。理由は……
どうやって考えたらいいかよく分からないな……

10のうち、「灯がともった…気持ち」と「自分には…気持ち」が、豆太の中にそれぞれどれぐらいあったのかを数値化して考える。理由を考える際には、叙述に根拠を求められるように促す。配慮ア

2　自分には無理だと思う気持ちがはっきり表れている会話文がどれかを考える

豆太が「自分には無理だ」と思う気持ちが一番表れている会話文はどれでしょう

「―それじゃぁ…」だと思います。その後に「豆太は…」と書いてあるからです
会話文から選ぶとしたら、私もそう思います

豆太が無理だと思う気持ちが最も表れている会話文「―それじゃあ、おらは、とってもだめだ―。」を取り上げ、ダッシュがない状態のセンテンスカードを提示する。

本時の展開 

第二次　第4時

目標 前場面との違いを考える活動や、一文を選び出す活動を通して、中心人物の心情が変化するきっかけをつかむことができる。

[本時展開のポイント]

豆太の勇気を最も感じる一文がどれかを選ぶ活動を通して、叙述を基にしながら、無理なく自分の解釈がもてるようにしている。

[個への配慮]

ア前時を振り返り、豆太の様子を確認する

三場面の豆太と四場面の豆太の違いを考えることが困難な場合、豆太の様子にどのような違いがあるのかを考えられるようにするために、前時に学習したことを振り返り、三場面の豆太がどのような人物像で描かれていたのかを確認する。

イ自由に考えを交流する機会を設定する

豆太の勇気が一番表れている一文を選び出すことが困難な場合、自分の考えがもてるようにするために、個人で考える時間の途中で、自由に交流する機会を設定し、友達からヒントとなる考えを得られるようにする。

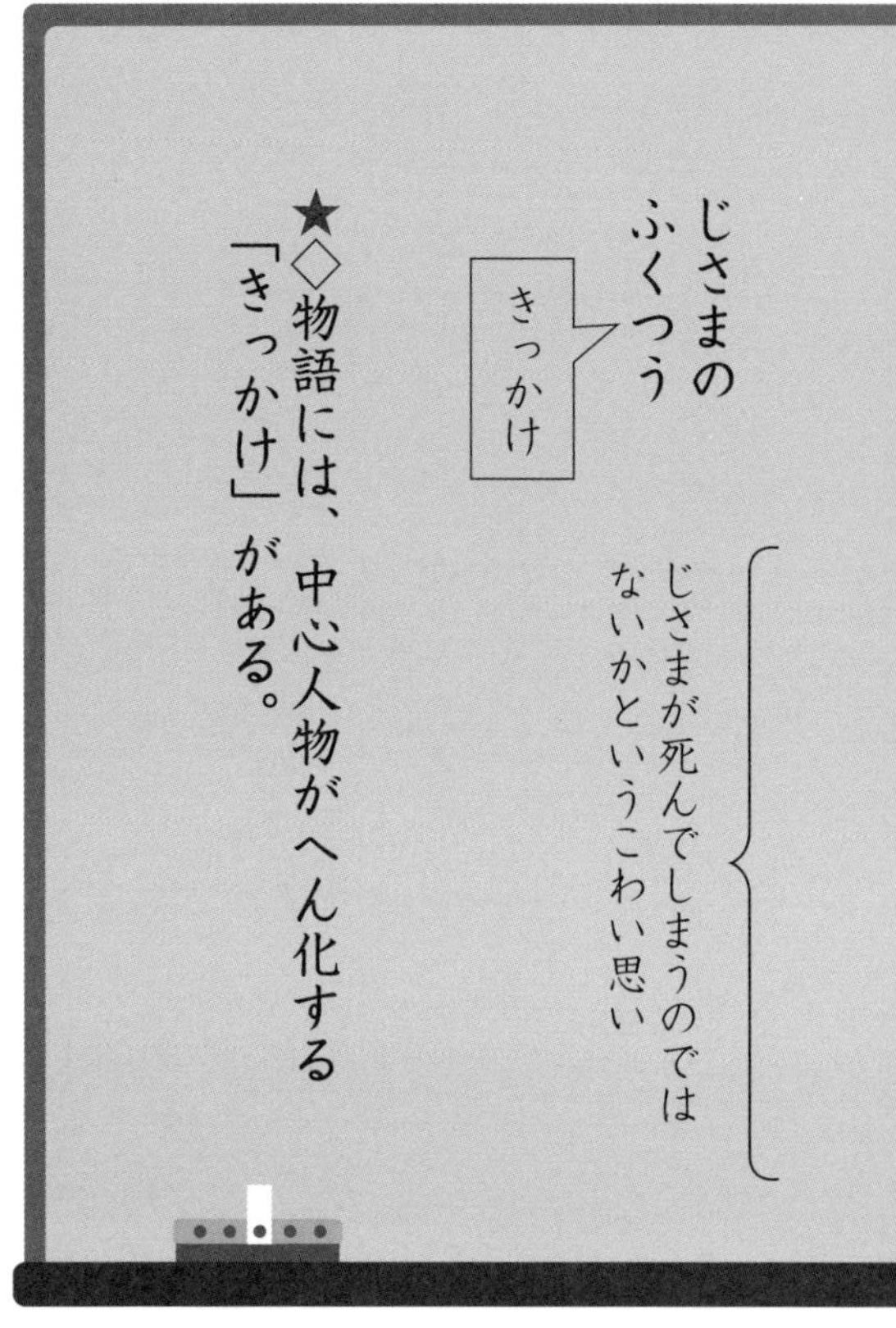

3 どうして豆太が勇気を出すことができたのかを考える

どうして豆太は、勇気を出すことができたのでしょう

大好きなじさまが、突然腹痛を起こしたからです

大切なじさまが死んでしまうと思ったからです

豆太が勇気を出すことができた理由を考え、交流する中で、大切なじさまが腹痛を起こしたことがきっかけとなり、失ってしまうかもしれないという恐怖感があったことを確認する。

4 考えたことを整理し、学習用語を押さえる

豆太が勇気を出すことができたのは、じさまが腹痛を起こしたことが「きっかけ」になっているんですね

豆太が勇気を出せたのは、じさまの腹痛があったからなんだ

「きっかけ」という言葉を覚えておこう

豆太が勇気を出すことができた原因がじさまの腹痛にあったことを確認した上で、物語には、中心人物の心情が大きく変化する「きっかけ」があることを確認し、読みの観点を一般化する。

・第四場面の挿絵カード２枚
（じさまに驚いている豆太・坂道を下る豆太）

モチモチの木　　斎藤　隆介

豆太の「ゆう気」をいちばん感じる一文は？

三場面の豆太

自分には、夜のモチモチの木を見ることができないと思っている。→おくびょう

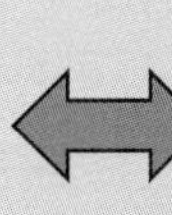

四場面の豆太

じさまを助けようとひっしになって医者様をよびに行っている。→ゆう気を出している

小犬みたいに体を丸めて、表戸をふっとばして走りだした。
→戸をふっとばすほどのいきおい
ゆう気を出してとった行動

ねまきのまんま。はだしで。
→じさまを助けなきゃという強い思い

豆太はなきなき走った。
→こわい気持ちをかかえながらも坂道をかけおりた。

じさまにおどろいている豆太の挿絵

坂道を下る豆太の挿絵

1 前時で確認した豆太と四場面の豆太では、どのような違いがあるかを考える

前回確認した豆太と、第四場面の豆太の違いは何だと思いますか？

前時で確認した第三場面の豆太と、第四場面の豆太の様子で、どのような違いがあるかを確認する。こわい気持ちを抱えつつも、豆太が勇気を出すことができた様子があることを押さえる。

配慮ア

2 豆太の「勇気」を一番感じる一文がどれかを考える

第四場面に書かれている文章の中で、豆太の「勇気」を一番感じる一文はどれでしょう？

私は、「豆太は、小犬みたいに……」を選びました。理由は……
一文が選べないなぁ……

Which型課題
「一番○○なのは？」
豆太の勇気を一番感じる一文がどれかを考える活動を通して、叙述を基に、自分の解釈をもち、活発に交流できる機会を設ける。

配慮イ

本時の展開　第二次　第５時

目標　中心人物・豆太の微妙な変化を追うことで、内容理解を深め、物語の読みの視点をもつことができる。

[本時展開のポイント]

豆太の変化がつかみづらいことを共有してから、４段階のスケーリングを用いた活動を行うことによって、豆太の微妙な変化を捉えられるようにする。

[個への配慮]

ア仮定して考えて根拠を挙げる

豆太が変化したかどうかを決めることが困難だという状況が予想されるため、どんなところで決めきれないかについての共通理解を図るために、変化したとすれば、何が根拠になるのか、変化していないとすれば、何が根拠になるのかを考えて共有できるようにする。

イ絶対にないと思う数値を選ぶように促す

豆太の変化の度合いを４段階で表すのが困難な場合、自分の意見を明確にもってから全体交流の場に臨めるように、逆に「絶対にない」と思う数値を選んで理由を考えるように促してもよい。

ネームプレートを貼る。

★◇豆太の人がらやせいかくなど、人物ぞうがかわったのではない。

→物語では、人物の変化をとらえていくことが大切

3　豆太の変化した度合いを四段階で表す

豆太がどれぐらい変化したか、自分の考えを四段階で表してみましょう

私は３の少し変わっただと思います。理由は……
どれを選んだらいいか分からないな

豆太の変化を四段階で考える。（４変わった→１変わっていない）考えを交流する中で、豆太が勇気を出すことはできたが、人柄が変わっている訳ではないことを確認する。配慮イ

4　考えたことを整理し、物語を振り返る

豆太は性格や人柄が変わった訳ではなく、じさまの腹痛をきっかけに、勇気を出すことができる子になったのかもしれませんね

確かに豆太は変わっているのかもしれないけど、行動は変わってないな
中心人物が変わるところに注目するといいのか

豆太は、ガラリと変わった訳ではないが、あかりの灯ったモチモチの木を見て、勇気を出せる子になったことを確認する。また、こうした中心人物の変化を追う視点を一般化できるようにしたい。

準備物　・ネームプレート

1

前時で学習したことを振り返り、豆太が変化する「きっかけ」があったことを確認する

前回は、じさまが腹痛を起こしたことが「きっかけ」になっていたことを確認しました

豆太が勇気を出して医者様を呼びに行けたのは、大切なじさまが死んでしまうかもしれないという状況があり、それが「きっかけ」になっていたことを確認し、本時の問題意識につなげる。

2

豆太は変わったかどうかについて考える

この物語の中で、豆太は変わったのかな？それとも、変わっていないのかな？

変わっていないと思うなぁ。結局また、夜中にじさまを起こしているから
変わったとも、変わっていないとも言える気がする……

Which型課題

「○○はA？　それとも…」

豆太は変化したかどうかを話し合う中で、どちらかはっきり選ぶことができないという考えを、全体の場で共有し、次の活動につなげる。配慮ア

本時の展開 第二次 第6時

目標 物語の面白さを考え、それを仮に設定した相手に伝わるように自分の言葉で表現できる。

[本時展開のポイント]

物語の面白さを自分の言葉で表現し、伝えられるように、伝える相手を意識しながら文章を書く場を設けている。

[個への配慮]

㋐ペア交流や自由交流で共有する場を設ける

物語の面白さを言葉に表し、共有することが困難な場合、どんなところに面白さがあったのかを考え、共有できるように、ペアでの交流や、離席して自由に話し合う交流の機会を設ける。

㋑モデル文を作成し、提示する

物語の面白さを表現することが困難な子供がいる場合は、何を・どのように書けばよいかが理解できるように、教師の方でモデル文を作成し、提示できるようにする。それでも困難な場合には、伝える相手を変えて、モデル文を書き直すように促してもよい。

【モデル文】

「モチモチの木」のおもしろいところは、中心人物の豆太が、勇気を出してじさまを助けて、灯がともったモチモチの木を見たのに、じさまが元気になると、そのばんから、夜中にしょんべんに行くために、じさまを起こしているところです。

3 物語の面白さを紹介する文章を考える

もしもこの物語の面白さを紹介するとしたら、誰に、どのように伝えますか？

よし！ 僕は二年生に向けて紹介する文章を書こう
どうやって書いたらいいか分からないな……

しかけ（選択肢をつくる）

物語の面白さを伝える相手を選択肢（A二年生／Bお家の人／C校長先生）の中から選び、「モチモチの木」の面白さを紹介する文章を書く。

配慮㋑

4 書いた文章を読み合い、共有する

では、書いた文章を読み合って、物語の面白さをどのように表現したかを共有しましょう

○○さんが書いた文章が、とても分かりやすかったです
自分が書いた文章と似ているところがたくさんありました

書いた文章を互いに読み合い、物語の面白さをどのように表現したかを共有する。本時の内容は、三次の表現活動につながるものであり、それを意識して交流するように呼びかける。

準備物 ・「モチモチの木」の面白さを紹介するモデル文 3-10

モチモチの木

斎藤 隆介

「モチモチの木」のおもしろさは？

【ストーリー】
・じさまを助ける豆太
・さい後はしょんべんにじさまを起こすところ

【登場人物】
・昼と夜の豆太のちがい
・じさまにあまえてばかりいる男の子が主人公

出てきた発言を項目別に分けて板書する。

◎この物語のおもしろさをつたえるとしたら？

A…二年生　B…お家の人　C…校長先生

1 これまでの授業を振り返り、学習した内容を想起する

これまで「モチモチの木」を読んで、どんなことを学習しましたか？

これまでの学習で考えたことを振り返り、学んだことを確認する。その際、一番心に残っている授業はどれだったか、「モチモチの木」の印象は変わったかどうかを聞いたりするのもよい。

「人物像」という言葉を学びました
物語を進めている「語り手」がいることも学習しました

2 物語の面白さを共有する

これまで色々な学習をしてきましたが、「モチモチの木」の物語としての面白さを挙げるとしたら、どんなところを挙げますか？

これまでの学習で話し合ってきたことを振り返りながら、「モチモチの木」の面白さについて考える。授業で確認したことに触れながら、全体で物語の面白さを共有できるようにする。 配慮ア

本時の展開 第三次 第1・2時

目標 自分が選んだ作品の内容を捉え、中心人物の変化を取り上げながら紹介文を書くことができる。

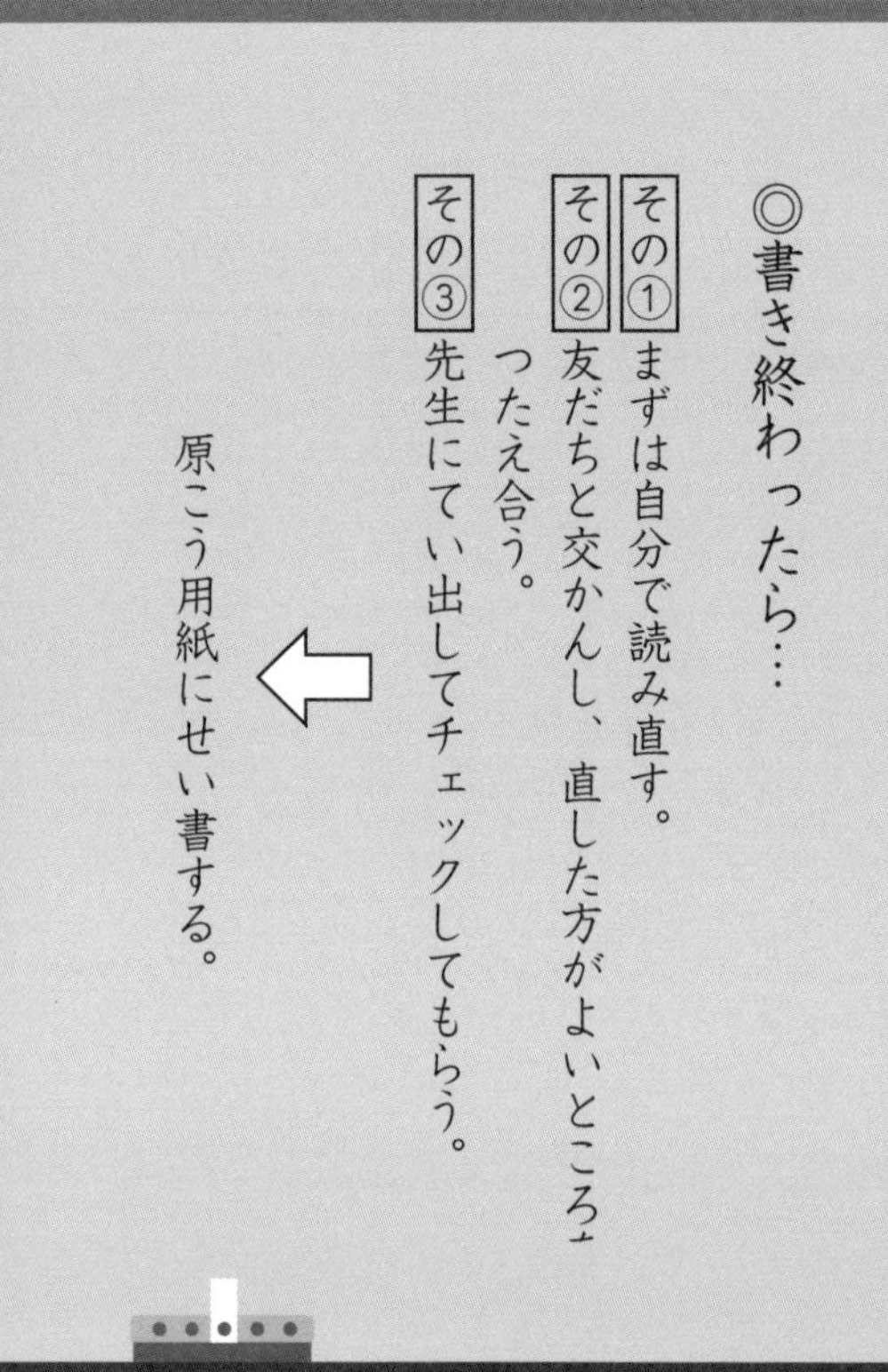

◎書き終わったら…
その① まずは自分で読み直す。
その② 友だちと交かんし、直した方がよいところ
つたえ合う。
その③ 先生にてい出してチェックしてもらう。
原こう用紙にせい書する。

[本時展開のポイント]

紹介文の書き方を確認することで、無理なく自分が選択した作品についての紹介文が書けるようにしている。

[個への配慮]

㋐モデル文を渡し、イメージできるようにする

紹介文の書き方が分からず、どう書けばよいのかで困っている子供がいる場合、完成イメージをもてるように、モデル文を渡すようにする。

㋑書いている途中で交流する機会を設ける

紹介文を書いている途中で、書く内容に困ったり、書き方が分からなくなったりしてしまう子供がいた場合には、書いている途中で交流する時間を設定し、友達からアドバイスをもらえるようにする。

3 読んだ作品を振り返り、書く活動に取り組む

自分が選んだ作品について、紹介文を書きましょう

「花さき山」は、やまんばに出会った「あや」が……

書いてるうちに、どうまとめたらいいか分からなくなった……

確認した書き方を基に、活動に取り組む。下書きの後、推敲を行い、清書する。推敲については、下書きが書けた子供から自分で推敲し、その後、友達と共有して、相互推敲を行う。 配慮㋑

4 書いた文章を読み合い、感想を伝え合う

では、書き上げた紹介文を読み合って、お互いに感想を伝え合いましょう

○○くんが書いた紹介文は、物語の内容が分かりやすかったです

○○さんが書いた紹介文は、中心人物の変化が、しっかり書けていました

書き上げた紹介文を互いに読み合う。その際、友達の文章のよいところはどこか、中心人物の変化を紹介できているかどうかなど、交流の視点をもちながら読むことを促す。

準備物
・紹介文の書き方を示したプリント 3-10
・斎藤隆介の顔写真

モチモチの木
斎藤 隆介

斎藤隆介さんの作品を読み、紹介文を書こう。

斎藤隆介

顔写真

【斎藤さんが書いた作品】
作品はあらかじめいくつかピックアップしておき、提示できるとよい。また、本単元の学習と同時並行で他作品を紹介し、並行読書できるように本をおくのもよい。

◎「紹介文」の書き方

「紹介文」の書き方
①はじめにどんな内ようかをせつ明する。
②中心人物が、何をきっかけに、どのようにかわったのかを書く。
③作品を読んで、「心にのこったこと」か「おもしろいと感じたこと」を書く。

1 斎藤隆介の作品の中から一つを選び、紹介文を書くことを確認する

「モチモチの木」の作者、斎藤隆介さんが書いた作品の中から一つを選んで、紹介文を書きます

ぼくは「花さき山」にしよう

私は「ソメコとオニ」にしよう！

「モチモチの木」を読み、中心人物の変化について考えたことを基に、斎藤隆介の他作品を読み、中心人物がどのように変化したのかに着目しながら紹介文を書くことを確認する。

2 紹介文の書き方を確認し、活動に取り組む

紹介文の書き方を確認します。紹介文は、中心人物がどのように変化したのかを取り上げながら書くようにしましょう

自分が選んだ作品についての紹介文は、こうやって書けばいいのか

どうやって書けばいいんだろう……

中心人物が誰で、どのように変化したのかを中心的な話題として取り上げながら書くことを確認する。その際、紹介文の書き方を提示し、完成した紹介文のイメージをもてるようにする。配慮ア

「言葉で遊ぼう」「こまを楽しむ」の授業デザイン

（光村図書３年上）

教材の特性

「言葉で遊ぼう」は、手軽に楽しめる言葉遊びのよさを感じ、言葉の面白さに気付くことができる教材である。「初め」に「問い」があることや、二つの問いの答えが「中」の各段落に書かれていることなど、基本的な文章構造への気付きを促す中で、「問い」や「段落」といった学習用語を確認するようにしたい。

終わり		中			初め	
5		4	3	2	1	
筆者の考え	事例のまとめ	事例3	事例2	事例1	問い2	問い1
		アナグラム	回文	しゃれ	どのような楽しみ方をするのでしょうか。	言葉遊びには、ほかにどのようなものがあるのでしょうか。

「こまを楽しむ」は、身近なものから、珍しいものまで、6種類のこまとその楽しみ方を紹介している説明文である。「中」の各段落の一文目が「中心文」になっていることや、六つの事例が前半と後半で分類されていることなどの特性を生かして、子供たちが文章の「書かれ方」のよさを実感するような学習活動を設定したい。

終わり	中						初め	
8	7	6	5	4	3	2	1	
事例のまとめ 筆者の主張	事例6	事例5	事例4	事例3	事例2	事例1	問い2	問い1
	回し方			回る様子			どんな楽しみ方ができるのでしょう。	どんなこまがあるのでしょう。
	ずぐり	曲ごま	たたきごま	さか立ちごま	鳴りごま	色がわりごま		

身に付けさせたい力

・段落の役割や中心的な語や文を捉える力
・「初め・中・終わり」の文章構成や筆者の考えと事例との関係を捉える力

授業づくりの工夫

焦点化

○１時間の授業における指導内容を明確化する。
○ Which 型課題やしかけによる分かりやすい学習活動を設定する。

視覚化

○事例の写真を黒板に掲示することで、順序性などが視覚的に捉えられるようにする。

共有化

○ Which 型課題に対する子供の立場や考えを、ネームプレートを貼ったり、人数を板書したりすることで可視化して共有する。

単元目標・評価規準

段落の役割について理解し、考えとそれを支える事例との関係について叙述を基に捉えるとともに、文章を読んで考えたことを伝え合うことができる。

知識・技能

○具体例を示すという段落の役割や、文章全体や段落の中心となる言葉や文があることについて理解している。

(1)カ、(2)ア

思考・判断・表現

○「読むこと」において、段落相互の関係に着目し、考えとそれを支える事例との関係を、叙述を基に捉えている。

C(1)ア

主体的に学習に取り組む態度

○説明の工夫を叙述から進んで捉え、読んで考えたことを伝え合おうとしている。

単元計画（全7時間）

次	時	学習活動	指導上の留意点
一	1	**言葉遊びやこまについて、知っていることを交流しよう！**	
		○「言葉で遊ぼう」を通読し、「段落」について知る。	・しりとりや早口言葉を実際にやってみるなどして、興味・関心を引き出す。
	2	○「問い」と「答え」に着目して、各段落の内容を読む。	・教科書に線を引きながら、「問い」と「答え」の関係を捉え、内容を整理する。
二	1	**説明のいいところを話し合おう**	
		○「こまを楽しむ」を通読し、二つの「問い」を捉え、「初め」「中」「終わり」の文章構成を確認する。	・「問い」と「全体のまとめ」の段落を手がかりに、「初め」「中」「終わり」の構成が捉えられるようにする。
	2	○「中」を、「問い」の「答え」に着目して読み、中心となる言葉や文を確かめ、整理する。	・答え①には赤、答え②には青のように、色分けをして教科書に線を引くことで、中心文の位置への気付きを促す。
	3	○「終わり」は、「初め」「中」のことをどのようにまとめているか考える。	・「初め」「中」の内容と、「終わり」の内容とが対応していることを確認する。
三	1	○六つのこまの中から、一番遊んでみたいこまを選び、理由と合わせてノートにまとめる。	・P57 の例の「こまのしゅるい」「楽しみ方」「えらんだ理由」という観点を参考に、考えをまとめる活動を設定する。
	2	**一番遊んでみたいこまについて話し合おう**	
		○一番遊んでみたいこまについて、交流し、共通点や相違点など、考えたことをまとめる。	・グループで交流する活動を設定し、選んだこまや、理由など、感想には違いがあることへの気付きを促す。

＊なお、本単元は、光村図書の学習指導書では、8時間扱いとなっています。

✓ 教材分析

ぼう」は3事例だったのに対し、本教材では倍の6事例となっている。これにより、文章全体も長くなっている訳だが、構成は同じであり、把握することは難しくない。

オ　段落相互の関係

8段落の叙述を基に考えると、3段落の「鳴りごま」、4段落の「さか立ちごま」は、「回る様子」を楽しむこまであり、5段落の「たたきごま」、6段落の「曲ごま」、7段落の「ずぐり」は、「回し方」を楽しむこまであると解釈することができる。

(段落の「色がわりごま」、2段落 ...)

■中■

の動きを楽しむこまです。このこまは、ボールのような丸いどうをしています。指で心ぼうをつまんで、いきおいよく回すと、はじめはふつうに回るのですが、回っていくうちに、だんだんかたむいていきます。そして、さいごは、さかさまにおき上がって回ります。

5ウ たたきごまは、たたいて回しつづけることを楽しむこまです。このこまのどうは、細長い形をしています。手やひもを使って回した後、どうの下のぶぶんをむちでたたいて、かいてんをくわえます。止まらないように、上手にたたいて力をつたえることで、長く回して楽しみます。

6ウ 曲ごまは、曲芸で使われ、おどろくような所で回して、見る人を楽しませるこまです。曲ごまは、心ぼうが鉄でできていて、広く平らなどうをしています。ほかのこまとくらべ、安定したつくりになっているので、あまりゆれることがありません。台の上で手を使って回し、そこから細い糸の上や、ぼうの先のような回しにくい所へうつしかえて回しつづけます。

7ウ ずぐりは、雪の上で回して楽しむこまです。ふつうのこまは、心ぼうが細いので、雪の上で回すことはできません。いっぽう、ずぐりは、雪の上で回して遊ぶことができるように、心ぼうの先が太く、丸く作られています。まず、雪に小さなくぼみを作り、わらでできたなわを使って、その中になげ入れて回します。雪がふってもこまを回したいという人々の思いから、ずぐりは長く親しまれてきました。

■終わり■

8 このように、日本には、さまざまなしゅるいのこまがあります。それぞれ色も形もちがいますが、じくを中心にバランスをとりながら回るというつくりは同じです。人々は、このつくりにくふうをくわえ、回る様子や回し方でさまざまな楽しみ方のできるこまをたくさん生み出してきたのです。

回り方を楽しむこま

■第二次・第3時

「もしも、形が似ているこまを、隣同士で説明するようにしたら？」

（しかけ「仮定する」）

事例の順序を仮定し、ゆさぶることを通して、事例の順序性への関心を引き出したい。その上で、「回る様子」と「回し方」の二つに分けて説明されていることへの気付きを促し、「中」の事例の在り方と「終わり」のまとめにおける対応関係を整理する。

（オ）

■第三次・第1時

「六つのこまの中で、いちばん遊んでみたいものは、どれですか」

（Which型課題）

一番遊んでみたいこまについて、文章を読んで理解したことを基に、理由をまとめる。

◆教材分析のポイント　その①【中心文の位置】

[2]～[7]段落は全て、第一文が中心文となっている。つまり、[1]段落で示された二つの「問い」に対して、[2]～[7]段落のそれぞれの第一文において「答え」が二つ示されているのである。

このように、各段落の第一文において中心的な内容を示す書き方は、「パラグラフ・ライティング」と呼ばれ、論理的な文章を書く際の基本とされる技法である。

指導内容

ア　初め・中・終わり

「問い」がある[1]段落が「初め」、「答え」が書かれている[2]～[7]段落が「中」、「全体のまとめ」が書かれている[8]段落が「終わり」である。

イ　問い①　問い②

「言葉で遊ぼう」と同様に、文章全体に関係する二つの「問い」が、「初め」の段落で示されている。

ウ　中心文

[2]から[7]段落の第一文が中心文となっている。二文目以降には、「こまのつくり」や「回る様子／回し方」が書かれている。

エ　事例

「言葉で遊ぼう」とくらべ、事例の数が増えている。「言葉で遊

◆教材分析のポイント　その②【段落相互の関係】

[8]段落の「回る様子や回し方でさまざまな楽しみ方のできるこまをたくさん生み出してきたのです」という叙述から、六つの事例が二つに分類されて示されていると解釈できる（前半の三つが「回る様子を楽しむこま」、後半の三つが「回し方を楽しむこま」）。「全体のまとめ」で書かれている内容が、「中」の事例の部分ときちんと対応しているということを指導するのに適した教材だと言えよう。

初め

こまを楽しむ　　安藤　正樹

[1]こまを回して遊ぶことは、昔から世界中で行われてきました。長い間、広く親しまれるうちに、こまには、さまざまなくふうがつみかさねられてきました。そうして、たくさんのこまが生み出されてきました。日本は、世界でいちばんこまのしゅるいが多い国だといわれています。[イ①]では、どんなこまがあるのでしょう。[イ②]また、どんな楽しみ方ができるのでしょう。

[2][ウ]色がわりごまは、回っているときの色を楽しむこまです。こまの表面には、もようがえがかれています。ひねって回すと、もように使われている色がまざり合い、元の色とちがう色にかわるのがとくちょうです。同じこまでも、回すはやさによって、見える色がかわってきます。

[3][ウ]鳴りごまは、回っているときの音を楽しむこまです。こまのどうは大きく、中がくうどうになっていて、どうの横には、細長いあなが空いています。ひもを引っぱって回すと、あなから風が入りこんで、ボーッという音が鳴ります。その音から、うなりごまともよばれています。

[4][ウ]さか立ちごまは、とちゅうから回り方がかわり、そ

回す様子を楽しむこま

指導のポイント

■第一次・第1時

「言葉で遊ぼうは、初め・中・終わりに分けられていましたが、こまを楽しむは分けられていません。筆者の安藤さんに、問い合わせてみましょうか？」

「言葉で遊ぼう」で学習した分け方を生かして挑戦してみたいという子供の意欲を引き出す。（ア、イ）

■第二次・第2時

「二文目から後は「中心」ではないので、いらないのではないですか？」

（しかけ「仮定する」）

二文目以降はいらないのではないかとゆさぶることで、その役割を意欲的に考えられるようにする。（イ、ウ、エ）

本時の展開 第一次 第1時

目標 単元の目標や学習計画を知り、自分の知っていることを伝え合いながら、進んで本文を読み、「段落」の意味と役割を理解することができる。

［本時展開のポイント］

ほかの具体例を本文に加えると仮定して考える活動を通して、「段落」という用語の意味だけでなく、役割についても実感的に理解することができるようにする。

［個への配慮］

ア考える内容を焦点化する

「しゃれ」「回文」「アナグラム」の例を一度に考えるのが困難な場合、一つずつ確実に考えられるように、「知っている『しゃれ』はあるかな？」と、考える内容を焦点化して示すようにする。

イ考える筋道を示す

どの段落に加えるべきものなのかを考えるのが困難な場合、スモールステップで考えを形成することができるように、「①まず、どの言葉遊びの仲間かを考える。②次に、その言葉遊びについて書かれている段落を探す」という考える筋道を示すようにする。

○くわえるとしたら、どのだん落？
A、Cは「しゃれ」→②だん落
B、Dは「回文」→③だん落
Eは「アナグラム」→④だん落

★◎一つの「段落」には、
ひとまとまりの内ようが書かれている。

学習用語である「段落」について、板書できちんと示しながら押さえる。

3 どの段落に加えるべき事例かを話し合う

もしも、「アルミ缶の上にあるミカン」などを本文に加えるとしたらどの段落に加えるべきでしょう？

しかけ（仮定する）

子供から挙げられた具体例を本文に加えるとしたら、それぞれどの段落に入るかについて考える活動を通して、「段落」の役割を押さえる。

配慮イ

4 段落の役割を確認する

一つの段落にはひとまとまりの内容が書かれていますね

2段落は「しゃれ」、3段落は「回文」、4段落は「アナグラム」のように、「中」の各段落が、それぞれ一つの事柄ごとに書かれていることを確かめることで、「段落」の役割を実感できるようにする。

準備物 ・短冊 4-01～05

○言葉遊び
・しりとり　・早口言葉
○こま遊び
・ひもで回すこま…お正月

「たん元のめあて」
だん落とその中心をとらえて読み、かんそうをつたえ合おう。

◎「だん落」…文章を組み立てているひとまとまり。

言葉で遊ぼう　小野恭靖

○ほかに知っているれいは？
A アルミかんの上にあるみかん
B トマト
C ねこがねこんだ
D やおや
E ルビーとビール

児童から挙げられた具体例は、短冊などに書き、黒板上で移動できるようにするのもよい。

1 知っていることについて交流する

どんな言葉遊びをしたことがありますか？こまで遊んだことはありますか？

言葉遊びやこま遊びの経験を引き出す。言葉遊びやこまについて知っていることを発表し合うことを通して、二つの文章の説明内容に対する興味・関心を高める。その上で、単元の目標と「段落」の用語を確認する。

2 本文を通読し、紹介されているもの以外の具体例を出し合う

教科書に書かれているもの以外で、知っている例はありますか？

アルミ缶の上にあるミカン、八百屋、トマトなどがあります
例って言われても、何のことかよく分からないな……

できるだけ多くの具体例を出し合うとともに、実際に声に出して読み合ってみる活動を通して、言葉遊びの楽しさを実感させることで、学習への意欲を高めるようにする。配慮ア

✓ 本時の展開 第一次 第2時

目標 「問い」と「答え」に着目することで、「初め」「中」「終わり」の文章構成が捉えられることを理解し、学習を振り返り交流することができる。

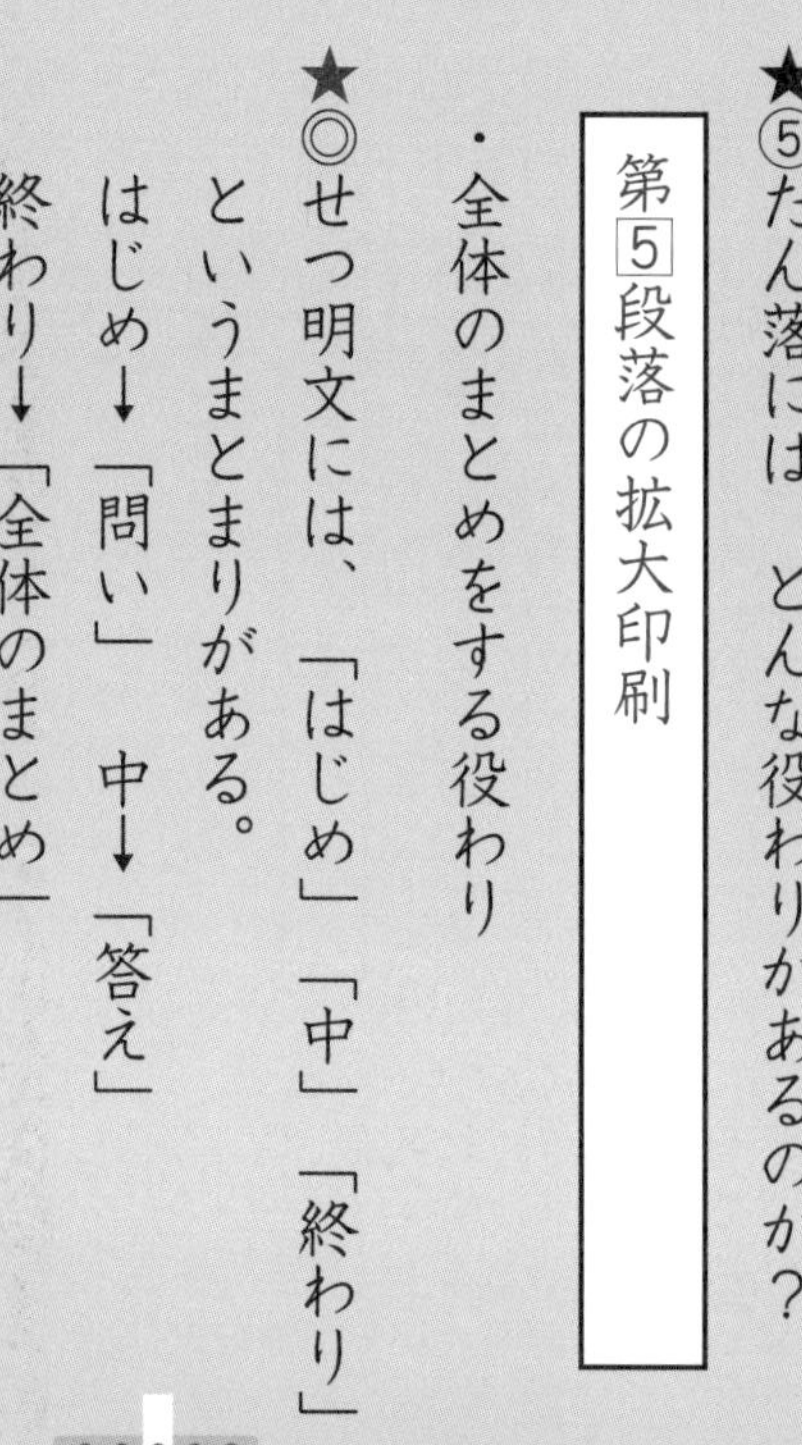

[本時展開のポイント]

授業前半において、教科書に引かれているサイドラインを参考に「問い」や「答え」について確認した上で、授業後半は、前半の学びを生かして学習を進めている。

[個への配慮]

ア考える内容を焦点化する

「答え」の部分に線を引くことが困難な場合、「遊びの名称」と「その遊びの楽しさ」に線を引けばいいことが理解できるように、どんな遊びが書かれていたか口頭で問いかけたり、「楽しさ」と書かれている文を探すように伝えたりする。

イ考えをゆさぶる発問を視覚化する

「5段落は必要ないのではないか」という考えをゆさぶる発問の意味を理解するのが困難な場合、「仮に5段落がなかったらどうか？」という意味であることが視覚的に理解できるように、5段落の拡大コピーを黒板から外す。

3 第5段落はどんなまとまりかについて話し合う

5段落は、「答え」が書かれていないので、必要ないのではないですか

言葉遊びのよさがまとめられています

必要ないって、どういうことかな？

しかけ（仮定する）

「答え」が書かれていない5段落は必要ないのではないかとゆさぶり、その必要性について考える活動を通して、「全体のまとめ」をする5段落の役割を確認する。 配慮イ

4 「初め」「中」「終わり」の文章構成を確認する

説明文は、「段落」のほかに、「初め・中・終わり」というまとまりに分けることができます

「初め」は、「問い」が書かれている部分だね

「中」には「答え」、「終わり」には「まとめ」があるね

説明文では、「段落」の他に「初め」「中」「終わり」という、大きなまとまりがあること、また、「問い」と「答え」に着目すると、「初め」「中」「終わり」という文章の組み立てが分かることを確認する。

準備物　・教科書本文の拡大コピー

言葉で遊ぼう

小野　恭靖

「問い」と「答え」は、どこ？

○二つの問い→①だん落

①言葉遊びには、ほかに
どのようなものがあるのでしょうか。

②どのような楽しさがあるの
でしょうか。

○「問い」の「答え」を見つけよう

教科書の拡大印刷を掲示し、
答えの部分にサイドラインを引く。

第2段落

第3段落

第4段落

ノートやワークシートに整理する表と同じものを黒板にも掲示するようにする。

○答え→②、③、④だん落

1 第1段落と第5段落に着目する

前の時間に話し合っていない1段落と5段落は、どんなまとまりなんだろう？

2段落は「しゃれ」、3段落は「回文」、4段落は「アナグラム」のまとまりでした

1段落と、5段落には、何が書かれているのかな？

2～4段落がそれぞれひとまとまりの内容になっていたことを確認する。その上で、前時に扱っていない1段落と5段落に着目を促すことで、自然な流れで本時のめあてを設定するようにしたい。

2 「問い」と「答え」の関係を捉える

1段落には、何が書かれていますか？
3、4段落の「答え」に線を引きましょう

1段落は、「問い」が書かれている段落なんだね

3、4段落の、どの部分に線を引けばいいのかな……

まず、1段落は、「問い」が書かれている段落であることを確認する。その上で、2段落における「答え」の部分に引かれている線を参考に、3、4段落についても「答え」に線を引くよう促す。

配慮ア

本時の展開　第二次　第1時

目標　「問い」と「答え」、「全体のまとめ」に着目して、「初め」「中」「終わり」のまとまりを捉えることができる。

・こまの名前が書かれている
・楽しみ方も書かれている
★「中」は②から⑦だん落
○まとめ→⑧だん落
・「このように」と書かれている
★「おわり」は⑧だん落
★◎問いと答え、全体のまとめをさがせば、「はじめ」「中」「おわり」が分かる。

[本時展開のポイント]

「言葉で遊ぼう」における学習内容を生かし、「問い」や「答え」、「全体のまとめ」を子供たち自身が見いだすことができるようにしている。

[個への配慮]

ア段落の数を事前に伝える

「段落」に正しく番号を振ることが困難な場合、見落としや段落を飛ばしてしまうのを防ぐために、一字下がっている部分を指で押さえながら番号を振るように伝えたり、段落が全部でいくつあるかを先に伝えておいたりする。

イ文末表現に着目を促す

「問い」の文を探すのが困難な場合、手がかりにすることができるように、「問い」の文の文末表現を伝える。「問い」の文は、「〜でしょう」や「〜でしょうか」の文末であることが多い。「言葉で遊ぼう」の「問い」の文を、一度振り返ってみてもよい。

3 「初め」を決めるために、「問い」を確認する

まず、「初め」の部分を決めるために、何を探したらよいでしょうか？

「初め」は、「問い」が書かれている部分だね

「問い」って、どうやって探したらいいのかな？

「学習の手引き」の文章の組み立ての表を参考に、「初め」「中」「終わり」のそれぞれのまとまりに、何が書かれているか確認する。

配慮イ

4 「中」と「終わり」のまとまりに分ける

「中」と「終わり」は、何を目印に分けたらよいのでしょうか？

「こま」が出てくるのは2から7段落だね

「中」には「答え」、「終わり」には「まとめ」があるね

「中」は「答え」、「終わり」は「全体のまとめ」が書かれている部分であることを確認する。「こま」が出てくるのが7段落までであることや、8段落の「このように」という言葉への着目を促したい。

準備物 特になし

こまを楽しむ

安藤　正樹

この文章の「はじめ」「中」「おわり」は？

○言葉で遊ぼうで勉強したこと
・だん落
・「はじめ」「中」「おわり」

○こまを楽しむ
「はじめ」「中」「おわり」が教科書に書かれていない。→筆者にきく？
　自分たちで分けられる！

○二つの問い→①だん落
①　どんなこまがあるのでしょう。
②　どんな楽しみ方ができるのでしょう。
★「はじめ」は、①だん落
○答え→②から⑦だん落

1

「言葉で遊ぼう」の学習を想起する

「初め・中・終わり」が書かれていませんね。筆者の安藤さんに、問い合わせてみましょうか？

「言葉で遊ぼう」は、「初め」「中」「終わり」が示されていたが、本教材は示されていない。そのことに気付かせた上で、前時までの学習を生かして挑戦してみたいという子供の意欲を引き出したい。

2

「こまを楽しむ」を通読する

音読したら段落の最初に番号を付けましょう

範読や付録CDを聞かせた後、音読を行う。段落の番号は、自分で振った後で、ペアや全体で確認するようにしたい。

配慮ア

本時の展開 

第二次 第2時

目標 「問い」に対する「答え」がどこに書かれているかを読み取り、段落の中心となる言葉や文を確かめ、整理することができる。

[本時展開のポイント]

「答え」が書かれている部分で立って音読をする「考える音読」によって、全員が「答え」を見付けやすくなり、さらに各段落の一文目に「答え」があることへの気付きも促される。

[個への配慮]

ア各段落の一文目への着目を促す

2から7の各段落から「答え」の部分を見いだすことが困難な場合、着目する部分を限定して「答え」を探しやすくするために、どの段落も、第一文に「答え」が書かれていることを伝えるようにする。

イ書かれているよさを問う

「中心」以外の部分の役割を考えるのが困難な場合、どのような役割があるのかを解釈することができるように、第二文以降があることのよさを考えるように促す。

※「こまを楽しむ」では、「答え」は、
各だん落の一文目に書かれている。
○二文目から後は、ひつようか？
どんな役わりがあるのか。
・回る様子や回す方ほうなど、くわしい
せつ明が書かれている。

3 各段落の二文目以降の役割について考える

二文目から後は「中心」ではないので、いらないのではないですか。どんな役割があるのでしょうか

つくりや回る様子、回し方などが書かれているので必要です

「中心」以外は、確かに必要ないかもしれないな……

「問い」に対する「答え」が、文章全体や段落の「中心」であることを確認する。その上で、「中心」ではない各段落の二文目以降は必要ないのではないかとゆさぶり、二文目以降の役割に着目を促す。 配慮イ

4 本時の学習を振り返る

「中」の段落には、どのようなことが書かれていましたか？

「中」のどの段落も、同じような書かれ方になっているね

各段落の二文目以降があると、こまのことが詳しく分かるね

「中」では、「問い」の「答え」が各段落の一文目で示された後、「こまのつくり」や「回る様子」、「回し方」が書かれていたことを整理する。

準備物 ・表の拡大コピー

こまを楽しむ　安藤　正樹

「中」をくわしく読んで、「問い」にたいする「答え」を見つけよう。

○二つの問い
① どんなこまがあるのでしょう。
② どんな楽しみ方ができるのでしょう。

前時の振り返りとして、二つの「問い」を板書しておくことで、常に「問い」を確かめられるようにする。

○「問い」の「答え」をまとめよう

P56下段「ノートのれい」のような表に、段落・問い①の答え・問い②の答えを整理する。

ノートやワークシートに整理する表と同じものを黒板にも掲示するようにする。

◎文章全体やだん落の「中心」
「問い」に対する「答え」のこと

1 「問い」の文を確認する

「問い」が二つありましたね。ということは、「答え」も二つあるのでしょうか？

「言葉で遊ぼう」と同様に、本教材にも「問い」の文が二つあることを確認するとともに、本時では、二つの「問い」に対応する「答え」を確かめるという見通しをもつことができるようにする。

2 「答え」を探しながら、「中」を音読する

2段落の「答え」に当たる部分はどこですか？「答え」の部分だけ立って読む音読をしましょう

考える音読

2段落の「答え」を丁寧に確かめ、3から7段落については、「答え」が書かれている部分は立って読み、それ以外の部分では座って読む「考える音読」を取り入れる。配慮ア

✓ 本時の展開 第二次 第3時

目標 事例の順序について話し合う活動を通して、事例の配列と「全体のまとめ」の対応関係に気付き、自分なりに読み取った筆者の意図について、書くことができる。

[本時展開のポイント]

本文だけでなく写真、生活経験で得た知識などを根拠にしながら、自分なりに考えることができる Which 型課題を設定し、全員参加を促している。

[個への配慮]

ア言葉を言い換える

「特にいいと思った一文」を選ぶことが困難な場合、自分なりに選ぶことができるように、「なるほどと思った文はどれかな？」「大事だと思う文はどれかな？」のように、言い換えて伝える。

イ写真カードを手元で一緒に操作し、説明を補う

考えをゆさぶる発問の意味を捉えるのが困難な場合、「順序を入れ替える」ということの意味が理解できるように、写真を黒板上で教師が操作するだけでなく、手元で一緒に写真カードの操作を行ったり、「もしも、この順番で説明されていたら？ということを先生は言っているのですよ」と、説明を補ったりする。

おわり

何文目のまとめ方がいい？

一文目を掲示する

二文目を掲示する

三文目を掲示する

★◎「おわり」に書かれていることは、「はじめ」「中」と合っている。

3 こまの写真を移動させ、事例の配置に目を向ける

色も形も違うけれど、形が似ているものは、できるだけ隣同士で説明した方がいいよね？

しかけ（仮定する）

「形」が似ているこまもあることを確認した上で発問し、こまの写真を移動して視覚的にゆさぶる（色がわりごまの次に曲ごま、鳴りごまの次にたたきごまを移動）。イ

4 筆者の説明の工夫を整理し、学習を振り返る

どうやら筆者の安藤さんは、六つのこまを、前半と後半で二つの仲間に分けているようなのです

「回る様子」と「回し方」で分けたんだね

前半と後半のこまの違いや、第8段落の「回る様子や回し方」という表現を基に、前半三つが「回る様子」、後半三つが「回し方」を楽しむこまになっていることへの気付きを促す。

準備物
・「はじめ」と「おわり」の拡大コピー
・こまの写真６枚（デジタル教科書で印刷可能）

こまを楽しむ　安藤　正樹

「おわり」のせつ明のいいところは？

はじめ　二つの問い

「はじめ」の全文を掲示する

中　六つのこま

日本には、さまざまなしゅるいのこまがある

色や形はちがうが、じくを中心に回るというつくりは同じ

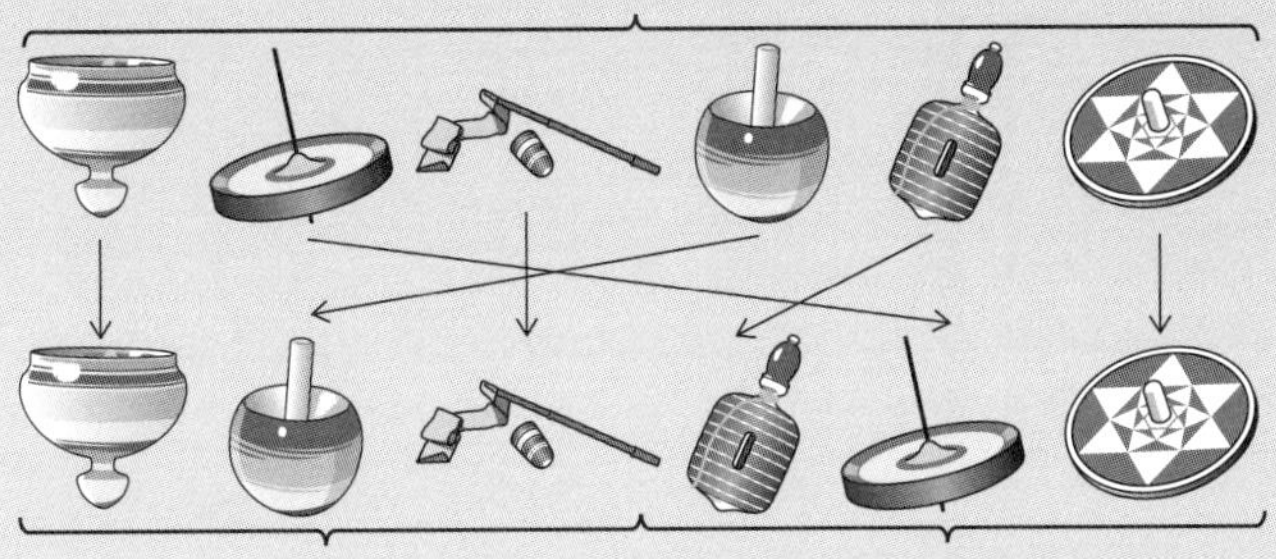

「回し方」を楽しむ　「回る様子」を楽しむ

事例が二つに分けられていることが視覚的に理解できるようにする。

1 「問い」と「答え」の位置を確認する

「初め」と「中」には、何が書かれていましたか？

初めには、「問い」が二つありました

「中」に、「問い」の「答え」がありました

「初め」には「問い」、「中」には「答え」が書かれていたことを確認した上で、「今日は、『終わり』について考えていこうね」と自然に方向付けを行う。

2 学習課題について話し合う

「終わり」の説明のいいところは？

違うところと同じところを言っている二文目かな

うーん、決められないなぁ……

Which型課題

まず、「終わり」の段落である第8段落には、三つの文があることを確認する。次に、特にいいと思った一文を選び、ノートに1～3の番号を記入するよう伝える。

配慮ア

本時の展開　第三次　第1・2時

目標 本文の叙述を捉えて、自分が一番遊んでみたいこまと、その理由をまとめ、考えを友達と交流して、意見や感じ方などに違いがあることに気付くことができる。

[本時展開のポイント]

ネームマグネットで、各自の立場を可視化することで、感想を交流することへの意欲を高めたり、人によって考えが異なることへの気付きを促したりしている。

[個への配慮]

ア考えを口頭で引き出す

考えはあるのに、考えを書き出すのが困難な場合、整理して書き始めることができるように、教師が一項目ずつ問いかけ、話した内容をそのままノートに書くように促す。

イ感想を書くワークシートを用意する

三文構成で考えをまとめるのが困難な場合、項目ごとに整理して書くことができるように、項目が示されたワークシートを用意し、書き込むように促す。

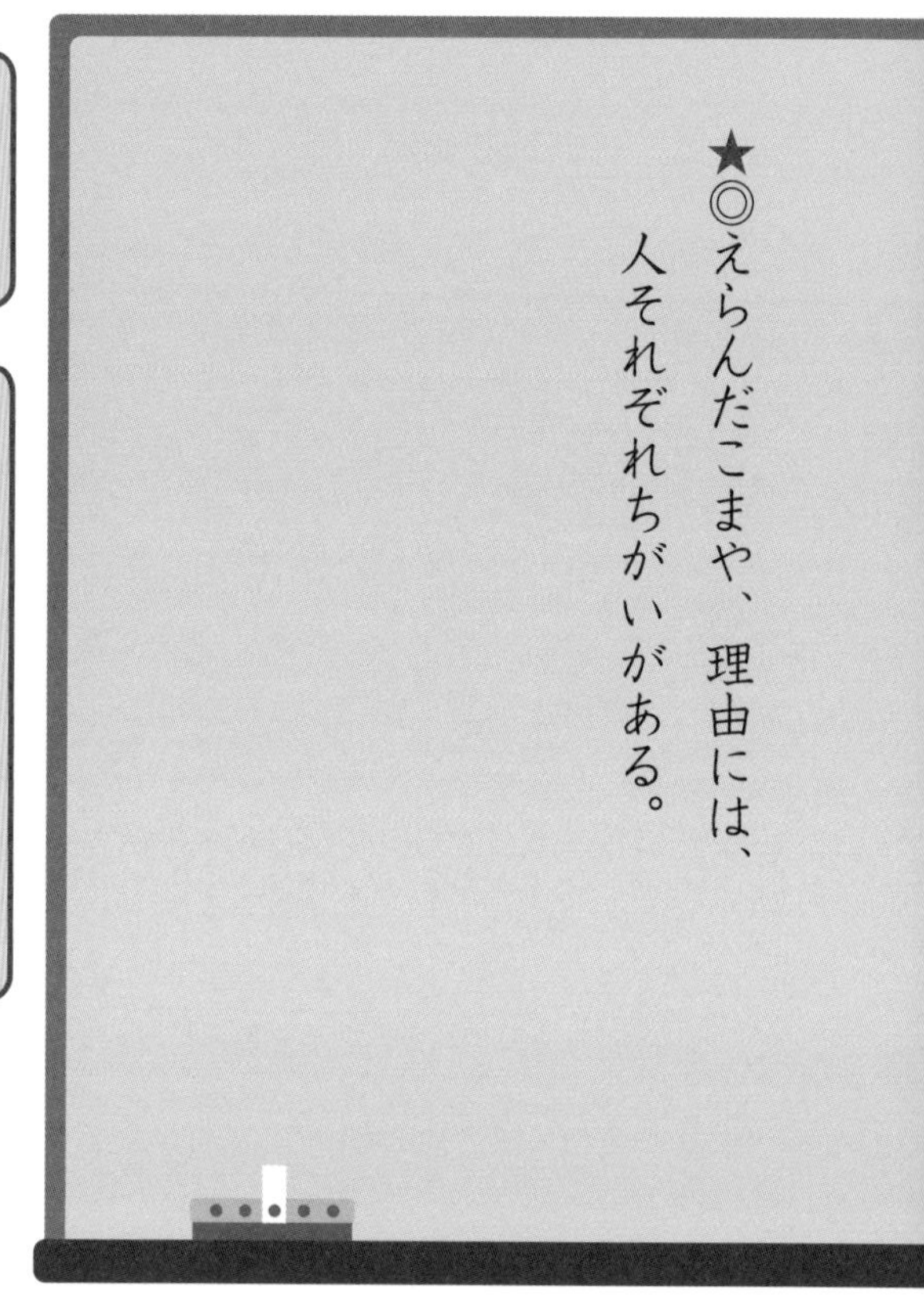

★◎えらんだこまや、理由には、
人それぞれちがいがある。

3 自分が選んだこまは、どれか発表する

みんなが選んだこまを知って、何か感じたことはありますか

選んだ人が多いこまと、少ないこまがあります

そのこまを選んだ理由を聞いてみたいです

黒板のこまの写真の下にネームマグネットを貼ることで、誰がどのこまを選んだのかを板書で可視化する。選んだ人が多いこまや少ないこまがあることへの気付きを促す。

4 グループで感想を交流する

まずは、生活班の4人で、次に、同じこまを選んだ人同士で考えを伝え合いましょう

友達の話を聞いて、考えを変えたくなりました

同じこまを選んだ友達と話したら、理由が違って驚きました

班で感想の交流を行った後で、同じこまを選んだ子供同士で再度行う。後半の交流では、選んだこまが同じであっても、そのこまを選んだ理由が違う場合があることへの気付きを促したい。

準備物
・こまの写真６枚（デジタル教科書で印刷可能）
・ネームプレート

こまを楽しむ　安藤　正樹

いちばん遊んでみたいこまについて、かんそうをつたえ合おう。

色がかわるのを見たい
どんな色か気になる

どんな音か聞きたい

さか立ちさせてみたい

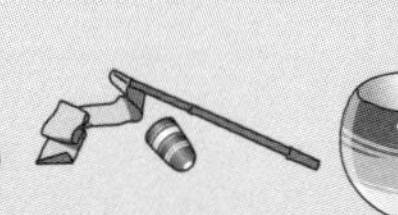
ずっと回し続けてみたい

人を楽しませたい

雪の上で本当に回るのかたしかめたい

六種類のこまの写真を掲示し、自分が選んだものの下にネームマグネットを貼らせる。

1　学習の見通しをもつ

もしも、六つのこまが教室に届いたら、一番遊んでみたいものは、どれですか

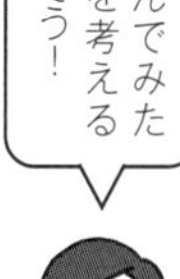

第６時と第７時において、感想をまとめて伝え合う学習をすることを伝える。「一番遊んでみたいこま」を感想のテーマとして設定する。

2　一番遊んでみたいこまとその理由をまとめる

どのこまで遊んでみたいですか？そのこまを選んだ理由をノートに書きましょう

考えをノートに書く前に、教科書の例をもとに、「こまの種類→楽しみ方→選んだ理由」の三文構成で感想をまとめることを確認する。「選んだ理由」は二文以上になってもよいとしてもよい。

配慮アイ

「すがたをかえる大豆」の授業デザイン

（光村図書３年下）

教材の特性

身近な食品の中に大豆が姿を変えたものがたくさんあることへの驚きや、そのような食べ方を工夫してきた昔の人々の知恵のすごさを感じることができる教材である。子供がこれまでに学習してきた「こまを楽しむ」等と同じく、本教材も「事例列挙型」の説明的な文章であるが、「初め」の部分に「問い」がないことが、既習教材とは異なる本教材の特性の一つである。また、「例の選び方」や「例の順序性」を考える手がかりが本文中にあることから、「例の書かれ方」に関する筆者の意図を解釈する学習を行うのに適した教材である。

終わり	中									初め	
8	7		6			5	4	3		2	1
事例のまとめ	事例5		事例4			事例3	事例2	事例1		かくれた問い「おいしく食べるくふうには、どのようなものがあるのでしょうか」	話題提示
	食品例⑨ もやし	食品例⑧ えだ豆	食品例⑦ しょうゆ	食品例⑥ みそ	食品例⑤ なっとう	食品例④ とうふ	食品例③ きなこ	食品例② に豆	食品例① いり豆		
← 事例の順序性											

身に付けさせたい力

・例を分類した段落分けや、順序を表す接続語などの説明の工夫を捉える力
・例の選び方や順序性、写真の使い方などの筆者の意図について叙述を基に捉える力

授業づくりの工夫

焦点化（シンプル）

○「例の選び方」や「例の順序性」、「かくれた問い」など、1時間の授業における指導内容を明確化し、一つに絞る。
○ Which 型課題やしかけによる分かりやすい学習活動を設定する。

視覚化（ビジュアル）

○大豆食品例の写真を黒板に掲示することで、分類の仕方や順序性などが視覚的に捉えられるようにする。
○「視覚的なゆさぶり」を行い、考えをゆさぶる発問に対する的確な理解を促す。

共有化（シェア）

○ Which 型課題に対する子供の立場や考えを、ネームプレートを貼ったり、人数を板書したりすることで可視化して共有する。
○重要な考えは、ペアで再現させるなど、繰り返し取り上げることで共有を図る。

単元目標・評価規準

例が話題に合わせて選ばれていることや、順序立てて整理されていることなどの説明の工夫について、叙述を基に捉えるとともに、自らの文章に生かすことができる。

知識・技能

○具体例を示すという段落の役割や、考えとそれを支える事例の関係を理解している。 (2)ア

思考・判断・表現

○「読むこと」において、段落相互の関係に着目し、事例の示し方の工夫について、叙述を基に捉えている。 C(1)ア

主体的に学習に取り組む態度

○説明の工夫を叙述から進んで捉え、自らの文章に生かそうとしている。

単元計画(全9時間)

次	時	学習活動	指導上の留意点
一	1	**大豆から作られた食べ物には、どんなものがあるのかな?**	
		○説明内容を大まかに捉え、単元の見通しをもつ。	・全文を通読し、初めて知ったことを交流する活動を通して、説明内容を大まかに理解するとともに、「すがたをかえる○○」という説明文を書くという単元の見通しをもつことができるようにする。
二	1	**国分さんの説明の工夫を見付けよう!**	
		○筆者が大豆食品の例をどのように仲間分けしているか考える。	・例が仲間分けされていることを捉える活動を通して、例の分類には筆者の意図があることに気付くことができるようにする。
	2	○問いの文を加えるとしたら、どんな文がよいかを考える。	・「中」の段落の中心文を捉える活動を通して、「初め」には、問いの文がかくれていることを確認する。 ・不適切な問いの文を提示することで、「問い」の文として加えるなら、どのようなものが適切か考えることができるようにする。
	3	○筆者が事例をどんな順序で説明しているかについて考える。	・九つの食品を比較したり、接続語に着目したりしながら、筆者がどのような順序で事例を説明しているかについて考えることができるようにする。
	4	○筆者の事例の選び方について考える。	・新たな大豆食品を提示し、例として加えてもよいかを考える活動を通して、筆者がどのような意図で本教材の食品の例を選んでいるかについて解釈することができるようにする。
三	1・2	**学んだことを生かして説明文を書こう!**	
		○題材を決め、例の書き方を考える。	・選んだ題材について、おいしく食べる工夫や、食品の例を調べる活動を設定する。
	3・4	○「すがたをかえる○○」という説明文を書く。	・下書きの前に、「初め・中・終わり」の文章の組み立てや例の順序を考える活動を設定する。

なお、本単元は、光村図書の学習指導書では、15時間扱いとなっています。

教材分析

3から6段落の事例が、「分かりやすい」ものから順に説明されていることが分かる。7段落は、「これらの他に」とあることから、これまでの事例とは別の観点で示されていることが分かる。

オ 中心文

3から7段落の第一文が中心文となっている。どれも、食べ方の工夫を示していることから、「かくれた問い」の文と対応していることが分かる。

カ 食品例の分類

3から7段落の段落分けについて考えると、工夫のされ方によって、食品例を分類していることが分かる。

キ 例の選び方

「昔」という記述や、どの食品にも共通する点を考えると、「日本で昔から食べられている大豆の加工食品」という観点で、例が選ばれていることが分かる。短い一文だが、8段落の最後の一文が筆者の主張だと考えると、その主張と対応する例を選択していると考えられる。

中

エ・オ
4次に、こなにひいて食べるくふうがあります。もちやだんごにかけるきなこは、大豆をいって、こなにひいたものです。

エ・オ
5また、大豆にふくまれる大切なえいようだけを取り出して、ちがう食品にするくふうもあります。大豆を一ばん水にひたし、なめらかになるまですりつぶします。これに水をくわえて、かきまぜながら熱します。その後、ぬのを使って中身をしぼり出します。しぼり出したしるに にがりというものをくわえると、かたまって、とうふになります。

エ・オ
6さらに、目に見えない小さな生物の力をかりて、ちがう食品にするくふうもあります。ナットウキンの力をかりたのが、なっとうです。むした大豆にナットウキンをくわえ、あたたかい場所に一日近くおいて作ります。コウジカビの力をかりたものが、みそやしょうゆです。みそを作るには、まず、むした米か麦にコウジカビをまぜたものを用意します。それと、しおを、にてつぶした大豆にくわえてまぜ合わせます。ふたをして、風通しのよい暗い所に半年から一年の間おいておくと、大豆はみそになります。しょうゆも、よくにた作り方をします。

エ・オ
7これらの他に、とり入れる時期や育て方をくふうした食べ方もあります。ダイズを、まだわかくてやわらかいうちにとり入れ、さやごとゆでて食べるのが、えだ豆です。また、ダイズのたねを、日光に当てずに水だけをやって育てると、もやしができます。

終わり

8このように、大豆はいろいろなすがたで食べられています。他の作物にくらべて、こんなに多くの食べ方がくふうされてきたのは、大豆が味もよく、畑の肉といわれるくらいたくさんのえいようをふくんでいるからです。そのうえ、やせた土地にも強く、育てやすいことから、多くのちいきで植えられたためでもあります。大豆のよいところに気づき、食事に取り入れてきた昔の人々のちえにおどろかされます。

大豆だと分 ←←←←←←←←←← 大豆だと分かりにくい事例

他の食べ方の工夫

す接続語を捉えたりすることができるようにする。（エ）

■第二次・第4時

「もしも、食品の例に加えたとしたら」（しかけ⑩「仮定する」）

不適切な例を提示し、「もしも、これらの食品が例に加わったとしたら」という学習課題について話し合う活動を通して、筆者の例の選び方について考える。（キ）

◆教材分析のポイント　その①【事例の順序性】

本単元の中心的な指導内容の一つが、「事例の順序性」である。3段落から7段落の事例の配列に、どのような意図が読み取れるかを、まず教師が解釈することが大切である。

なお、本書では、光村図書の教師用指導書に準じ、事例の数は五つと考えて教材分析をしている（食品の例は九つだが、加工や食べ方の工夫という観点で考えれば、事例は五つであるとも言える）。

◆教材分析のポイント　その②【例の選び方】

「どのような基準で事例が選ばれているか」という点も、文章から解釈することができる。「昔から」、「昔の人々のちえ」という叙述や、どの食品も子供にとって身近であることなどが、筆者の「例の選び方」を解釈する際の手がかりとなるだろう。なお、「えだ豆」、「もやし」に関しては、「大豆」ではなく、「ダイズ」の食べ方の工夫の事例であることも、教材研究段階で把握しておきたい。

指導内容

ア　話題

既習の説明的な文章と異なり、「初め」に問いの文がない。そのため、本教材の「中」の文章は、「初め」に示された「問題」ではなく、「話題」に応じて展開されている。

イ　小さな問い

文章全体に関係する「大きな問い」ではなく、直後に答えが書かれている「小さな問い」である。問いかけをして、読み手を引きつける説明の工夫の一つである。

ウ　かくれた問い

2段落の最後に、「おいしく食べるくふうには、どのようなものがあるのでしょうか」という問いがかくれていると考えられる。

エ　順序性を表す接続語

初め

すがたをかえる大豆　　国分牧衛

1わたしたちの毎日の食事には、肉・やさいなど、さまざまなざいりょうが調理されて出てきます。その中で、ごはんになる米、パンやめん類になる麦の他にも、多くの人がほとんど毎日口にしているものがあります。イなんだか分かりますか。それは、大豆です。大豆がそれほど食べられていることは、意外と知られていません。ア大豆は、いろいろな食品にすがたをかえていることが多いので気づかれないのです。

2大豆は、ダイズという植物のたねです。えだについたさやの中に、二つか三つのたねが入っています。ダイズが十分に育つと、さやの中のたねはかたくなります。これが、わたしたちが知っている大豆です。かたい大豆は、そのままでは食べにくく、消化もよくありません。そのため、昔からいろいろ手をくわえて、おいしく食べるくふうをしてきました。

エ・オ3いちばん分かりやすいのは、大豆をその形のままいったり、にたりして、やわらかく、おいしくするくふうです。いると、豆まきに使う豆になります。水につけてやわらかくしてからにると、に豆になります。正月のおせちりょうりに使われる黒豆も、に豆の一つです。に豆には、黒、茶、白など、いろいろな色の大豆が使われます。

かりやすい事例

指導のポイント

■第二次・第2時

ふさわしい問いの選択肢を示す。　（しかけ「選択肢をつくる」）

問いの文の候補として三つの選択肢を示し、最もふさわしいのはどの問いかを考えることを通して、「かくれた問い」についての理解を促す。　（イ、ウ）

■第二次・第3時

「大豆が一番姿を変えている食品はどれか」／考えをゆさぶる発問「食品の順序を入れ替えてもいいか」　（Which型課題）

「一番」を問うWhich型課題について話し合う活動や、「食品の例を説明する順序を入れ替えてもいいか」という考えをゆさぶる発問などを通して、事例の順序性を考えたり、順序を表

✓ 本時の展開  第一次 第1時

目標 全文を通読し、初めて知ったことを交流する活動を通して、説明内容を大まかに理解するとともに、説明文を書くという単元の見通しをもつことができる。

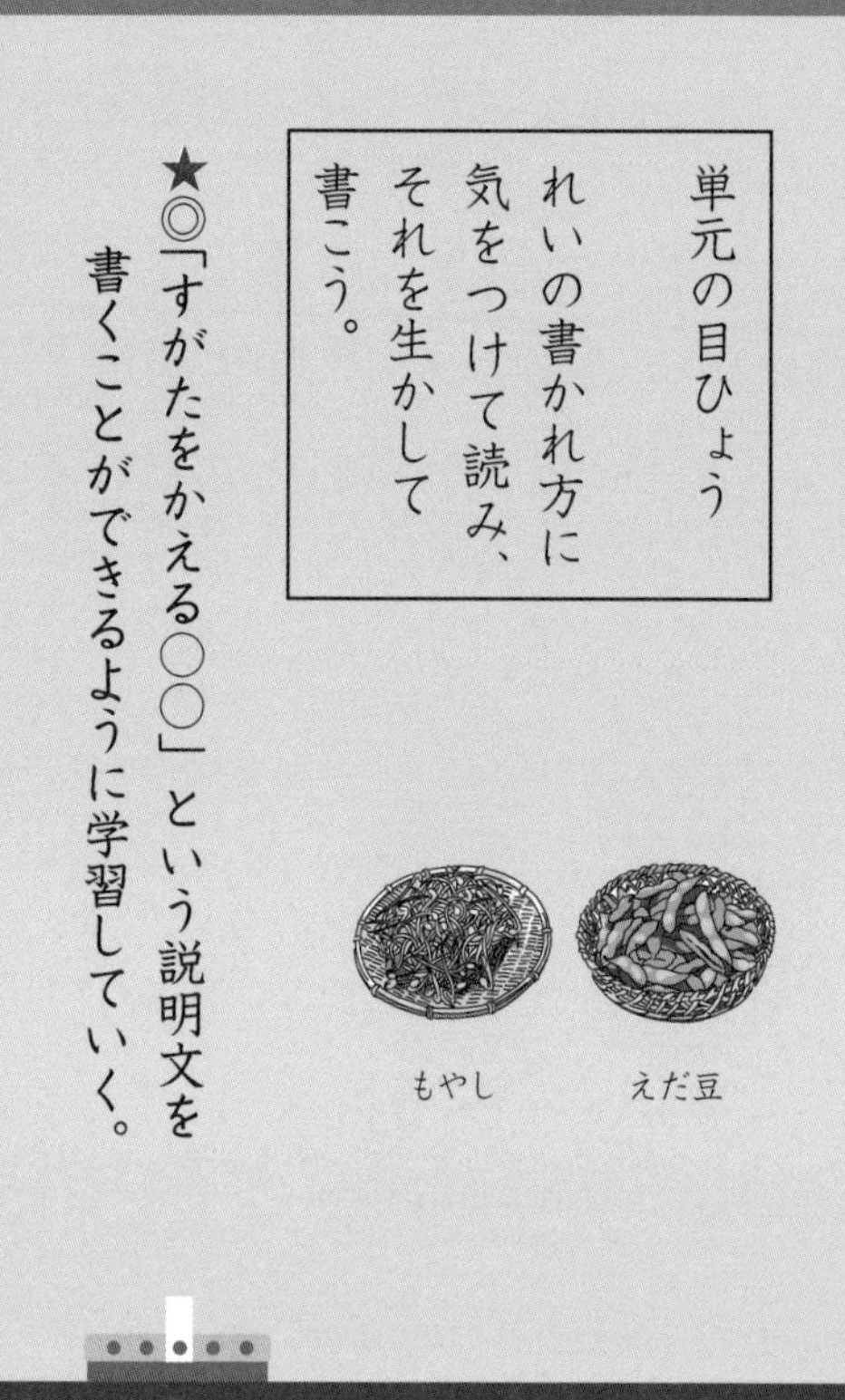

[本時展開のポイント]

「初めて知ったことをノートに書きましょう」という指示では考えを書き出せない子も、段落を一つ選んで書くという活動であれば参加しやすくなるだろう。

[個への配慮]

㋐小さく印刷した写真カードを用意する

紹介されている大豆食品名を抜き出すのが困難な場合、九つの食品例を視覚的に捉えることができるように、食品例の写真を小さく印刷したカードを用意し、それを使いながら、それぞれの名前を本文中から確かめるようにする。

㋑ワークシートを用意する

ノートに考えを記入するのが困難な場合、何をどのように書けばいいのかを視覚的に理解することができるように、ワークシートを用意し、必要に応じて渡すようにする。

3 初めて知ったことを交流する

初めて知ったことは、ありますか？
何段落に書かれていますか？

⑦段落です。枝豆がダイズだったとは知りませんでした

どうやって書けばいいのかな……

初めて知ったことについて、それが書かれている段落番号とその内容をノートに書く活動を行う。書いたことを伝え合う前に、まず、それぞれが何段落を選んだのかを挙手で確認するようにしたい。

配慮㋑

4 単元の見通しをもつ

この学習では、『すがたをかえる○○』という説明文をみんなにも書いてもらおうと思います

「すがたをかえる○○」かぁ……面白そう

九つの食品が、大豆が姿を変えた「れい」なんだね

「れいの書かれ方に気をつけて読み、それを生かして書こう」という単元の目標と、最後に説明文を書く活動を行うことを確認する。大豆食品は、それぞれが「れい」であることも確認しておく。

準備物 ・大豆食品の写真９枚（デジタル教科書で印刷可能）

すがたをかえる大豆

国分　牧衛

◆知っている大豆食品

・なっ豆
・豆ふ
・味そ
・しょう油
・油あげ

◇出てきた大豆食品

豆まきの豆

に豆

きなこ

とうふ

なっとう

みそ

しょうゆ

1　大豆食品について知っていることを話し合う

大豆からできている食品で知っているものはありますか？

「納豆」や「豆腐」が大豆からできていると思います

「しょう油」も大豆からできていると聞いたことがあります

まず、題名について話し合い、大豆からできている食品に関する説明文であることの予想を引き出す。次に、知っている食品を出し合った上で、教科書を開き、どんな食品が紹介されているかを確かめる。

2　全文を通読し、大まかな内容を捉える

どんな大豆食品が紹介されていましたか？

紹介されていたのは、豆まきに使う豆、煮豆、きなこ……

どれが大豆食品なんだろう……？

教師が全文を範読し、新出漢字の読み方と、段落番号の確認を行う。紹介されていた九つの大豆食品の写真を黒板に掲示し、それぞれの食品の名前を確認する。　配慮ア

本時の展開　第二次　第1時

目標　食品例の分類について話し合う活動を通して、例の分類には筆者の意図があることに気付き、本教材における分類の視点を説明することができる。

［ 本時展開のポイント ］

学習課題についての話し合いを通して、九つの食品例が五つの段落に分類されていることを確認した上で、展開③の考えをゆさぶる発問でその意図を考えるという段階を踏んだ展開になっている。

［ 個への配慮 ］

ア小さく印刷した食品カードを用意する

カードが色分けされている理由を考えるのが困難な場合、食品同士を手元でくらべることができるように、小さく印刷したカードを用意する。

イ着眼点を伝える

同じ段落の食品の共通性に気付くのが困難な場合、共通性を見いだすことができるように、各段落の一文目にある「くふう」という言葉に着目するように伝える。なお、センテンスカードは、「くふう」という言葉が際立つように、改行の仕方に気を付けることも大切である（板書例参照）。

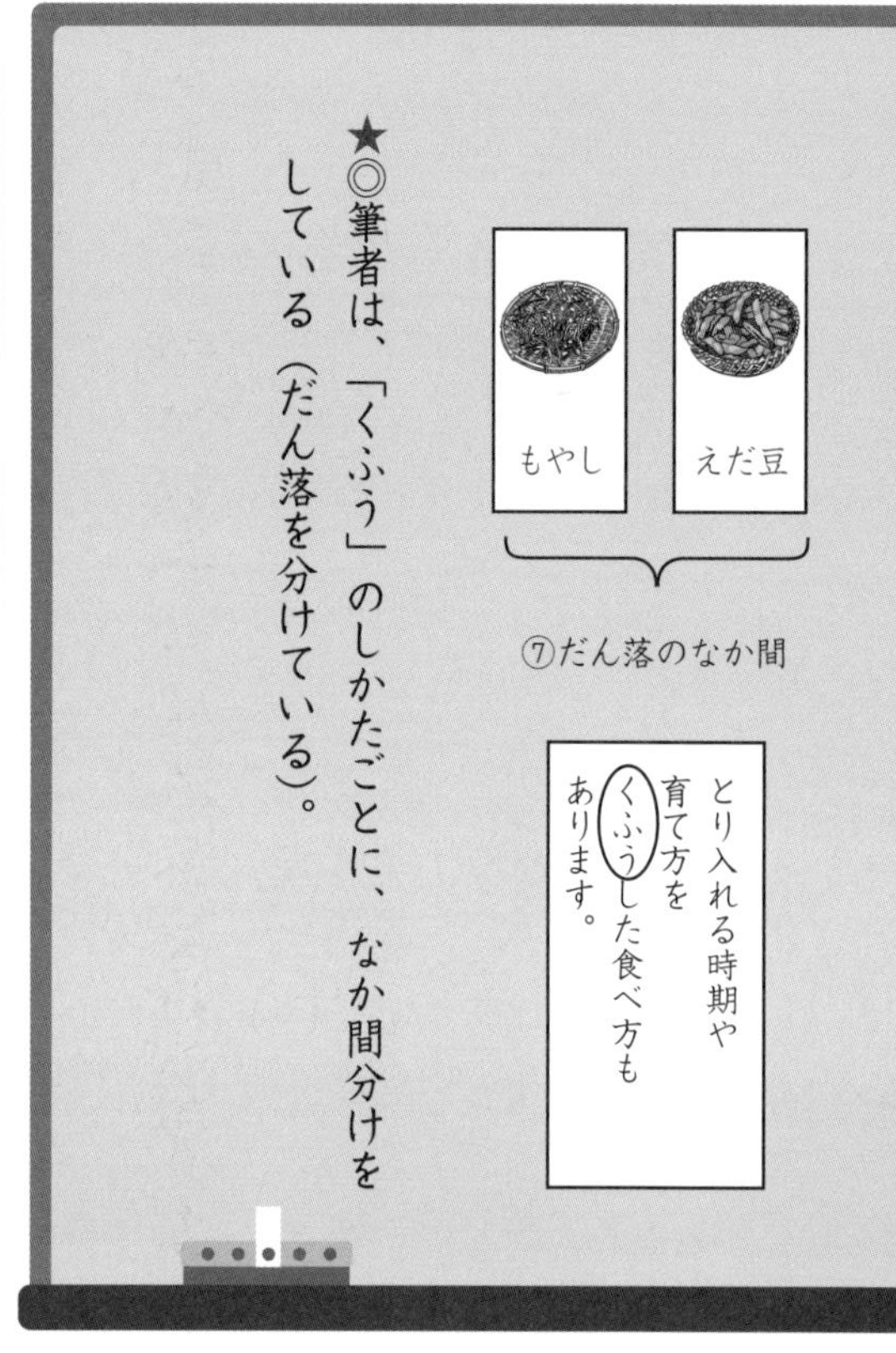

えだ豆
もやし
⑦だん落のなか間
とり入れる時期や育て方をくふうした食べ方もあります。
★◎筆者は、「くふう」のしかたごとに、なか間分けをしている（だん落を分けている）。

3 仲間分けを変えてもいいかについて話し合う

形が似ている食品を、同じ仲間（同じ段落）にした方がいいのではないかな？

しかけ（仮定する）

同じ段落に書かれている仲間であるだけでなく、「くふう」ごとに色分け（段落分け）がされていることへの気付きを促すために、考えをゆさぶる発問を行う。　配慮イ

4 筆者の説明の工夫を整理し、学習を振り返る

筆者は、どんな気持ちで、例をこの仲間分けにしたのかな？

あ！　どのカードにも、「くふう」という言葉が出てきているよ
「くふう」の仕方で、仲間分けをしているんだね！

「③段落は、その形のまま……の仲間で、④段落はこなにひいて食べる仲間で……。」のような、各段落の一文目に着目した意見が出されたところで、センテンスカードを掲示し、「くふう」への着目を促す。

準備物
- 大豆食品の写真９枚を、画用紙に貼った写真カード（表面は写真のみ、裏面は写真と食品名を記載）
- センテンスカード５枚　5-01～05

1　九つの食品例を確認する

これらは、この説明文で紹介されていた九つの食品の写真です。食品の名前は何でしょうか？

いつも食べているから、名前は分かります

えっと、あの食品の名前は何だっけ？　教科書を見てみよう

九つの食品例の写真カードを黒板に順不同に掲示し、「この食品の名前は何でしょう？」と、食品の名前当てクイズを行う。写真カードの裏面には、食品名を記載しておき、正解の場合は裏返していく。

2　学習課題について話し合う

カードの色が同じ食品は、どんな仲間なのかな？

分かった。豆まきの豆と煮豆は、②段落に書いてある仲間だ

なんで色が違うんだろう……

豆まきの豆と煮豆は青、きなこは緑のように、カードの裏面の色を「くふう」ごとに変えておく。名前当てクイズの途中で挙がるであろう「色が分かれている」という発言を基に、学習課題を設定する。　配慮ア

本時の展開　第二次　第2時

中心文や加える問いの文について話し合う活動を通して、適切な問いの文に必要な条件に気付き、本教材に適した問いの文を自分なりに考えることができる。

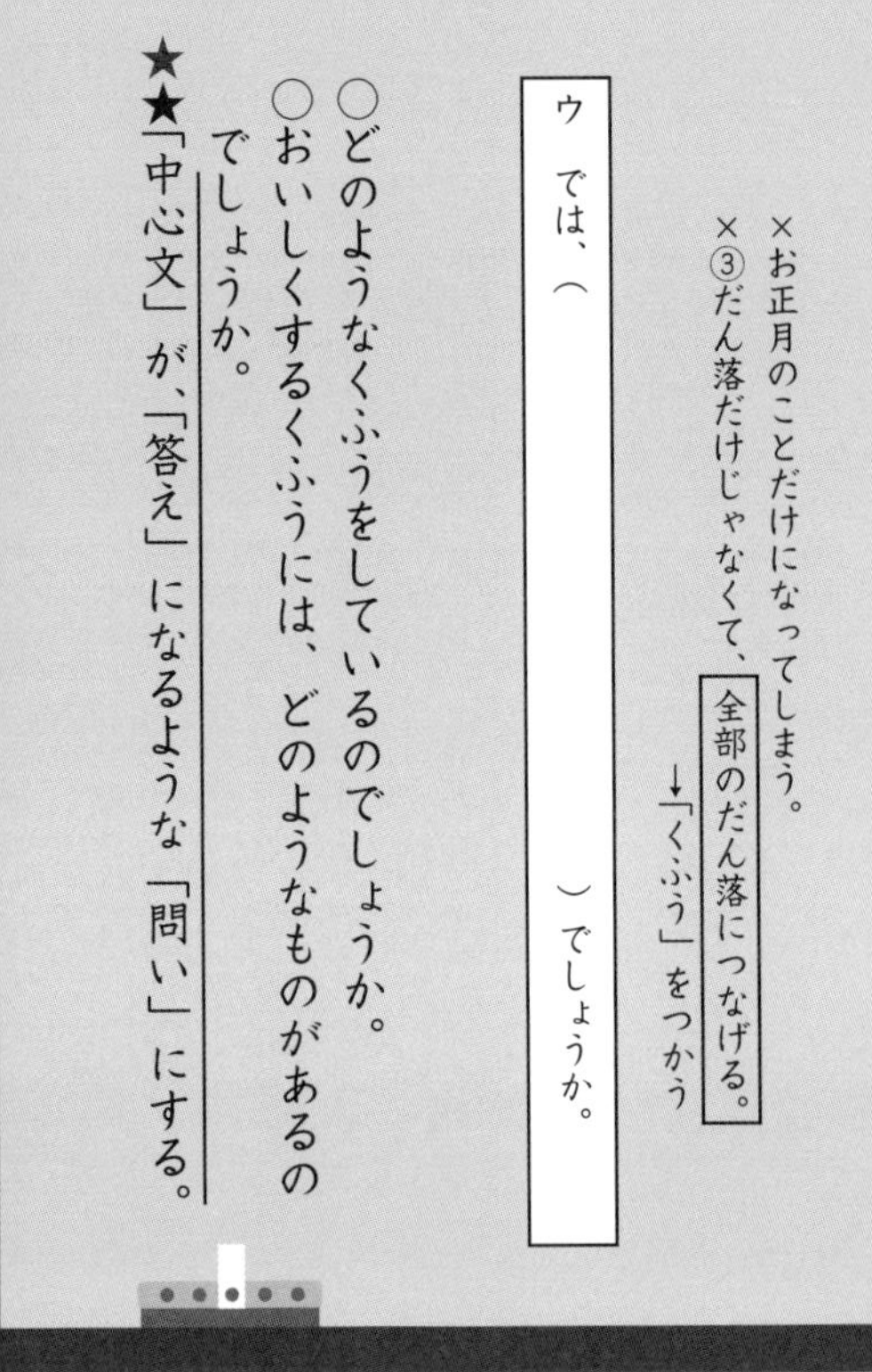

[本時展開のポイント]

あえて不適切な「問い」の文を提示し、児童の否定を引き出すことで、適切な文の条件を自然に考えられるようにしている。

[個への配慮]

ア「初め・中・終わり」のそれぞれの構成要素を確認する

「初め・中・終わり」の組み立てを考えるのが困難な場合、構成要素に着目して考えられるように、教科書の「学習の手引き」を参照するように伝える。

イ「問い」と「答え」の対応関係を確認する

適切な「問い」がどのようなものかを考えるのが困難な場合、適切かどうかの判断を明確な基準の下で行うことができるように、第3段落の中に「答え」となる部分があるかどうか、ほかの段落にはどうかという対応関係の有無を捉えるように伝える。

3 加える問いの文について話し合う

「問い」を入れるとしたら、この文でいいかな？

変だよ。「中心文」が「答え」にならないといけないと思います

その「問い」の文でも、いいんじゃないかな？

しかけ（仮定する）

「問いがない」という発言を受けて、加えるとしたら②段落が適していることを確認する。その上で、ア、イの不適切な問いを提示し、適切な問いを考えるよう促す。

配慮イ

4 学習内容を整理する

考えた問いの文を伝え合いましょう

「くふう」を使って問いの文をつくればいいと思います。例えば……

やっぱり中心文は、一文目だね

それぞれが考えた「問い」の文を伝え合い、「問い」の文は、中心文が答えになるように作成する必要があるということを整理する。また最後に、「中」の各段落の一文目が中心文であることも振り返る。

準備物
・センテンスカード５枚 5-06～09
・問いの文カード（ア、イ、ウ） 5-10～12

すがたをかえる大豆

国分　牧衛

中心文は、何文目かな？

①いちばん分かりやすいのは、大豆をその形のままいったり、にたりして、やわらかく、おいしくするくふうです。

②いると、豆まきに使う豆になります。

③水につけて、やわらかくしてからにると、に豆になります。

④正月のおせちりょうりに使われる黒豆も、に豆の一つです。

⑤に豆には、黒、茶、白など、いろいろな色の大豆が使われます。

【③だん落】

中心文？

③から⑦段落は、「くふう」でなか間分けされていた。

★③～⑦だん落の中心文は、それぞれの段落の一文目にある。

「問い」を入れるとしたら・・・【②だん落】

ア　では、大豆は、どうやって育てるのでしょうか。

×この説明文は育て方をつたえるものではない。

イ　では、お正月には、どのようにして大豆を食べるのでしょうか。

1　文章の組み立てを確認する

初め・中・終わりは、どのように分けられますか？

前時の学習を振り返り、九つの食品が工夫の仕方ごとに、③から⑦段落で説明されていたことを確認する。例が書かれている③～⑦段落が「中」で、①②段落が「初め」、⑧段落が「終わり」である。配慮ア

2　学習課題について話し合う

中心文は、何文目かな？（この段落で、一番大切な文は、どれかな？）

「くふう」で仲間分けしていると、前の時間に学習したから……
たぶん、一文目だと思うけど、「問い」がないと決められないなあ

まず、「こまを楽しむ」で学習した「中心文」を確認。③段落を例に、「くふう」が書かれている一文目が中心文だと確認しつつ、「中心文は問いの答えだから問いがないと決められない」という発言を引き出す。

本時の展開 第二次 第3時

目標 事例の順序について話し合う活動を通して、事例の順序には筆者の意図があることに気付き、自分なりに読み取った筆者の意図について書くことができる。

[本時展開のポイント]

本文だけでなく、写真や生活経験で得た知識などを根拠にしながら、自分なりに考えることができるWhich 型課題を設定し、全員参加を促している。

[個への配慮]

ア小さく印刷した写真カードを用意する

自分の考えを決めることが困難な場合、「大豆」と「食品」とを見くらべながら、一番姿を変えている食品を考えられるように、大豆食品の写真を小さく印刷したカードを渡し、教科書の第2段落の下に掲載されている「大豆」の写真と比べながら考えるように促す。

イ写真カードを手元で一緒に操作し、説明を補う

考えをゆさぶる発問の意味を捉えるのが困難な場合、「順序を入れ替える」ということの意味が理解できるように、写真を黒板上で教師が操作するだけでなく、手元で一緒に写真カードの操作を行ったり、「もしも、この順番で説明されていたらどうか？ということを先生は言っているのですよ」と、説明を補ったりする。

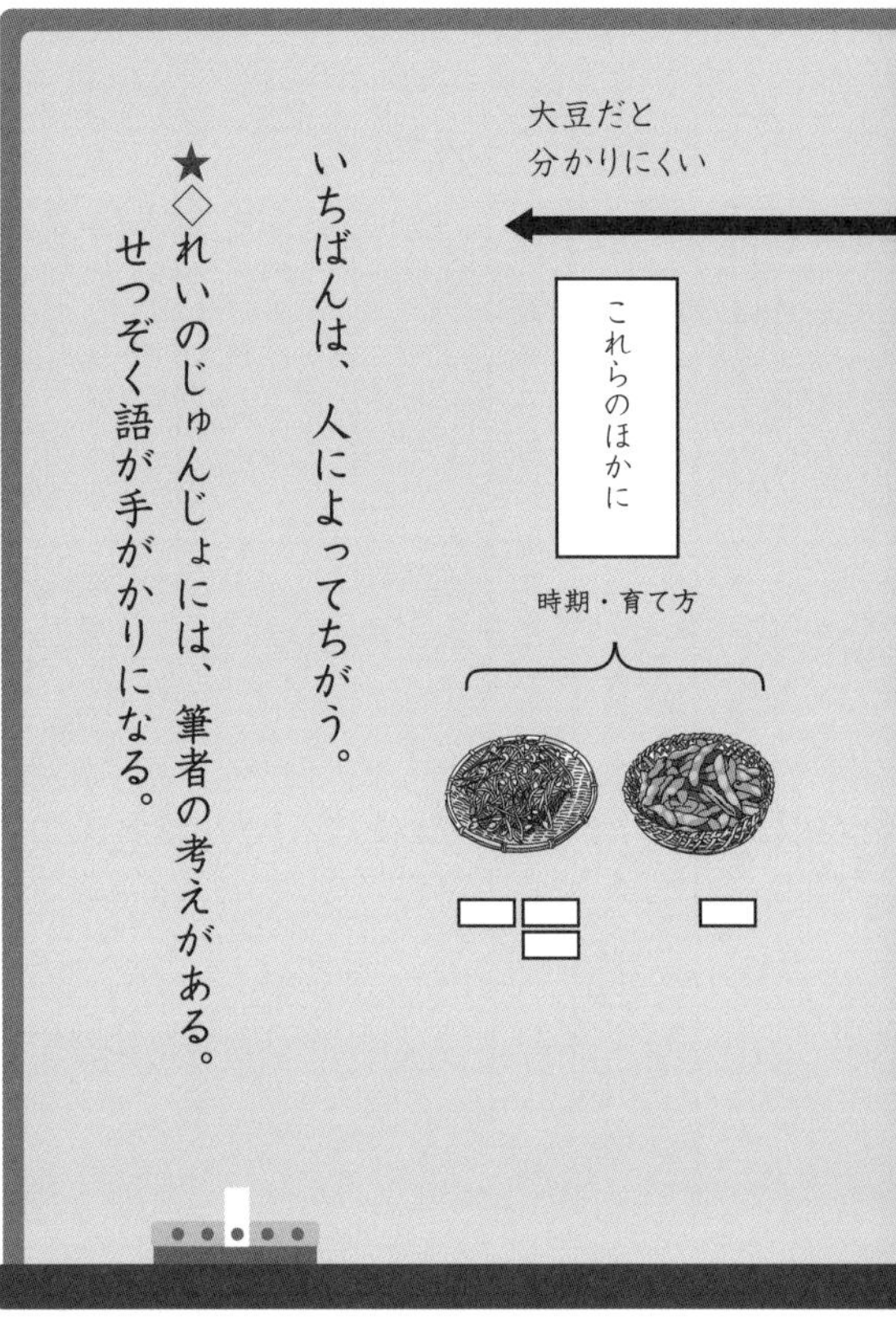

3 例の順序を入れ替えてもいいかについて話し合う

多くの人が選んだ例は、後半に説明した方がいいよね。例の順序を入れ替えてもいいかな？

しかけ（仮定する）

一般的に、読者が驚くものを後半に説明することが効果的であることを確認した上で、写真を操作しながら考えをゆさぶる発問を行い、本教材の事例の順序性に目を向けさせる。 配慮イ

4 筆者の説明の工夫を整理し、学習を振り返る

筆者は、どんな気持ちで、例をこの順序にしたのかな？

筆者の立場に立って、例の順序の解釈を行い、「例の挙げ方には、筆者の考えがある」ことを整理する。また、順序性を解釈する際には、「接続語」が手がかりになることも確認する。

準備物
- 接続語のカード 5-13～17
- 大豆食品の写真９枚（デジタル教科書で印刷可能）
- ネームプレート

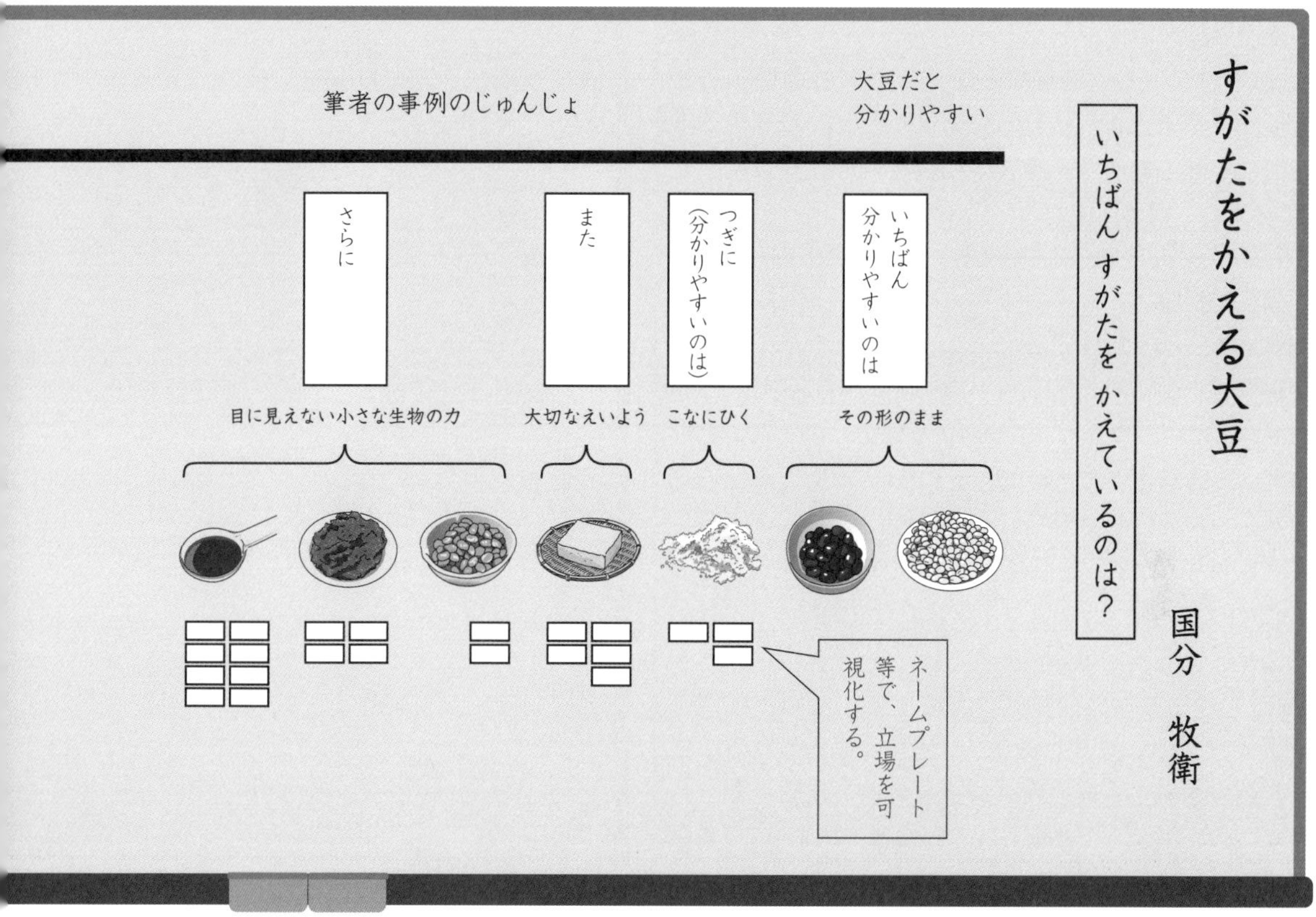

すがたをかえる大豆

国分 牧衛

いちばん すがたを かえているのは？

大豆だと分かりやすい

筆者の事例のじゅんじょ

いちばん分かりやすいのは	つぎに（分かりやすいのは）	また	さらに
その形のまま	こなにひく	大切なえいよう	目に見えない小さな生物の力

ネームプレート等で、立場を可視化する。

1 九つの食品の例を確認する

この説明文ではどんな大豆食品が紹介されていましたか？

「豆まきの豆や、きなこが出てきました」

「先生、黒板に貼った写真の順番が違います」

しかけ（順序を変える）

食品の写真を順に掲示し、九つの例を確認する。その際、教材とは異なる順序で掲示することで、「順番が違う」という発言を引き出し、順序性への意識付けを図る。

2 学習課題について話し合う

一番姿を変えていると思う大豆食品はどれ？

やっぱり、一番は「とうふ」だよね。だって……

うーん……どれが一番かな……。決められないなぁ

Which型課題

「一番〇〇なのは？」

叙述や写真を根拠に、理由を述べ合わせる。色や形、様子、手間、かかる時間など、着眼点によって読者それぞれで答えが異なることを確認する。

配慮ア

本時の展開  第二次　第4時

目標 新たな事例を加えてもよいかについて話し合う活動を通して、事例の選択には筆者の意図があることに気付き、筆者の意図について、自分なりに書くことができる。

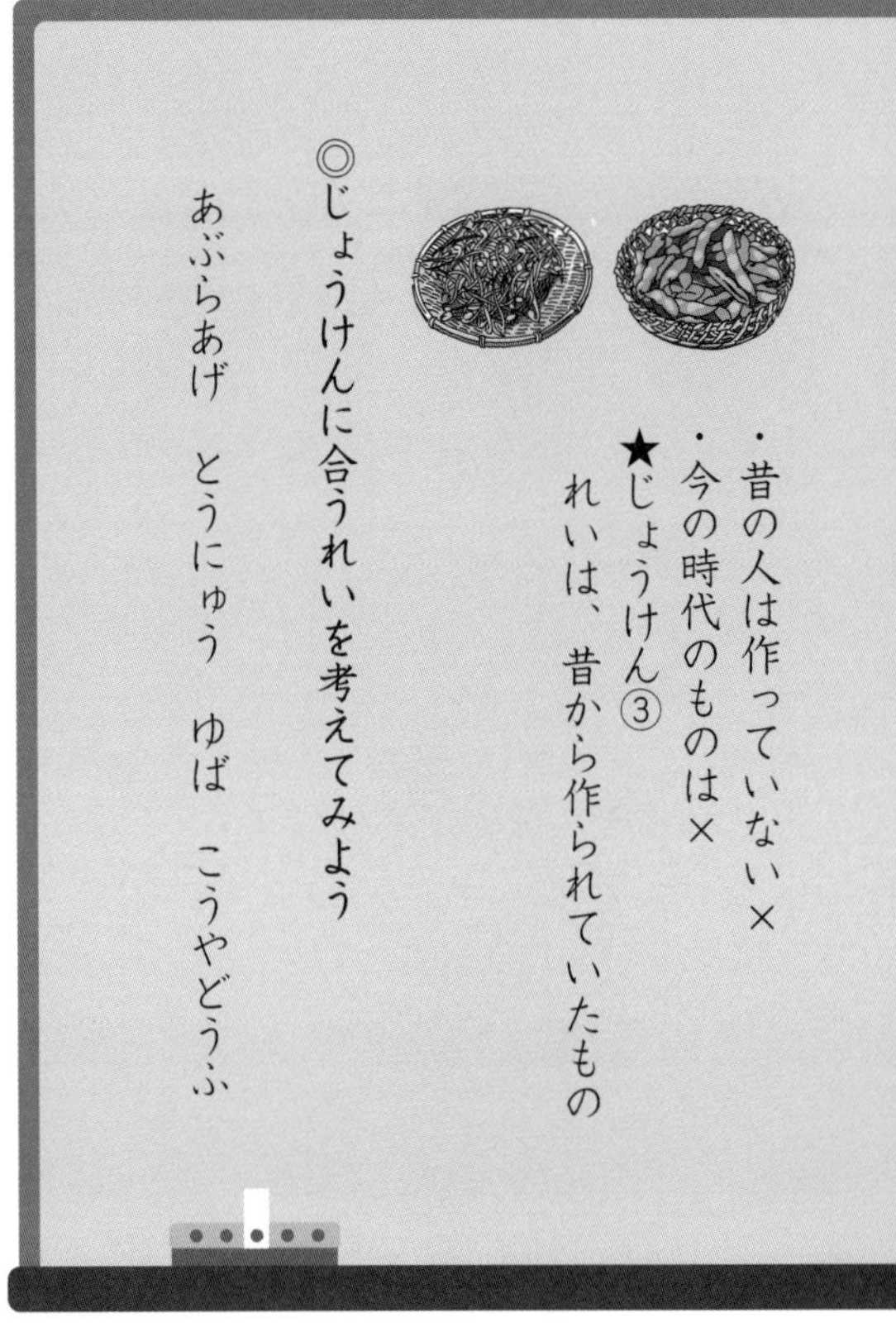

[本時展開のポイント]

「筆者は、どんな意図で例を選んでいるのか？」と直接問うのではなく、教師が提示した例がどうして不適切かを考える中で、筆者の意図に気付けるようにしている。

[個への配慮]

ア考える立場を限定する

提示した食品例に対し、適切であると言い張り、不適切である理由を考えることが困難な場合、食品例の選択の意図を解釈することができるように、「適切か、不適切か」の判断を促すのではなく、「筆者が不適切だと言っている」という状況を仮定し、「その理由を考えよう」と方向付けることで、立場を「不適切」に限定するとよい。

イほかの食品例との比較を促す

「テンペ」や「SOYJOY」が例として適切かどうかを考えることが困難な場合、不適切と考えられることが理解できるように、九つの食品例との比較を促し、九つの食品例が、どれも「日本の食品」であり、「昔から作られている」ことに気付くことができるようにする。

3 筆者の食品例選択の意図について考える

「テンペ」は事例に加えてもいいでしょうか。「SOYJOY」はどうでしょうか？

しかけ（仮定する）

「大豆入りカレー」、「テンペ」、「SOYJOY」が事例として不適切な理由を話し合うことで、筆者がどのような意図で食品例を選んでいるかの解釈を促す。

配慮イ

外国の食品、現代の食品は、例にはできません
テンペやSOYJOYは、どうしてだめなのかな？

4 解釈した筆者の意図を整理する

「加えてもいい食品例の条件」が見えてきましたね。筆者は伝えたいことに合わせて、例を選んでいるのですね

「大豆を中心に加工したもの」「日本で食べられている身近なもの」「昔から作られているもの」という食品例の選択の意図を整理した上で、条件に合う適切な食品例を考える活動を行う。

準備物
・大豆食品の写真９枚（デジタル教科書で印刷可能）
・「大豆入りカレー」「テンペ」「SOYJOY」の写真

すがたをかえる大豆

国分　牧衛

くわえてもいい食品れいのじょうけんは？

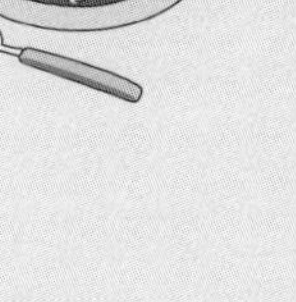

・いろいろなものが入っているから×
・肉や野さいなどが入ったりょう理は×
★じょうけん①
例は、大豆の工ふうが中心のもの

・外国の食品は×
・みんなが食べたことがないから×
★じょうけん②
れいは、日本でよく知られているもの

1 九つの食品の例を確認する

大豆は、多くの食べ方が工夫され、いろいろな姿で食べられているのですよね。どんな食品ですか？

豆まきに使う豆、煮豆、きなこ……全部で九つの食品です

大豆が姿を変えている食品は、ほかにもあると思います

九つの大豆食品の例を確認する。その際、1段落や8段落における、大豆がいろいろな姿で食べられていることに関する記述への着目を促すことで、次の授業展開との連接を図る。

2 学習課題について話し合う

加えてもいい食品例の条件は？

大豆入りカレー？大豆が入っていればいい訳ではないです

大豆入りカレーの大豆は、煮豆と同じだからいいと思う

「多くの食品に姿を変えているということを伝えるためには、例を増やした方がいいのでは？」と「大豆入りカレー」を提示し、子供たちの否定的な反応を引き出した上で、学習課題を設定する。

配慮ア

本時の展開 第三次 第1・2時

目標 説明文を書く題材について、知っていることを伝え合いながら情報を集めるとともに、調べたことを分かりやすく整理することができる。

[本時展開のポイント]

調べる食材について話し合う場面などにおいて経験を基に、知っていることを話し合う活動を設定し、学習への意欲喚起を図っている。

[個への配慮]

ア具体的な料理を想起するよう促す

姿を変えている食材を考えることが困難な場合、身近な食品の中に、様々なものに姿を変える食材があることに気付くことができるように、朝ご飯のメニューなどの具体的な料理を想起するよう促す。

イ知っている食材の選択を促す

説明文に書く食材を決めることが困難な場合、自らの知識や経験を生かして文章を書くことができるように、少しでも知っている食べ方がある食材や、実際に食べたことがある食材を選択するように伝える。

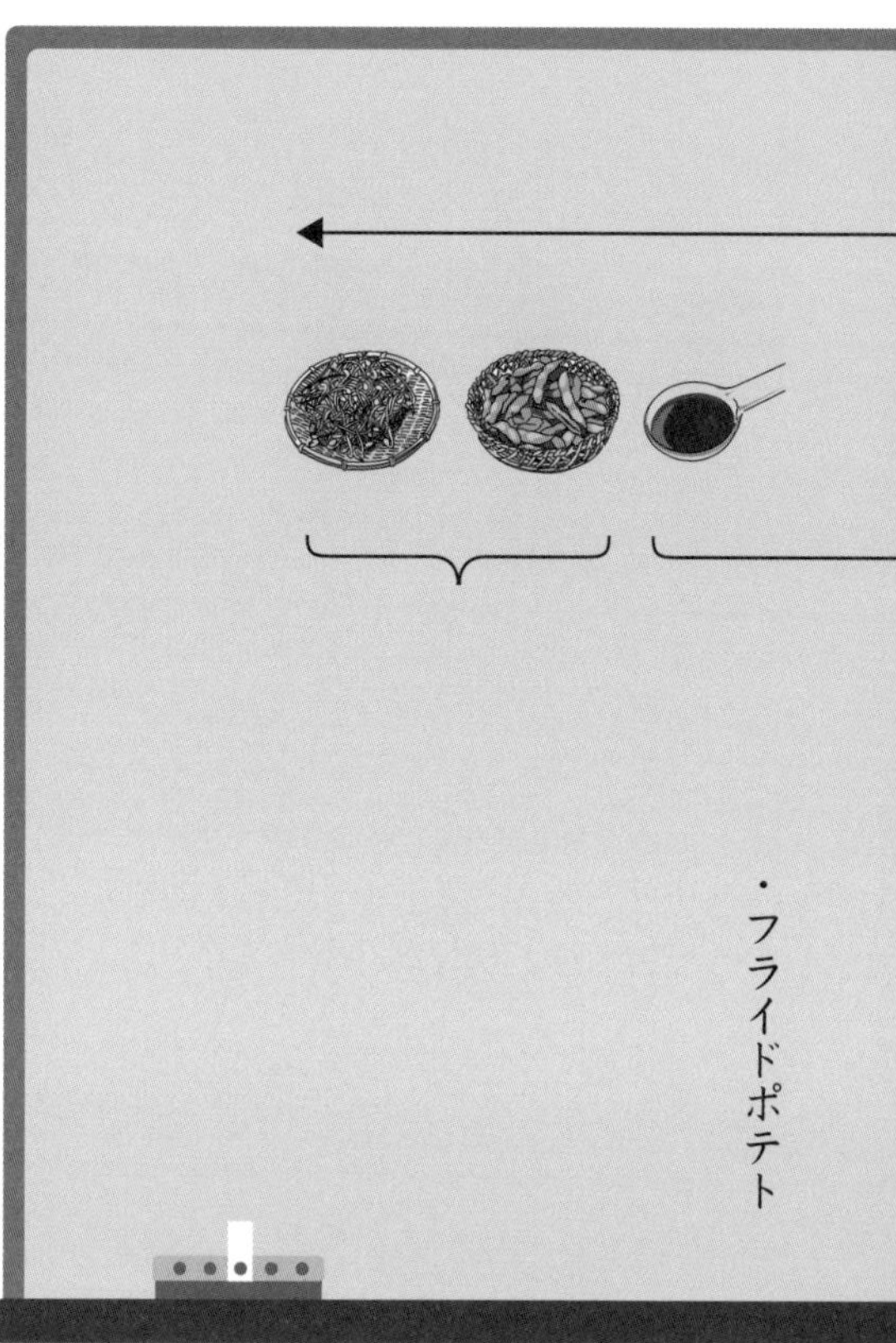

3 どんな食品に姿を変えているか調べる

「米」「麦」「とうもろこし」「牛乳」「魚」「いも」の中から一つ選んで調べよう

ヨーグルトもチーズも大好きだから、「牛乳」にしようかな
どれにすればいいか決められないな

六種類の材料の中から、調べる材料を一つ決め、その食材のおいしく食べる工夫や、食品の例を調べる活動を行う。調べる活動の前に、知っている食べ方や食品について交流してもよい。

配慮イ

4 調べた内容を整理する

調べたことは、図や表にして、整理すると分かりやすいですね

図で整理すると、いくつの例があるのかが一目で分かるね
表で整理すると、工夫と例とが、きちんと見分けられるね

教科書の「整理のしかたのれい」を参考に、調べた情報を整理する方法を確認する。「おいしく食べる工夫」と「食品の例」とを分けて整理することができるようにする。

準備物
・大豆食品の写真９枚（デジタル教科書で印刷可能）
・食材に関する書籍や資料

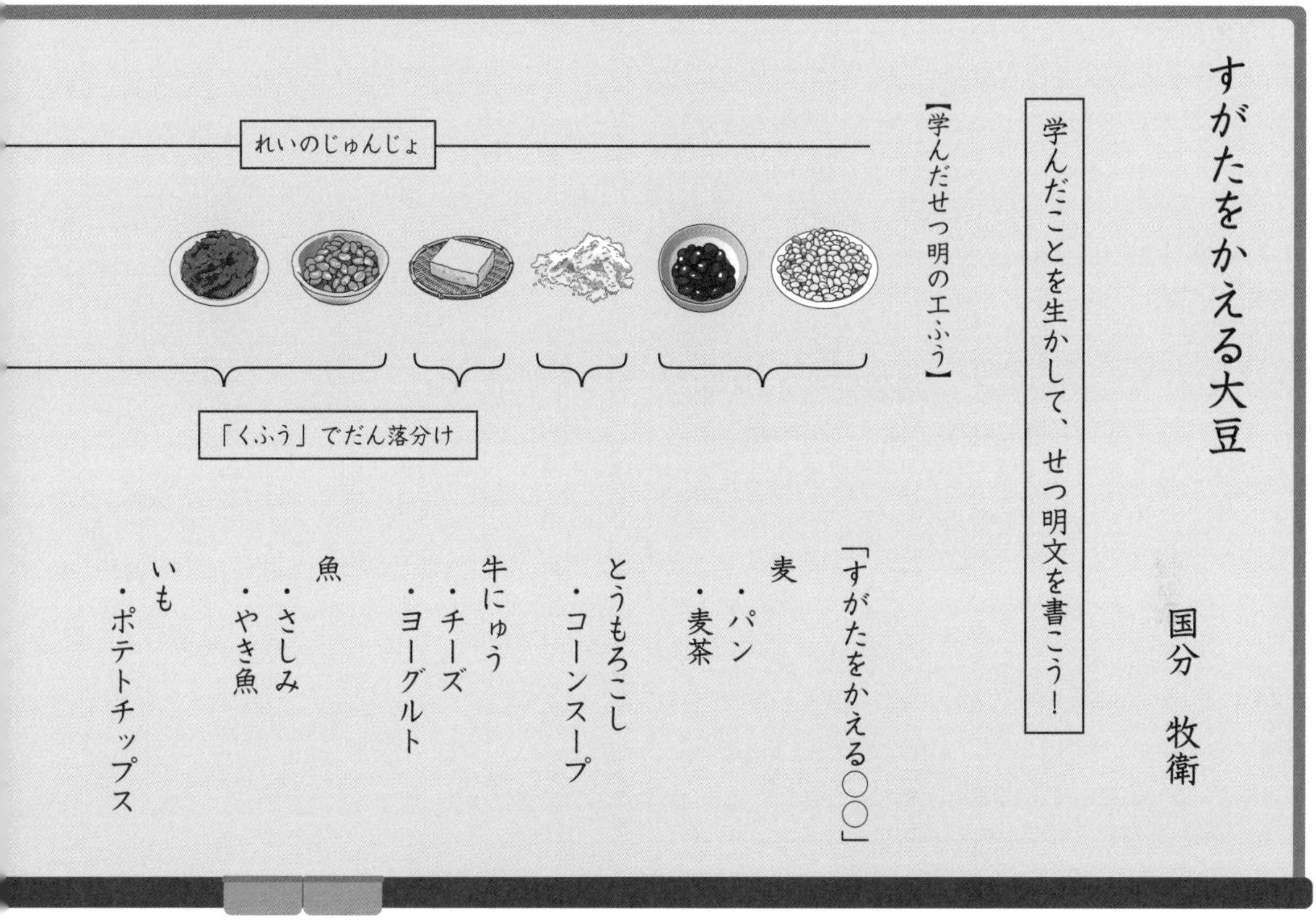
すがたをかえる大豆
国分　牧衛
学んだことを生かして、せつ明文を書こう！
【学んだせつ明の工ふう】
れいのじゅんじょ
「くふう」でだん落分け
「すがたをかえる○○」
麦
・パン
・麦茶
とうもろこし
・コーンスープ
牛にゅう
・チーズ
・ヨーグルト
魚
・さしみ
・やき魚
いも
・ポテトチップス

1

単元の目標を振り返る

「すがたをかえる○○」という説明文を書くことを目標に勉強してきましたね

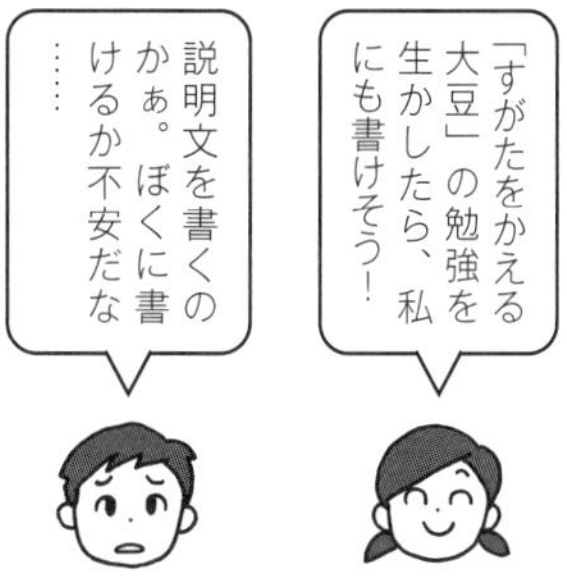
「すがたをかえる大豆」の勉強を生かしたら、私にも書けそう！
説明文を書くのかぁ。ぼくに書けるか不安だな……

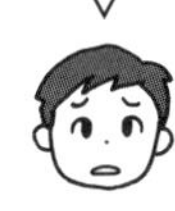

単元の最初の時間に確認した「すがたをかえる○○」という説明文を書くという目標を振り返る。これまでに「すがたをかえる大豆」の学習で読み取ってきた説明の工夫を確認する。

2

題材について話し合う

どんな食材で説明文が書けそうですか？

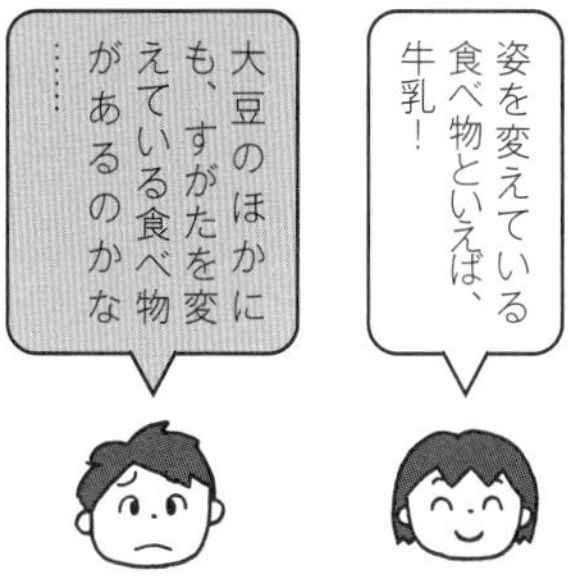
姿を変えている食べ物といえば、牛乳！
大豆のほかにも、すがたを変えている食べ物があるのかな……

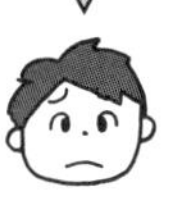

大豆と同じように、様々な食品に姿を変えている材料について話し合う。まずは、子供の生活経験を基に考えを出し合った上で、教科書で「米」「麦」「牛乳」等が紹介されていることを確認する。　配慮ア

本時の展開  第三次　第3・4時

目標 モデル文を基に、文章の組み立てや、分かりやすい例の書き方について理解するとともに、選んだ食材について、自分なりに工夫した文章を書くことができる。

［ 本時展開のポイント ］

「すがたをかえる大豆」や「いろいろなすがたになる米」などのモデル文を基に、組み立てや例の書き方について、丁寧に確認することで、その後の文章を書く活動への抵抗感を和らげている。

［ 個への配慮 ］

ア食品カードを用意する

例の順序が読み手にどのような影響を与えるのかについて考えることが困難な場合、様々な例の順序性を具体的に考えることができるように、食品カードを用意し、手元で並び替えながら考えることができるようにする。

イワークシートを用意する

ノートに表を書いて、組み立てを整理することが困難な場合、何をどのように書けばいいのかを視覚的に理解することができるように、表を印刷したワークシートを用意し、必要に応じて渡すようにする。

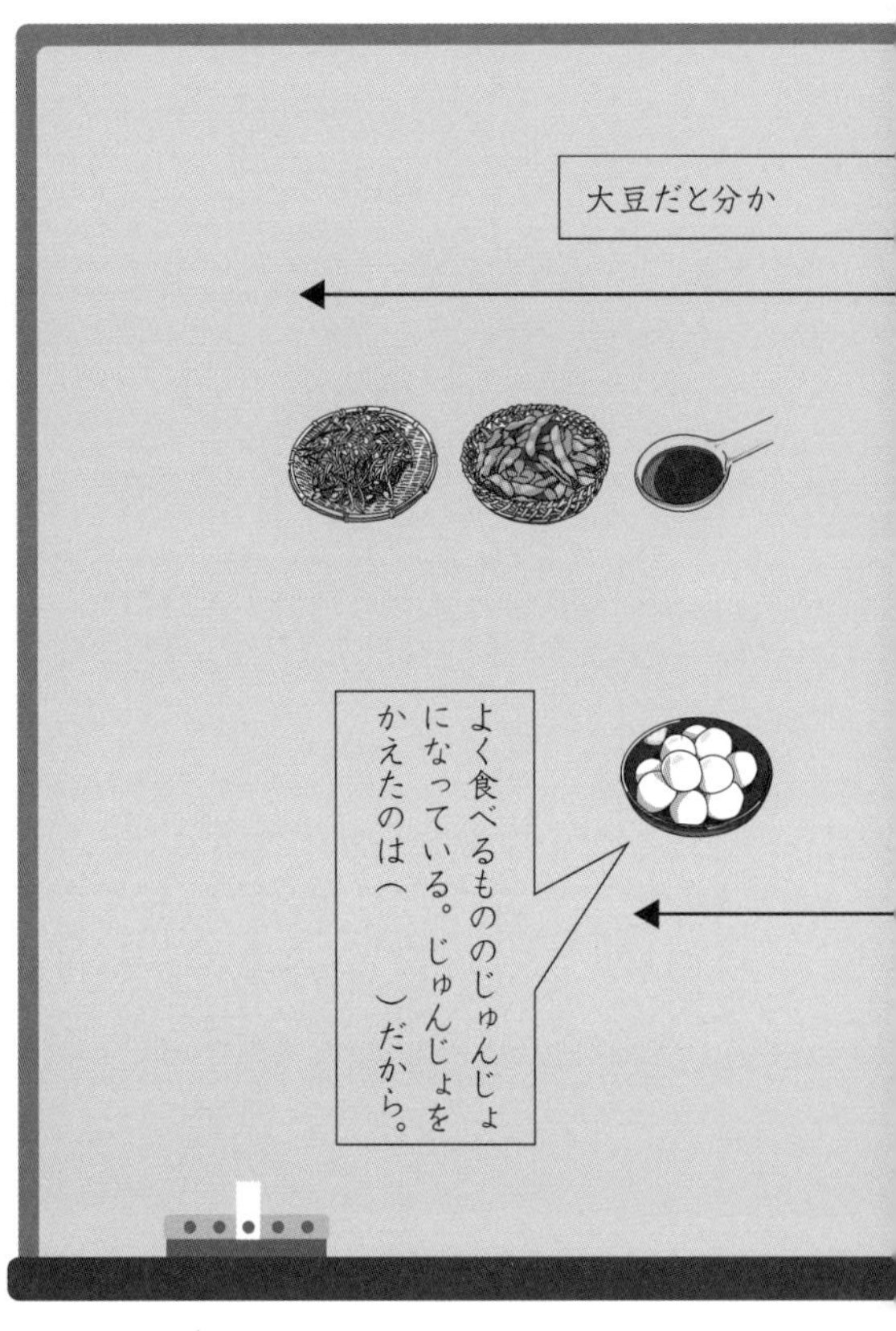

大豆だと分か
よく食べるもののじゅんじょになっている。じゅんじょをかえたのは（　　）だから。

3 文章の組み立てと例の書き方を考える

どのような組み立てと例の書き方をするか、表に整理してみましょう

教科書の「組み立てのれい」を参考に、どのような組み立てにするか、またどのような例の書き方にするかを表にまとめ、友達と見合う活動を設定する。　配慮イ

4 下書きを書いて、読み返し、清書を行う

組み立てに沿って、下書きをしましょう。読み返して確認をしてから、清書しましょう

下書きをしたら、「段落分けが適切か」、「誤字や脱字がないか」、「接続語を用いているか」などの観点から、読み返すように伝える。

・大豆食品の写真９枚（デジタル教科書で印刷可能）
・「ごはん」「もち」「白玉」のイラストや写真

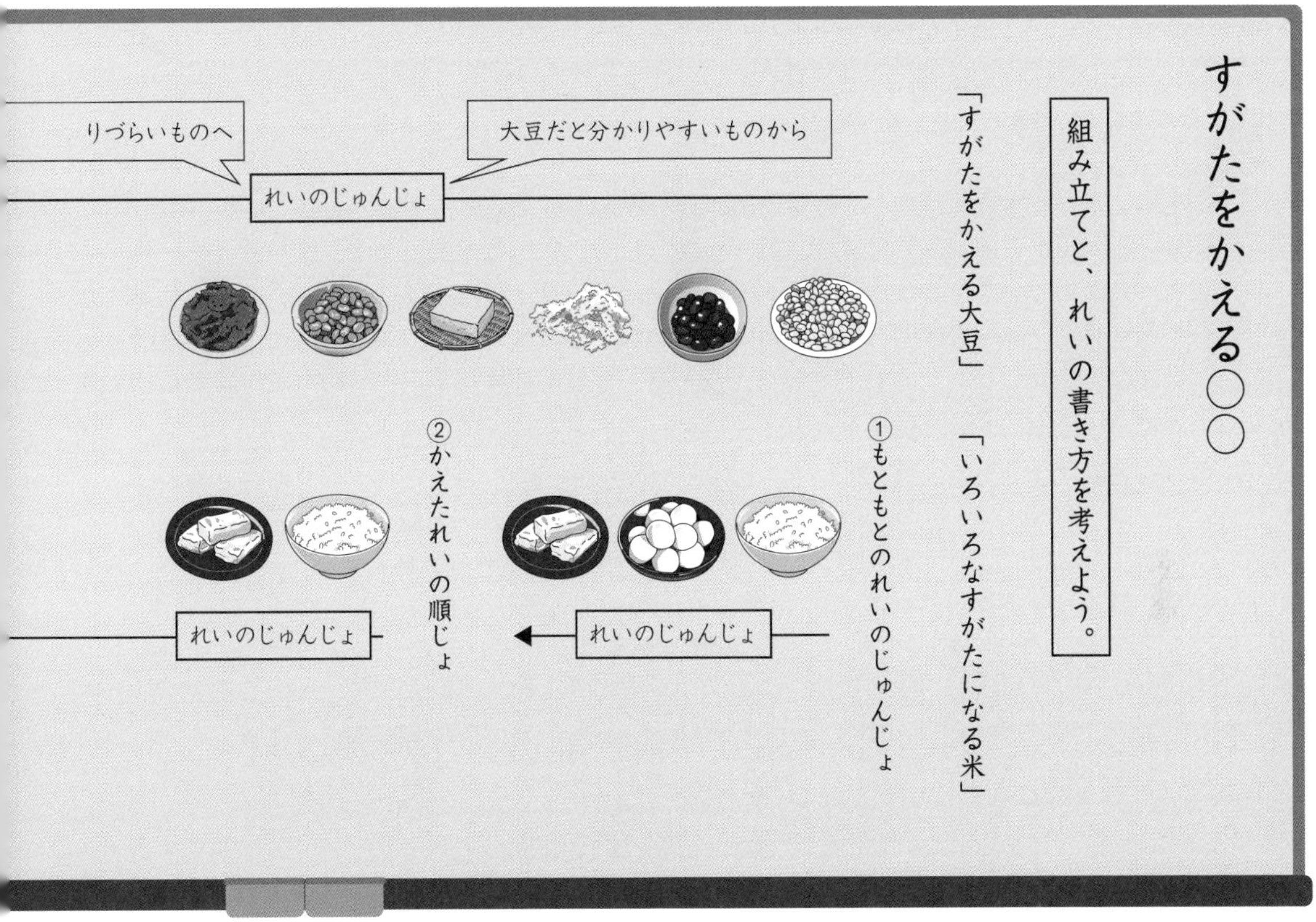

すがたをかえる○○

組み立てと、れいの書き方を考えよう。

「すがたをかえる大豆」

大豆だと分かりやすいものから

れいのじゅんじょ

りづらいものへ

「いろいろなすがたになる米」

①もともとのれいのじゅんじょ

れいのじゅんじょ

②かえたれいの順じょ

れいのじゅんじょ

1 文章の組み立てと、例の書き方について考えることを確認する

すがたをかえる大豆のように、分かりやすい説明文になるように考えましょう

初めには、大豆のことが書かれていたね

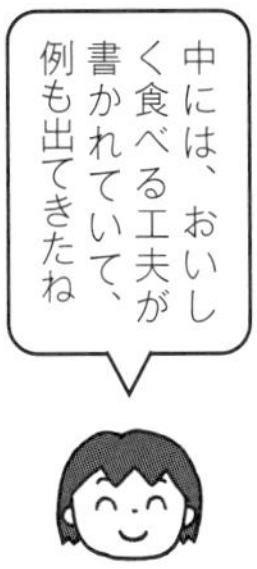

中には、おいしく食べる工夫が書かれていて、例も出てきたね

まず、本時の学習について確認する。次に、「すがたをかえる大豆」の文章構成を振り返り、「初め・中・終わり」の構成要素を確認し、例の順序についても振り返る。

2 例の順序について話し合う

「いろいろなすがたになる米」という説明文の例の順序は、どちらの順序がいいと思いますか？

どうして、①の順序から、②の順序に変えたのだろう……

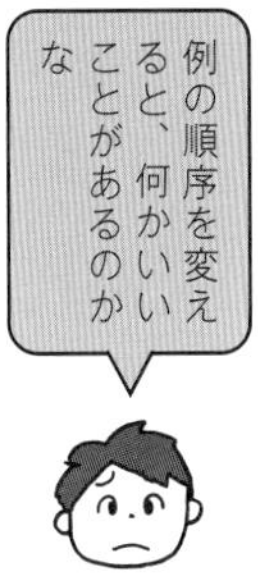

例の順序を変えると、何かいいことがあるのかな

教科書で紹介されている文章を例に、「例の順序」について考える活動を行う。二つの順序を提示し、どちらがよいか問う。友達のアドバイスを受けて、順序を変えたのはなぜか、理由の解釈を促す。配慮ア

「ありの行列」の授業デザイン

（光村図書３年下）

教材の特性

生活に身近な生き物を扱っているため、親しみをもって読める文章である。序論・本論・結論（初め・中・終わり）に分けられ、序論（初め）にある「問いの文」に対応して、結論（終わり）で「答えの文」がまとめられている。また、本論（中）では、「実験→結果→考察→研究→わけの解明」という形式で説明が進められている。これは、同学年の既習教材「こまを楽しむ」や「すがたをかえる大豆」などとは異なる。科学的な読み物の面白さを感じながら、筆者の書き方の工夫を学ぶことができる文章である。

終わり	中							初め
9	研究とわけの解明			ウイルソンの紹介 二つの実験と考察				1
答えの文 「このように、においをたどって、えさの所へ行ったり、巣に帰ったりするので、ありの行列ができるというわけです。」	8	7	6	5	4	3	2	問いの文 「それなのに、なぜ、ありの行列ができるのでしょうか。」
	はじめのありも他のありも、えきを地面につけて歩く	ありの行列のできるわけを知った	ありの体の仕組みを研究	道しるべをつけたのでは、と考えた	大きな石で行列をさえぎる実験	さとうをおく実験	ウイルソンの紹介	

身に付けさせたい力

・文章を読んで理解したことに基づいて、感想や考えをもつ力
・指示語や接続語、段落同士のつながりを捉える力

授業づくりの工夫

焦点化（シンプル）	視覚化（ビジュアル）	共有化（シェア）
○提示する文章を限定して、ねらいとする読みの論理に着目できるようにする。 ○限定した文章を分類することで、文章を短くまとめるときの視点をもてるようにする。	○挿絵の提示をすることで、ありの様子を全員がイメージできるようにする。 ○センテンスカードを提示し、順番や分類の際の手がかりとなるようにする。	○着目する言葉や文章を、実際に声に出して読むことで全体で共有する。 ○感想を発表する際、色付箋紙を使うことで、聞き手の立場を明らかにして交流する。

単元目標・評価規準

指示語や接続語に着目し、段落の役割について理解するとともに、文章を読んで理解したことに基づいて、感想や考えをもつことができる。

知識・技能

○指示語や接続語の役割を基に、段落同士のつながりを理解している。　(1)カ

思考・判断・表現

○「読むこと」において、段落同士のつながりに着目し、文章について感想や考えをもっている。　C(1)オ

主体的に学習に取り組む態度

○説明の工夫を叙述から進んで捉え、自らの文章に生かそうとしている。

単元計画(全7時間)

次	時	学習活動	指導上の留意点
一	1	**ありの行列を読んで、初めの感想を書こう**	
		○文章を読んで、感想を書く。	・内容に関わる感想と説明の仕方に関わる感想に分けて板書する。
二	1	**ありの行列を詳しく読もう**	
		○問いの文・答えの文を見付け、文章を「初め・中・終わり」に分ける。	・問いと答えの文が、それぞれ初めと終わりにあることを確認する。 ・「中」が必要かを問い、具体的に説明するよさに目を向けられるようにする。
	2	○「中」の文の並び替えを通して、指示語や接続語に着目して論の進め方を捉える。	・センテンスカードの順序を変えて提示することで、「正しい順番にしたい」という意欲を引き出す。
	3	○役割音読を通して「したことの文」と「考えの文」を区別する。	・センテンスカードで学習内容を限定して提示する。
	4	○「研究の進め方」・「ありが行列を作る仕組み」を中心に、要約をする。	・前時の学習を生かして、文を二つに分類する活動を設定する。 ・要約のまとめ方のポイントを整理する。
三	1	**感想を伝え合おう**	
		○文章を読んだ感想を書く。	・教科書の例を参考に、よい感想の書き方を整理する。
	2	○感想を交流し、友達と自分の感想を比較する。	・色付箋紙を使って、自分と「似ているところ」・「違うところ」を交流する活動を設定する。

教材分析

「したこと」は「―ました。」、「考えたこと」は、「―です。」と書かれている。「考えたこと」の文は、「ありが行列を作る仕組み」と関わるものが多い。

オ 要約する

「研究の進め方」や「ありが行列を作る仕組み」を中心に短くまとめる。字数制限を設け、目的意識をもって文章を短くする。

カ 感想をもつ

叙述に即して具体的な感想がもてるとよい。教科書の感想の例から書き方を学ぶ。説明文の後に載っている「もっと読もう」も活用する。

■終わり■ ■中■

の所でみだれて、ちりぢりになってしまいました。ょうやく、一ぴきのありが、石の向こうがわに道のつづきを見つけました。ィそして、さとうに向かって進んでいきました。ィそのうちに、他のありたちも、一ぴき二ひきと道を見つけて歩きだしました。ィまただんだんに、ありの行列ができていきました。目的地に着くと、ありは、さとうのつぶを持って、巣に帰っていきました。帰るときも、行列の道すじはかわりません。ありの行列は、さとうのかたまりがなくなるまでつづきました。

5ゥこれらのかんさつから、ウイルソンは、はたらきありが、地面に何か道しるべになるものをつけておいたのではないか、と考えました。

6ィそこで、ウイルソンは、はたらきありの体の仕組みを、細かに研究してみました。すると、ありは、おしりのところから、とくべつのえきを出すことが分かりました。それは、においのある、じょうはつしやすいえきです。

7ゥこの研究から、ウイルソンは、ありの行列のできるわけを知ることができました。

8はたらきありは、えさを見つけると、道しるべとして、地面にこのえきをつけながら帰るのです。他のはたらきありたちは、そのにおいをかいで、においにそって歩いていきます。そして、そのはたらきありたちも、えさを持って帰るときに、同じように、えきを地面につけながら歩くのです。そのため、えさが多いほど、においが強くなります。

9ア・イこのように、においをたどって、えさの所へ行ったり、巣に帰ったりするので、ありの行列ができるというわけです。

実験② | 考察 | 研究 | 行列のできるわけ

■**第二次・第2時**

バラバラにした「中」の文章の順序を考える／ゆさぶり発問『『中』の最初に、行列のできるわけが書かれていてはだめ?』（しかけ「順序を変える」）

中の順序を考える活動を通して、指示語や接続語の役割を整理する。

また、ゆさぶり発問によって、実験・考察・研究を経て、行列のできるわけが明らかになることを確認する。（イ・ウ）

■**第二次・第3〜4時**

「研究の進め方」と「ありが行列を作る仕組み」に注目して、要約する（しかけ「分類する」）

3時では、「研究したことの文」の文と「考えたことの文」の文を分類する。4時では、要約をするポイントを整理する。（エ・オ）

■**第三次・第1〜2時**

感想を書く（しかけ「分類する」）

初めの感想との違いを自覚化したり、疑問を解決する文を読んだりする活動を設定する。感想を交流する際には、色付箋紙を活用し、視点を決めて伝え合うようにする。（カ）

◆教材分析のポイント　その①【接続語・指示語】

ウイルソンがどのような順序で実験や研究を進めたかを正しく捉えられるようにするための着眼点を整理しておくことが重要である。

「はじめに」「次に」などの順序を表す接続語に加え、実験→考察→研究→わけの解明という説明の順序を捉えるためには、「これらのかんさつから」や「この研究から」などの、指示語についても正しく理解を促す必要がある。

◆教材分析のポイント　その②【要約する】

要約する際に、必要な部分はどこか、不要な部分はどこかを把握するためにも、指導者が事前に、要約文を作成するとよい。

本教材の場合、「ありが行列を作る仕組み」だけでなく、「ウイルソンがどのように研究を進めたか」についても要約文に含めるのがポイントである。文末表現をヒントに、二つの内容を整理した上で、要約するようにしたい。

指導内容

ア　問いの文・答えの文

「なぜ〜」と、理由を問う文が「初め」の1段落にあり、「このように〜」と答えとなる文が「終わり」の9段落にある。

イ　接続語

大きな順序を表す接続語（「はじめに」「次に」など）と、小さな順序を表す接続語（「しばらくすると」「やがて」「そして」など）がある。接続語に注目すると、実験の経過を理解しやすい。

ウ　指示語

5段落「これらのかんさつ」は、3・4段落の内容を指し、7段落「この研究から」は、6段落を指している。接続語同様、文章のつながりを理解するのに役立つ。

エ　文末表現

■初め■

ありの行列　　大滝哲也

1夏になると、庭や公園のすみなどで、ありの行列を見かけることがあります。その行列は、ありの巣から、えさのある所まで、ずっとつづいています。ありは、ものがよく見えません。[ア]それなのに、なぜ、ありの行列ができるのでしょうか。

2アメリカに、ウイルソンという学者がいます。[ウ]この人は、次のような実験をして、ありの様子をかんさつしました。

3[イ]はじめに、ありの巣から少しはなれた所に、ひとつまみのさとうをおきました[エ]。[イ]しばらくすると一ぴきのありが、そのさとうを見つけ[エ]ました。これは、えさをさがすために、外に出ていたはたらきあり[エ]です。ありは、[イ]やがて、巣に帰っていき[エ]ました。すると、巣の中から、たくさんのはたらきありが、次々と出てき[エ]ました。[イ]そして、列を作って、さとうの所まで行き[エ]ました。ふしぎなことに、その行列は、はじめのありが巣に帰るときに通った道すじから、外れていないので[エ]す。

4[イ]次に、[ウ]この道すじに大きな石をおいて、ありの行く手をさえぎってみました。[イ]すると、ありの行列は、石

【実験①】

指導のポイント

■第一次・第1時

挿絵の順序を考える

（しかけ「順序を変える」）

単元の導入で、バラバラにした挿絵の順番を考える活動を通して、説明文への興味をもつことができるようにする。また、初読時の内容理解も促すことができる。

■第二次・第1時

「初め・中・終わり」に分ける。

／ゆさぶり発問「中はなくてもいい？」

「初め・中・終わり」に分ける活動を通して、問いと答えの文を見つける。　　（ア）

また、ゆさぶり発問によって、「中」で実験や観察、研究の内容などが詳しく書かれていることに気付けるようにする。

本時の展開 第一次 第1時

目標 初めて読んだ文章に対して感想をもち、学習課題を設定して、学習の見通しをもつことができる。

[本時展開のポイント]

本文を読む前に、挿絵から説明文の内容を予想し、興味をもって読めるようにする。初めの感想は、3つの観点に分類して板書する。単元のめあてや学習計画を確かめる際に板書と関連させるとよい。

[個への配慮]

ア振り仮名付きの本文を用意する

これまで学習した漢字の読みが定着せず音読することが困難な場合、自分の力で読めるよう、振り仮名付きの本文を指導書データから印刷しておく。

イ線を引いたり、場所を絞って問いかけたりする。

感想を書くことが困難な場合、気になったところを手がかりに考えの第一歩を踏み出すことができるよう、気になったところに線を引くように伝えたり、「○○ということは知っていた？」と問いかけるなど驚いたところを自覚できるようにする。

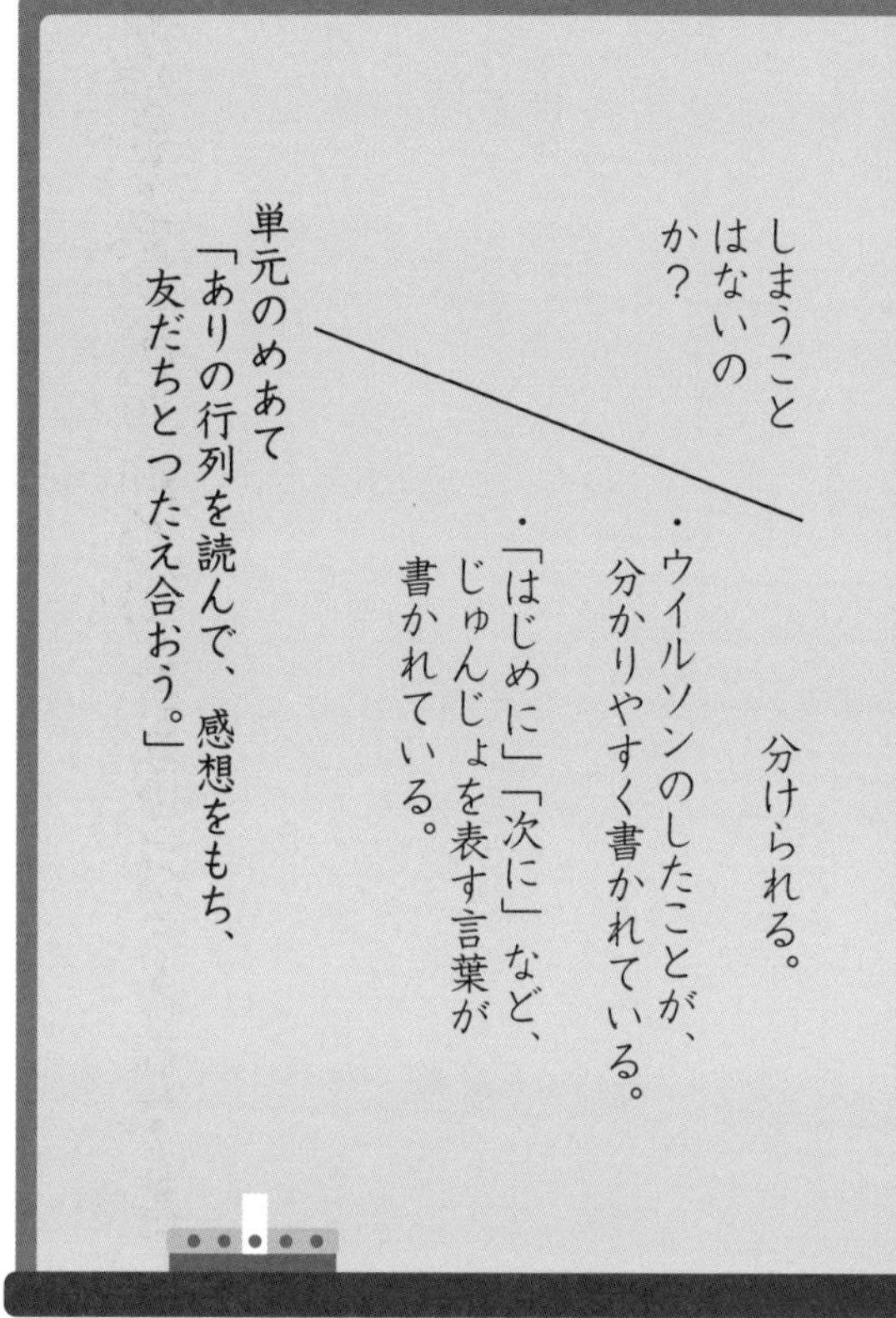

3 初めの感想を書き、発表する

「おどろいたこと・ふしぎなこと・書き方」について書こう

おどろいたことが人によって違うんだ

今まで説明文を思い出して書くといいね

分類の観点は、感想を書く際に、意識しすぎる必要はない。全体交流で、感想を分類していく。「○○さんの感想は、どこに書けばいい？」と、問い返しながら感想を交流をする。 **配慮イ**

4 単元の学習課題・計画を確かめる

これから、ありの行列を詳しく読んで、感想を友達と伝え合いましょう

人によって、いろいろな感想があるんだね

○○さんが発言したことも学習するね

様々な感想が出た上で、単元のめあてを確認する。また、教科書の「学習」のページを参考に、これからの学習の見通しを伝える。このとき、子供から出された感想と関わる学習内容は、板書を示しながら確認する。

準備物　・挿絵カード３枚（デジタル教科書で印刷可）

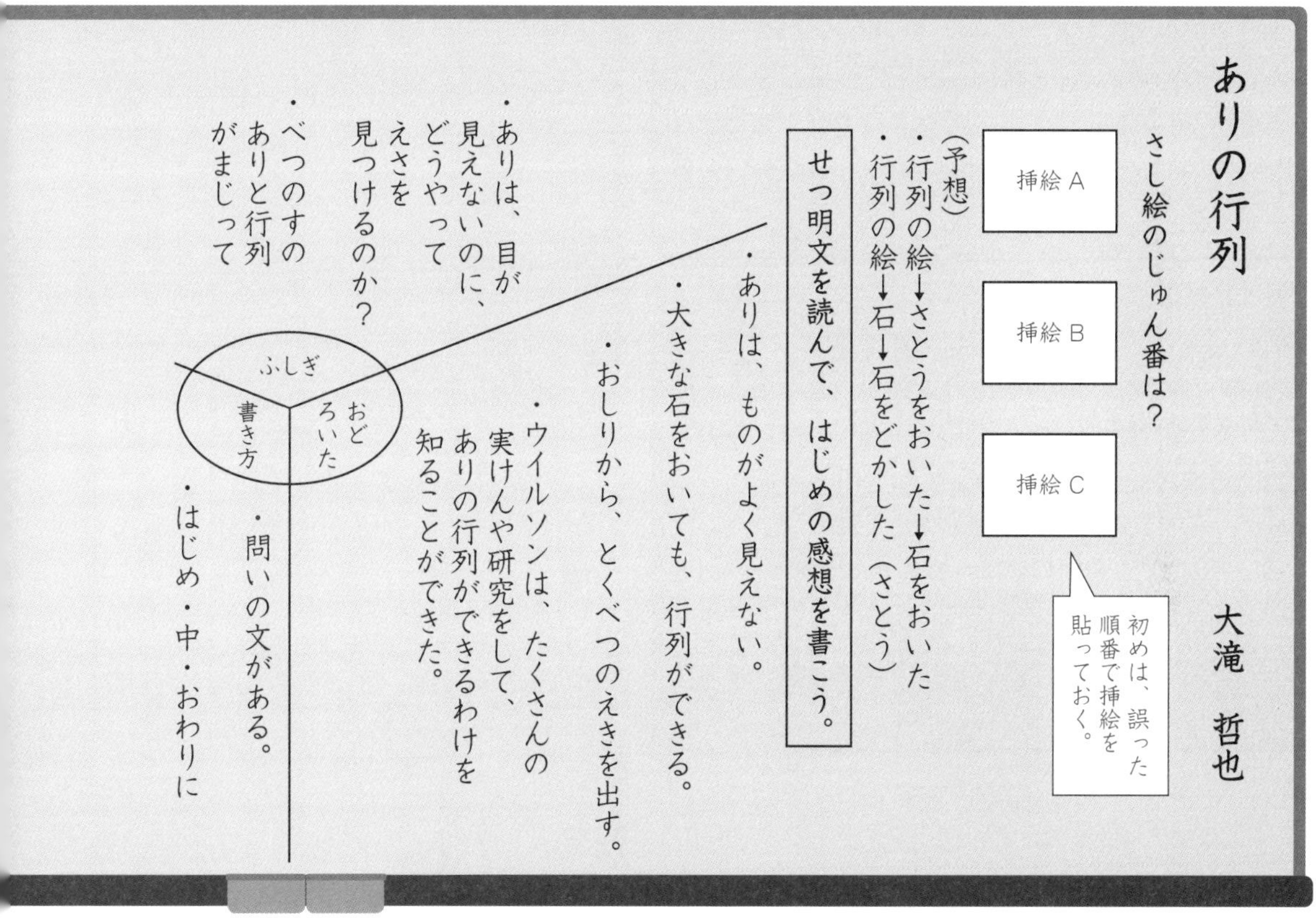

ありの行列

大滝　哲也

さし絵のじゅん番は？

挿絵 A

挿絵 B

挿絵 C

初めは、誤った順番で挿絵を貼っておく。

（予想）
・行列の絵→さとうをおいた→石をおいた
・行列の絵→石→石をどかした（さとう）

せつ明文を読んで、はじめの感想を書こう。

・ありは、ものがよく見えない。
・大きな石をおいても、行列ができる。
・おしりから、とくべつのえきを出す。
・ウイルソンは、たくさんの実けんや研究をして、ありの行列ができるわけを知ることができた。

ふしぎ／おどろいた／書き方

・ありは、目が見えないのに、どうやってえさを見つけるのか？
・べつのすのありと行列がまじって

・問いの文がある。
・はじめ・中・おわりに

1 題名や挿絵から、内容を予想する

挿絵はどんな順番でしょう？

しかけ（順序を変える）

３枚の挿絵をバラバラにして提示し、順番を問う。どんな予想も共感して受け止める。実験の手順に関する予想が出されたら、全体に共有するようにする。

初めは、さとうも石も書いてない行列の絵かな？

さとうや石は、人の手でおいたのかな？

2 範読を聞き、音読練習をする

読んで、感想を考えよう

行列の挿絵は、最後に登場するんだ

この漢字は何て読むのかな

範読の後、一人で音読することが困難な場合、教師の後を追って読んだり、ペアで交代して読んだり、変化のある方法で行う。　配慮ア

本時の展開  第二次　第1時

目標 文章を「初め・中・終わり」に分ける活動を通して、問いの文と答えの文があることに気付き、「中」の役割について自分の考えを書くことができる。

［ 本時展開のポイント ］

既習内容を生かし、「初め・中・終わり」を捉える学習をする。問いの文と答えの文を確認し、文章構成を捉えた上で、「中がなくてもいいか」を問い、中の必要性に注目するよう促す。

［ 個への配慮 ］

ア問いと答えに注目できる教材文を用意する

自分の力で段落の構成を分けるのが困難な場合、問いと答えに注目することができるように、問いと答えが色で示された教材文を渡す。

イ教師が教材文の「中」の部分を手で隠す

考えをゆさぶる発問の意味を捉えるのが困難な場合、中の必要性に注目することができるように、③の教材文の「中」の部分を手で隠して、初めと終わりだけを一緒に音読する。

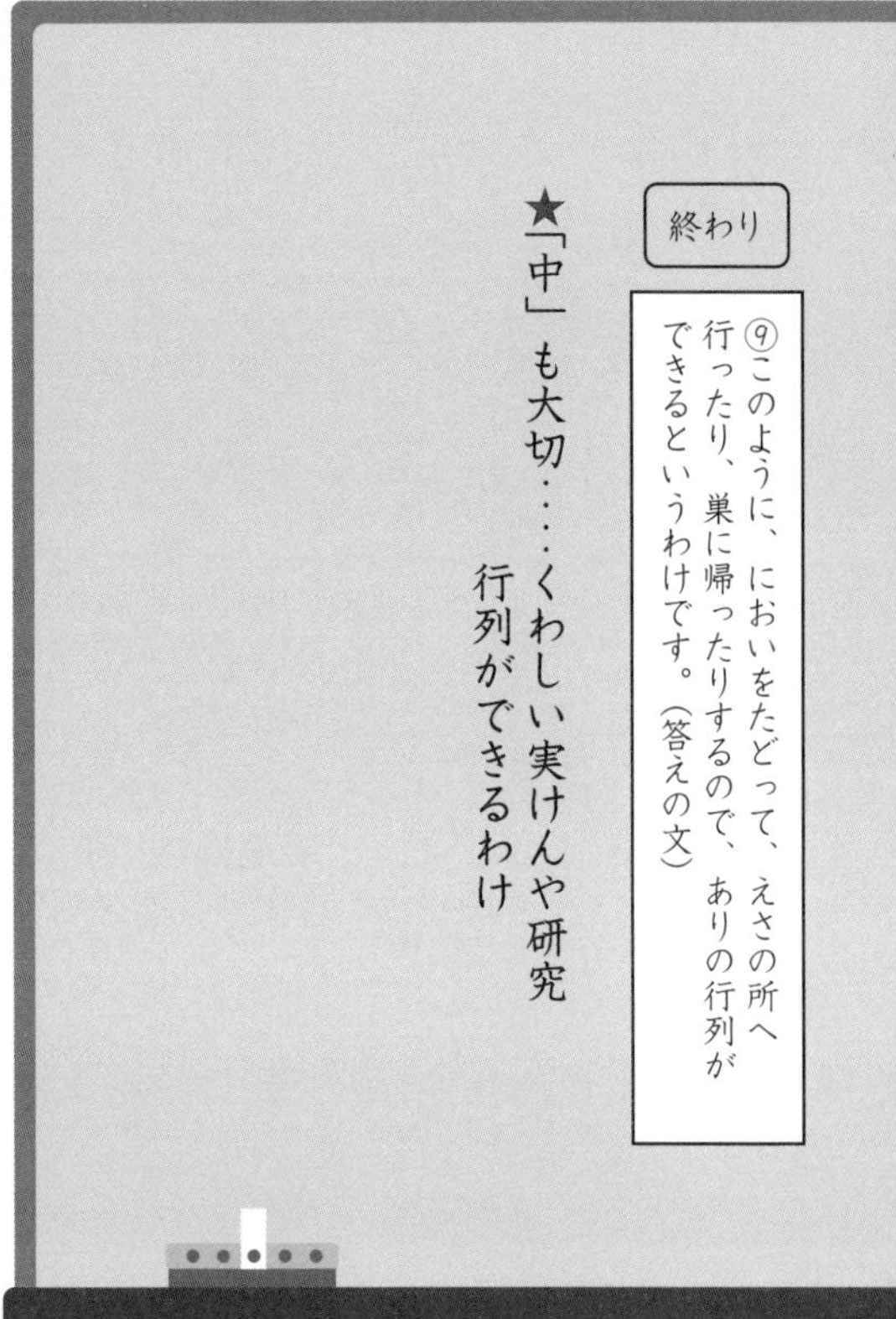

3 中の必要性を話し合う

問いと答えが大切だから、中はなくてもいいかな？

しかけ（仮定する）

②〜⑧段落のカードを黒板から外し、発問の意味を視覚的に理解できるようにする。中がいらないという意見が多い場合、考えに共感した上で「中があるよさ」を考えるよう促す。　配慮イ

4 学習を振り返り、次の学習の見通しをもつ

中にはどんなことが書かれている？

中は、詳しい説明が書いてあるから大切だ
これから、中も詳しく読んでいきたいな

「実験や研究の詳しい内容」や「行列のできるわけ」などが「中」に書かれていることを確認する。中の説明の詳しいところまでは扱わず、次時の学習の見通しをもてるようにする。

準備物 ・センテンスカード７枚 6-01～07

ありの行列　大滝　哲也

はじめ・中・おわりに分けよう。

はじめ

①夏になると、ありの行列を見かけることがあります。なぜ、ありの行列ができるのでしょうか。（問いの文）

中

②この人は、次のような実験をして、ありの様子をかんさつしました。

③はじめに、ありの巣から少しはなれた所に、ひとつまみのさとうをおきました。

④次に、この道すじに大きな石をおいて、ありの行く手をさえぎってみました。

⑤⑥これらのかんさつから、地面に何か道しるべになるものをつけておいたのではないか、と考え、はたらきありの体の仕組みを、細かに研究してみました。

⑦⑧この研究から、ウイルソンは、ありの行列のできるわけを知ることができました。えさを持って帰るときに、えきを地面につけながら歩くのです。

1 センテンスカードを読み、学習課題を捉える

「初め・中・終わり」に分けよう

「すがたをかえる大豆」などと同じかな
どこで分ければいいのかな

センテンスカードの音読をする。既習の説明文が「初め・中・終わり」に分けられたことを振り返り、この教材も同じように分けることができるかを考える。

2 学習課題について話し合う

手がかりになる文はどれ？

問いと答えが書いてあるな
どこが問いで、どこが答えかな……？

手がかりとなる問いの文や答えの文を確認し、「初め・中・終わり」を整理する。その際、「でしょうか。」や「このように」などの表現についても確認する。 配慮ア

本時の展開 第二次 第2時

目標 順序を話し合う活動を通して、指示語や接続語の役割に気付き、中の論の進め方を捉えることができる。

[本時展開のポイント]

前時とほぼ同じセンテンスカードを使うが、段落番号は隠してバラバラにして提示する。並び替えの活動を通して接続語や指示語に着目できるようにしている。

[個への配慮]

㋐手元で操作できるセンテンスカードを用意する

黒板上の操作だけでは、説明の順序を理解するのが難しい場合、接続語や指示語の役割に気付けるように、実際に手元で操作できるカードを渡す。

㋑センテンスカードを一緒に操作し、説明を補う

考えをゆさぶる発問の意味を捉えるのが困難な場合、「順序を入れ替える」ということの意味が理解できるように、手元で一緒にセンテンスカードの操作を行ったり、説明を補ったりする。

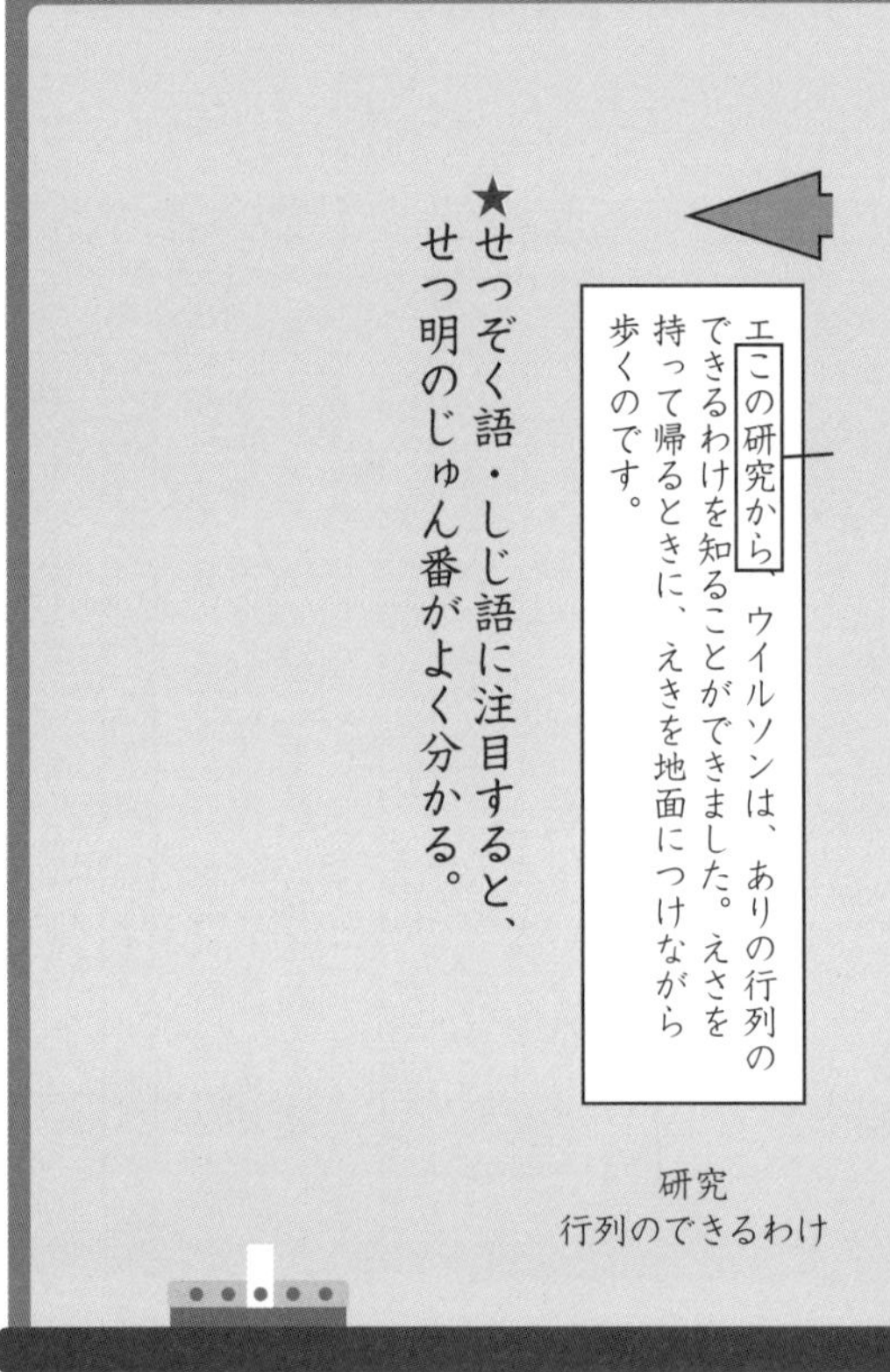

3 中の論の進め方について考える

わけが大切だから、「エ」の文を最初に説明してはだめ？

いきなりわけが分かるのはおかしいよ

「エ」を最初に説明するって、どういうこと？

しかけ（仮定する）

「結論を先に示した方が分かりやすいよね」と、「エ」の文を最初に説明することを提案し、「中」の論の進め方への着目を促す。 配慮㋑

4 中の論の進め方を整理し、学習を振り返る

中では、どんなことが説明されている？

ウイルソンは苦労して答えにたどりついたはず

答えにたどりつくまでのことが分かって、ドキドキするね

実験①→実験②→考え→研究・行列のできるわけ、という「中」の論の進め方を整理する。指示語や接続語など、本時の学習で用いた学習用語を確認する。

・前時で使った中のセンテンスカード５枚（段落番号を隠しておく）6-08～12

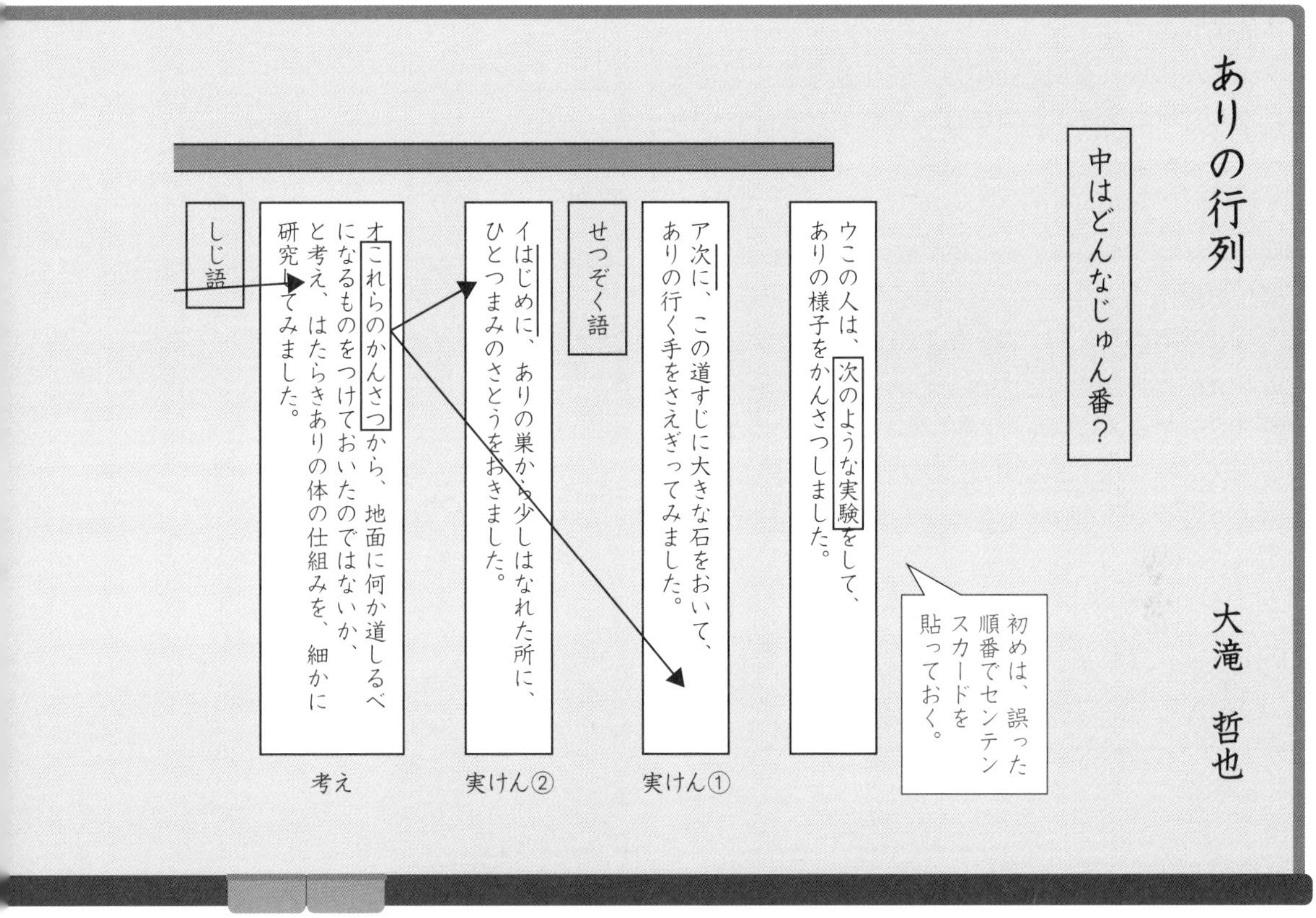

ありの行列

大滝　哲也

中はどんなじゅん番？

ウこの人は、次のような実験をして、ありの様子をかんさつしました。

ア次に、この道すじに大きな石をおいて、ありの行く手をさえぎってみました。

実けん①

せつぞく語

イはじめに、ありの巣から少しはなれた所に、ひとつまみのさとうをおきました。

実けん②

オこれらのかんさつから、地面に何か道しるべになるものをつけておいたのではないか、と考え、はたらきありの体の仕組みを、細かに研究してみました。

考え

しじ語

初めは、誤った順番でセンテンスカードを貼っておく。

1 中のセンテンスカードを音読する

中を詳しく学習しましょう

前の時間に勉強したから覚えているかな
先生、文の順番が違います

しかけ（順序を変える）

前時で使ったものと、ほぼ同じセンテンスカードを使用するが、段落番号は外しておき、誤った順番で並べる。あえてカードを落としたり、分からないふりをしたり、演出をすることも考えられる。

2 学習課題について話し合う

中はどんな順番？

「はじめに」や「次に」がヒントになりそうだ
「この研究」や「これらのかんさつ」って、何を指しているのかな？

センテンスカードを基に順序を考えるように促すが、教科書を見ながら考えてもよいことを伝える。接続語や指示語を手がかりに、順序を考えられるようにする。配慮ア

本時の展開　第二次　第3時

文の仲間分けを考える活動を通して、第3段落には「したことの文」と「考えたことの文」があることを知るとともに、見分ける際の着眼点としての文末表現について理解することができる。

［ 本時展開のポイント ］

文末表現に着目を促す授業は、無味乾燥で退屈な授業になりがちである。本時では、楽しく、自然に文末表現へと着目を促すために、おみくじゲームを取り入れている。

［ 個への配慮 ］

㋐カードの内容を手元で確かめられるようにする

カードの色分けの理由を考えるのが困難な場合、内容を手元で確かめることができるよう、センテンスカードを印刷したプリントを渡すようにする。

㋑ゆさぶり発問の意味を説明する

ゆさぶり発問の意味を理解することが困難な場合、手元でのカード操作に加え、「白のカードの文がなかったとしても、問題ないよね？ということを先生は言っているのですよ」と説明を補うようにする。

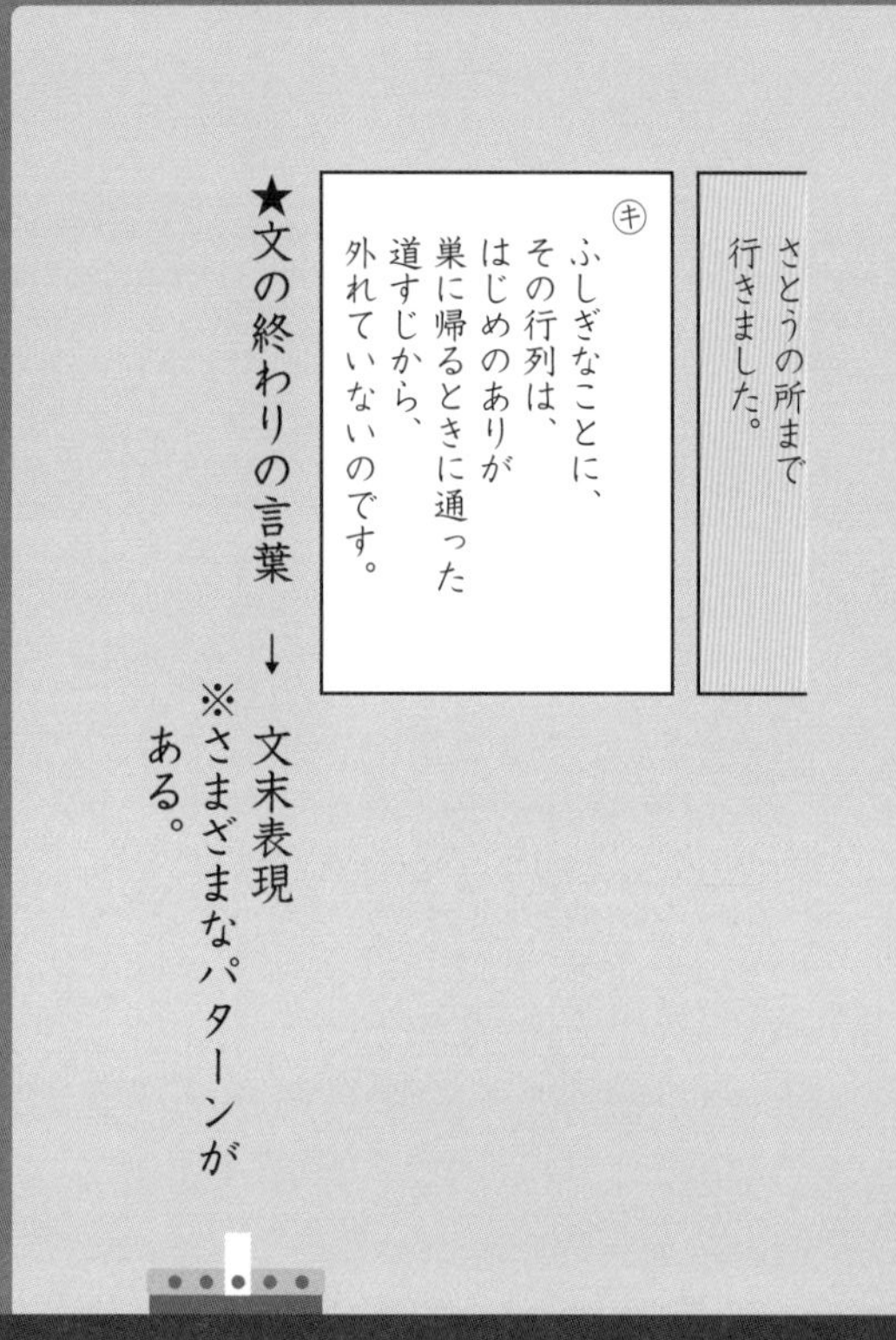

3 白いカードの文の必要性を考える

③段落では、実験の内容が分かればいいから、白いカードの文はなくてもいいよね？

確かに②段落に、「次のような実験をして」とあるけど……

なくてもいいって、どういう意味かな？

しかけ（仮定する）

白いカード2枚を黒板から外して、視覚的にも、ゆさぶり発問を行うようにする。白のカードがないと、④段落の実験とつながらないなどの意見を引き出し、整理する。

配慮㋑

4 ④段落について考える

④段落には、「考えたこと・分かったこと」の文が一つだけあります。どの文か分かりますか？

「～ました。」の文は、したことの文だよね

あれ、「～です。」の文がないなあ

④段落においては、「帰るときも、行列の道すじはかわりません。」という一文のみが「考えたこと・分かったこと」の文である。文末表現には、様々なパターンがあることを確認したい。

準備物 ・センテンスカード７枚 6-13～19

ありの行列

大滝 哲也

同じ色の仲間のカードは、どれ？

㋐ はじめに、ありの巣から少しはなれた所に、ひとつまみのさとうをおきました。

㋑ しばらくすると一ぴきのありが、そのさとうを見つけました。

㋒ これは、えさをさがすために、外に出ていたはたらきありです。

㋓ ありは、やがて、巣に帰っていきました。

㋔ すると、巣の中から、たくさんのはたらきありが、次々と出てきました。

㋕ そして、列を作って、

赤いカード
「～ました。」
→ウイルソンやありがしたこと

白いカード
「～です。」
→ウイルソンが考えたことや分かったこと

1 「ありの行列おみくじ」をする

カードの裏には色がついています。赤が大吉、白が吉です

カードの裏側の色によって、大吉、吉が決まるようと提案する。初めに、ア、イ、ウのカードを裏返して、色を考えるヒントを与えるようにする。

2 学習課題について話し合う

同じ色の仲間のカードは、どれ？

まずは、自由な発想で、どのカードが何色の仲間なのかについて話し合う。文末表現に着目する意見など、全員で考え方を共有しながら、色分けの仕方について、整理していくようにする。

配慮㋐

赤いカードには、どんな共通点があるかな
色分けの理由、全然分からないな……

本時の展開 第二次 第4時

文章の内容を二つの観点から短くまとめる方法について話し合い、中心となる文がどの段落に書かれているかを理解し、観点ごとに文章を短くまとめることができる。

[本時展開のポイント]

前時の学習を活用しながら、文章を短くまとめるときのポイントを考える授業。(1) も (2) も、教師があえて不適切な提案をすることで子どもの思考を活性化している。

[個への配慮]

㋐それぞれの文の主語を確認する

どの文が必要かを見分けるのが困難な場合、「ウイルソン」が主語である文を見つける必要があることを伝え、省略されている文については、教師が一緒に主語を補いながら考えられるようにする。

㋑サイドラインを引いた教材文を用意する

重複した情報を見出だすことが困難な場合、どこが同じ情報なのかが一目で分かるように、同じようなことが書かれている部分にサイドラインが引かれた教材文を用意する。

③段落 これは、えさをさがすために、外に出ていたはたらきありです。

⑧段落 はたらきありは、えさを見つけると、道しるべとして、地面にこのえきをつけながら、帰るのです。他のはたらきありたちは、そのにおいをかいで、においにそって歩いていきます。そして・・・

★同じような内容の文は、一つにまとめる。分かったことは、第8段落に、よくまとめられている。

3 必要な文はどれかについて話し合う

どちらも、文末が「〜です。」の文なので、両方とも必要な部分ですよね

確かに②段落に、「次のような実験をして」とあるけれど……

どちらも「〜です。」だし、必要だよね

（2）の観点についても、（1）と同様に展開し、必要な文をどのように見分ければよいか話し合う。ここでは、あえて③段落と⑧段落を両方とも提示し、情報を重複させている。 配慮㋑

4 学習した内容を整理し、どちらかの観点を選んで、文章を短くまとめる

今日学んだことを生かして、どちらかの観点で文章を短くまとめてみましょう

「ウイルソンが」をつけて探せばいいね

同じような内容は、まとめていいだね

本時の学習を振り返り、二つの点から文章を短くまとめるときのポイントを整理する。どちらかの観点を選んで、ノートに短くまとめる。文字数や、読み上げにかかる時間を指定してもよい。

準備物 ・センテンスカード4枚 6-20～23

ありの行列

大滝　哲也

書かれていることを短くまとめる方法を考えよう

(1) ウイルソンはどのように研究を進めたのか

○研究の進め方

したこと？　→「～ました。」

分かったこと？→「～です。」「～ません。」

はじめに、ありの巣から少しはなれた所に、ひとつまみのさとうをおきました。

しばらくすると一ぴきのありが、そのさとうを見つけました。

○必要
ウイルソンがしたことだから。

△必要ではない
ありがしたことだから。

★「ウイルソンがしたこと」の文の見つけ方
文の最初に、「ウイルソンが」をつけて読んでみる。

(2) ありが行列をつくる仕組み

○仕組み

したこと？　→「～ました。」

分かったこと？→「～です。」「～ません。」

1 学習課題を確認する

「ウイルソンの研究の進め方」「ありが行列をつくる仕組み」の点から、文章を短くまとめよう

研究の進め方は、「したこと」だよね

「したこと」の文末表現は、「～ました」です

教科書の学習の手引きを読み、二つの点から文章を短くするという課題を提示する。前時を振り返りつつ、「研究の進め方」は、「したこと」であることを確認する。

2 必要な文はどれかについて話し合う

どちらも、文末が「～ました」の文なので、両方とも必要な文ですよね

いや、必要なのはウイルソンが「したこと」の文です

どっちも必要だと思うな……

「～ました。」という文末の二文を提示し、「どちらも必要ですね」とゆさぶる。後者については、「ありがしたこと」であること、内容的にも必要とはいえないという意見を引き出す。　配慮ア

本時の展開 第三次 第1時

目標 教科書に掲載されているモデルとなる感想文のいいところについて話し合う活動を通して、感想の書き方のポイントを理解し、それを生かして感想文を書くことができる。

[本時展開のポイント]

一方的に、感想文の書き方を教える授業にするのではなく、モデル文のよさを話し合う中で、感想文を書くポイントを、子供たちが見出だすことができるようにしている。

[個への配慮]

ア それぞれの文のいいところを考える

特にいいなと思った文を選ぶのが困難な場合、モデル文のよさを一つでも見出すことができるように、一文目から順に、どの部分がいいところだと思うか考えるように促す。

イ 感想の型が書かれたプリントを用意する

感想文を書くことが困難な場合、空所を補充することで感想文を書くことができるように、感想文の型が書かれたプリントを用意しておくようにする。

★感想を書く時に、まねをしたいポイント
①引きつけられたこと ←必ず書く
②「だそうです」という文末表現
③もっと知りたいことやぎもんに思ったこと
④「もっと読もう」に書かれていること
⑤最後の一言

3 モデル文から学んだことを生かして感想を書く

学んだポイントの中から、二つ以上を選んでまねをして書いてみよう（①は必ず書こう）

話し合いを振り返り、モデル文のいいところを板書で整理する。見出したポイントを全て活用するのは難易度が高いため、①を含む、二つ以上を使おうと提案する。配慮イ

4 書いた感想文を音読し、推敲する

ポイントはいくつ使えましたか？ 音読して、よりよい文章にしましょう

書いた文章を音読した上で、よりよい文章に手直しするように促す。どのポイントを使ったかを尋ね、使うポイントをさらに増やすことに挑戦するように声をかけるのもよい。

準備物 ・モデル文のセンテンスカード5枚 6-24～28

ありの行列

大滝 哲也

学習を生かして、感想を書こう！

◆いいなと思ったところは？

4	8	13	7	3
①わたしは、「ありの行列」を読んで、ありがとくべつなえきを出すことに引きつけられました。	②ありたちが、えきのにおいをかいで歩くことで、行列ができるのだそうです。	③わたしは、もし行列が、他の巣のありのものと重なったらどうなるんだろうと、ぎもんに思いました。	④すると、「もっと読もう」に、同じ巣のなかまだと分かるにおいがあると書かれていました。	⑤今度、もっとくわしく調べてみたいと思います。
・引きつけられた →きょうみをもった	・だそうです。 →読んだことだから	・ぎもんに思ったこと もっと知りたいこと	・「もっと読もう」の ことを書いている	・終わりって感じが する一言

1 学習課題を確認し、モデル文を音読する

これまでの学習を生かして、感想を書きましょう

単元の最初にも感想を書いたね

今なら、もっといい感想が書けるかもしれない

感想を書いて交流するという学習の流れを確認し、教科書のモデル文を音読する。単元の初めに書いた自分の感想文を読んでみるなど、振り返ってみてもよい。

2 モデル文のいいところを話し合う

いいなと思ったのは、何文目ですか？

モデル文の書き方を、自分も使ってみたいな

何文目を選んだらいいのか分かりません

モデル文を一文ごとにセンテンスカードにして、特にいいなと思ったのは何文目かを話し合う。話し合いの前に、何文目を選んだかを挙手で確認し、各自の考えの違いを際立たせる。 配慮❸

本時の展開　第三次　第2時

目標 前時に書いた感想を読み合い、感じたことを伝え合う活動を通して、一人一人の感じ方には違いがあることや、友達の感じ方のよさなどに気付くことができる。

[本時展開のポイント]

自分と似ていること、違うことという視点を与えるだけでは、互いの感想を読んで感じたことを書くことは難しい場合が多い。そのため、「引きつけられたことは同じか、違うか」など、具体的な比較の観点を伝えるようにしている。

[個への配慮]

ア「にている」・「ちがう」などと書いた色付箋紙を用意する

友達の感想を聞いて感想を書く際、付箋紙の色と書く内容とを対応させることが困難な場合、どの付箋紙に書けばいいのか一目で分かるように、一枚目の付箋紙に「にている」・「ちがう」などの小見出しを記入しておくようにする。

3 付箋に書いたことを交流する

友達の感想を読んで感じたことを発表しましょう

疑問に思ったことが私と違いました

「もっと読もう」について書いているのがいいな

付箋紙に書いたことの発表を受け、観点ごとに整理して板書する。引きつけられたところや、疑問に思ったことなど、様々な目の付け所があり、考えが多様であることの実感を促したい場面である。

4 単元の学習を振り返る

「ありの行列」の学習を通して、学んだことはどんなことですか？

文末表現に注目することが大切だと分かった

感想は、人それぞれ違いがあることが分かった

単元全体の学習を振り返る。「ありの行列」に書かれている内容に関すること、「ありの行列」の文章の書かれ方に関すること、感想を交流して気付いたこと（本時）の三つの内容を中心に、学習を振り返ることができるようにする。

準備物 ・付箋紙（赤・青）

ありの行列

大滝　哲也

感想を読み合い、感じたことを伝えよう

＊ふせんの使い方
（赤）自分とにているところを書く
（青）自分とちがうを書く

◆引きつけられたところは？
・おしりから、えきを出すこと
・えきは、目に見えないこと
・ウイルソンの実験の仕方
・えさが多いほど、においが強くなること
・同じ巣のなかまは同じにおいということ

◆ぎもんに思ったことは？
・どうしてじょうはつしやすいのか
・どうしてはたらきありなのか
・どうしてにえさが多いと、においが強くなるのか

◆友達の書き方のいいところ
・ポイントを3つ使っている
・自分が調べたことを書いている

感想には、同じところもあれば、違うところもある。
引きつけられたところは、人によってちがう。

1

①学習課題を確認する

前の時間に書いた感想を読み合い、感じたことを伝え合いましょう

ペアの友達と、感想を読み合い、感じたことを伝え合うという本時の内容を確認する。感じたことを伝え合う際には、付箋紙を用いること、付箋紙の色で、書く内容を分けることを説明する。

2

感想を読み合い、付箋紙に感じたことを書く

まずは、引きつけられたことが何かに着目して読んでみましょう

引きつけられたことは、全員が書くように指示してあるため（前時）、比較し易い観点である。まずはその点を比べ、付箋紙に記入するよう促す。記入後に、ペアの友達が、どこに引きつけられたのか発表し合う。

配慮ア

総括

授業における「目標」の焦点化と指向性の明確化、そして合理的配慮の提供を

石塚謙二（桃山学院教育大学）

本書の展開案における「目標」「本時展開のポイント」「個への配慮」の３点に着目し、特別支援教育の考え方を踏まえつつ、授業UDを充実させていくために提言を試みたい。

「目標」の具体化と授業評価

授業における「目標」を焦点化することは言うまでもなく、授業UDでは最も重視しなければならない。本書における「目標」のいくつかを掲示すると、「新たな事例を加えてもよいかについて話し合う活動を通して、事例の選択には筆者の意図があることに気付き、自分なりに読み取った筆者の意図について、書くことができる」、「物語の面白さを考え、それを仮に設定した相手に伝わるように自分の言葉で表現できる」などがある。

これらの「目標」からは、焦点化だけでなく具体的で、しかも授業中に子どもに期待する活動が分かる。例えば、「筆者の意図について、書くことができる」という表現からは、授業の終わりころに、子どもに求めているまとめの活動が見える。

およそ「目標」の裏返しは、評価規準と見なすことができると考えられる。先述の例でいえば、「筆者の意図について、書くことができた」かどうかが評価されよう。このように、授業における子どもに期待する活動が具体的で明確であると、授業評価の観点も明確になる。そして、そのことは、授業UDのための指導の手立ての明確化につながる。何故ならば、この場合、「筆者の意図」を分かりやすく伝え、それをその子どもなりの表現で書くことができるようにするための工夫が重要であることに気付きやすく、準備しやすいからである。

特別支援教育では、子どもの様子によって異なるが、例えば、「衣服の前後を見分けて着ることができる」、「コンビニでお金を支払って、自分の選んだお菓子を買うことができる」など、指導の手立ての想定が容易で具体的な「目標」が設定されることが多い。どの教育においても、そのような考えを重視すべきと記銘したい。

授業UDの工夫を凝縮した「本時展開のポイント」

本書における「本時展開のポイント」に記述されていることは、授業UDを進めていく上での工夫の主要な意図が凝縮されて表現されていると考えられる。

その「本時展開のポイント」のいくつかを掲示すると、「感想の交流の際、色付箋紙を使うことで、視覚的に感想の分類ができるようになる。視点に沿って交流した後、振り返

りをして友達と自分の感想の違いや共通点を全体で共有する」、「○×クイズを通して中心人物に焦点化し、表情マークを選ぶというWhich型課題で、無理なく中心人物の変容を追う流れになっている」、「授業前半において、教科書に引かれているサイドラインを参考に『問い』や『答え』について確認した上で、授業後半は、前半の学びを生かして学習を進めている」などがある。

これらの「本時展開のポイント」では、授業において指向すべきことを表していると考えられ、そこから読み取れることは、「感想の分類」や「無理なく中心人物の変容を追う」、「前半の学びを生かして学習を進める」などができるようとの目的が明確である。それとともに、子どもに期待する活動が彷彿とされる表現となっている。

このように重視すべきことが分かりやすく表現され、それらが授業実践において意識されれば、授業UDのための指導の手立てがより具体化すると考えられる。つまり、例えば、「感想の違いや共通点を全体で共有する」ために、「感想の交流の際色付箋紙を使うこと」などの工夫が容易に想定できよう。

特別支援教育においては、どの子どももてる力を発揮して活動に取り組めるように、個別対応を重視しながら、授業展開上のポイントを定めることを基本としているが、その際、全体的な活動と個別の活動のマッチングを考慮しつつ、指導の手立てを工夫している。そうした考え方は、どの教育においても大切にしたい。

合理的配慮としての「個への配慮」

一斉授業での「個への配慮」は容易に実行できることではない。授業中に全体の流れを考慮しながら、また多くの子どもの内面に気を配りつつ、特定の子どもに特別な対応をしなければならないからである。また、タイミングやその効果などを瞬時に考えねばならないこともあるからある。

そうした対応を効果的に支えるために、授業開始前に「個への配慮」に必要な教具等を用意したり、起こりうる事態を想定しておいたりするなどの準備が必要である。本書における「個への配慮」を掲示すると、「数値化するのが難しく、どのように考えればよいかをつかむことが困難な場合、自分の考えをもてるように、第三場面の中でヒントとなる叙述にサイドラインを引くことを促す」、「これまで学習した漢字の読みが定着せず音読することが困難な場合、自分の力で読めるよう、振り仮名付きの本文を指導書データから印刷しておく」などがある。

これらは、まさしく学習指導要領における「障害のある児童などについては，学習活動を行う場合に生じる困難さに応じた指導内容や指導方法の工夫を計画的，組織的に行うこと。」の具体である。また、同解説においては、「通常の学級においても、（中略）全ての教科等において、一人一人の教育的ニーズに応じたきめ細かな指導や支援ができるよう、障害種別の指導の工夫のみならず、各教科等の学びの過程において考えられる困難さに対する指導の工夫の意図、手立てを明確にすることが重要である。」とされており、このことは、授業における「合理的配慮」の提供に他ならない。

「合理的配慮」は、授業UDを進めても、学習上の困難さが残る子どもへの対応と捉え、均衡を失した又は過度の負担を課さないことに留意しつつ、どの授業でも必要なことと考えたい。

編著者

桂　聖
一般社団法人 日本授業UD学会　理事長／筑波大学附属小学校　教諭

小貫　悟
明星大学心理学部心理学科　教授

石塚　謙二
桃山学院教育大学　教授

執筆者　＊執筆順、令和3年2月現在

桂　聖（前出）　…第1章　国語授業のユニバーサルデザインに関する理論と方法

小貫　悟（前出）　…第2章　授業のユニバーサルデザインを目指す国語授業と個への配慮
―「学びの過程において考えられる困難さに対する指導の工夫」の視点から―

三浦　剛
東京都町田市立鶴間小学校
…第3章「まいごのかぎ」の授業デザイン
「モチモチの木」の授業デザイン

飯田　将之
山口県長門市立仙崎小学校
…第3章「三年とうげ」の授業デザイン

安齋　秀俊
学習院初等科
…第3章「モチモチの木」の授業デザイン

髙橋　達哉
山梨大学教育学部附属小学校
…第3章「こまを楽しむ」の授業デザイン
「すがたをかえる大豆」の授業デザイン

清水　一寛
山梨県北杜市立高根西小学校
…第3章「ありの行列」の授業デザイン

石塚　謙二（前出）
…第3章　総括　授業における「目標」の焦点化と指向性の明確化、
そして合理的配慮の提供を

編集責任者　＊五十音順

髙橋　達哉（前出）

三浦　剛（前出）

『授業 UD を目指す「全時間授業パッケージ」国語　3 年』付録資料について

・本書の付録資料は、以下のリンク先に収録されています。

ID：UD03-user
PASS：sJ689jhz

・各フォルダーには、以下のファイルが収録されています。
　① センテンスカード
・収録されているファイルは、本文中では のアイコンで示しています。

【使用上の注意点】

・リンク先にはパソコンからアクセスしてください。スマートフォンではファイルが開けないおそれがあります。
・PDF ファイルを開くためには、Adobe Acrobat もしくは Adobe Reader がパソコンにインストールされている必要があります。
・PDF ファイルを拡大して使用すると、文字やイラスト等が不鮮明になったり、線にゆがみやギザギザが出たりする場合があります。あらかじめご了承ください。

【お問い合わせについて】

・お問い合わせは、次のメールアドレスでのみ受け付けます。 tyk@toyokan.co.jp
・パソコンやアプリケーションソフトの操作方法については、各製造元にお問い合わせください。

授業UDを目指す
「全時間授業パッケージ」国語　3年

2021（令和３）年３月28日　初版第１刷発行

編　著　者：桂　　聖・小貫　悟・石塚謙二・
一般社団法人 日本授業UD学会
発　行　者：錦織圭之介
発　行　所：株式会社　東洋館出版社
〒113-0021　東京都文京区本駒込5-16-7
営業部　電話 03-3823-9206／FAX 03-3823-9208
編集部　電話 03-3823-9207／FAX 03-3823-9209
振　替　00180-7-96823
URL　http://www.toyokan.co.jp
装　　幀：小口翔平＋三沢　稜（tobufune）
印刷・製本：藤原印刷株式会社

ISBN978-4-491-04336-4　　Printed in Japan